国家新型工业化产业示范基地发展报告（2020年）

工业和信息化部网络安全产业发展中心
（工业和信息化部信息中心）◎编

人民邮电出版社
北京

图书在版编目（CIP）数据

国家新型工业化产业示范基地发展报告. 2020年 / 工业和信息化部网络安全产业发展中心（工业和信息化部信息中心）编. -- 北京 : 人民邮电出版社, 2021.7
ISBN 978-7-115-56664-5

Ⅰ. ①国… Ⅱ. ①工… Ⅲ. ①工业产业—研究报告—中国—2020 Ⅳ. ①F424.3

中国版本图书馆CIP数据核字(2021)第111073号

内容提要

本报告全面介绍了示范基地的发展情况，总结了各省、自治区、直辖市在培育示范基地方面积累的经验和做法。同时，本报告还提供了国家新型工业化产业示范基地案例，从创新创业发展、新型制造、新旧动能转换和产业协同发展四个方面，通过典型的案例展现了示范基地发展的亮点，以期为其他示范基地的发展提供借鉴。

本报告可供各相关部门、各地工业和信息化主管部门、各工业化产业示范基地的相关管理及技术人员阅读参考。

◆ 编　　工业和信息化部网络安全产业发展中心
（工业和信息化部信息中心）
责任编辑　杨　凌
责任印制　周昇亮

◆ 人民邮电出版社出版发行　北京市丰台区成寿寺路 11 号
邮编　100164　电子邮件　315@ptpress.com.cn
网址　https://www.ptpress.com.cn
涿州市京南印刷厂印刷

◆ 开本：787×1092　1/16
印张：16.5　　2021 年 7 月第 1 版
字数：258 千字　　2021 年 7 月河北第 1 次印刷

定价：248.00 元

读者服务热线：(010)81055552　印装质量热线：(010)81055316
反盗版热线：(010)81055315
广告经营许可证：京东市监广登字 20170147 号

编 委 会

序　言

2020 年是我国全面建成小康社会和“十三五”规划收官之年。“十三五”期间，我国工业经济总体保持中高速稳定增长的良好态势，工业体系日渐完善，科技创新能力显著提升，国际影响力持续增强，制造强国建设迈上“新台阶”。同时，2020 年也是遭遇新冲击、面临新挑战、国际形势严峻复杂的一年。国际经贸风险和不确定性加剧，新冠肺炎疫情严重冲击工业经济稳定运行，全球产业链供应链体系面临调整和重塑。在多重因素影响下，我国工业经济在 2020 年呈现“下滑急、恢复快、趋稳定”的发展态势，成为“六稳”“六保”的主力军以及支撑经济高质量发展的重要驱动力量。

产业集聚集群区肩负着集聚生产要素、推动创新创业、培育新兴业态、加快产业转型等重要使命，是转变经济发展方式、调整优化产业结构的主战场和重要抓手。为进一步推动产业集聚集群区规范发展和提质增效，工业和信息化部自 2009 年以来制定出台了示范基地管理办法，组织开展示范基地建设和管理工作。示范基地在建设过程中践行新型工业化内涵要求，注重协同创新、转型升级、集群集约、融合发展、绿色安全、对外开放，在“补短板”“锻长板”“畅循环”“优环境”上下功夫，持续增强产业集聚效应，积极培育打造特色产业集群，加快构筑产业竞争新优势。截至 2019 年末，示范基地已建设九批，数量达到 416 家，创造了全国三成以上的工业增加值、三成以上的进出口总额、四成以上的工业利润，对全国工业增加值的贡献超过三分之一，成为引领和带动全国工业发展的骨干力量。

《国家新型工业化产业示范基地发展报告（2020 年）》全面介绍了示范基地的总体发展情况，总结了各省、自治区、直辖市在培育示范基地方面积累的经验和做法。此外，本报告从创新创业发展、新型制造、新旧动能转换和产业协同发展四个方面，选取典型案例，展现示范基地发展亮点，为各地工业和信息化部门、各示范基地了解自身发展状况、对标先进、提高发展质量提供参照和借鉴。

雄关漫道真如铁，而今迈步从头越。2020，跌宕起伏，波澜壮阔。我国工业发展经历了前所未有的艰难曲折，也创造了举世瞩目的辉煌成就。“十四五”时期是我国开启全面建设社会主义现代化国家新征程的第一个五年，也是制造强国建设的关键五年。站在新的历史起点上，我们将坚定不移地走中国特色新型工业化道路，努力实现从工业大国到工业强国的转变，为实现“两个一百年”奋斗目标和中华民族伟大复兴的中国梦作出新的更大贡献。

前　　言

习近平总书记强调，“制造业是国家经济命脉所系”。“十四五”规划提出，“基本实现新型工业化”的目标将进一步加速推动制造业发展。自 2009 年以来，国家新型工业化产业示范基地（以下简称“示范基地”）工作稳步推进，发展质量不断提高，在推动制造业由大变强，促进我国工业稳增长、调结构、提质增效，以及辐射带动区域增长等方面发挥了重要作用，已经成为先进制造业发展的重要载体、制造强国建设的支撑力量，为“十四五”时期工业高质量发展打下了坚实基础。

为全面分析示范基地工作的进展和成效，工业和信息化部网络安全产业发展中心邀请地方工业和信息化主管部门、专家和学者组成编委会，组织编写了《国家新型工业化产业示范基地发展报告（2020 年）》。本报告分别从总体情况、行业发展、区域发展、典型案例、发展数据等方面，全方位阐述了示范基地的建设进展和发展成效，展示了示范基地的成功做法和典型经验。希望本报告能够为各地工业和信息化主管部门、各示范基地了解示范基地的发展状况、对标先进、提高发展质量提供参照和借鉴。

本报告的编写得到了有关领导和专家的指导、帮助，在此一并表示感谢！疏漏之处，敬请批评指正。

编者

2021 年 3 月于北京

目　录

|01　总体情况篇|

|02 行业发展篇|

| 03 区域发展篇 |

|05 发展数据篇|

|06 附件篇|

01

总体情况篇

截至 2019 年底，国家新型工业化产业示范基地（以下简称“示范基地”）已批复 9 批共 416 家。从示范基地主导产业所属行业来看，装备制造业 115 家，占 27.6%；原材料工业 88 家，占 21.2%；消费品工业 73 家，占 17.5%；电子信息产业 51 家，占 12.3%；高技术转化应用 35 家，占 8.4%；软件和信息服务业 17 家，占 4.0%；大数据 11 家，其他 10 家，数据中心 8 家，工业互联网 4 家，产业转移合作 4 家。在区域分布上，东部地区共 179 家，占 43.0%；中部地区 85 家，占 20.4%；西部地区 112 家，占 26.9%；东北地区 40 家，占 9.6%（如图 1-1 所示）。

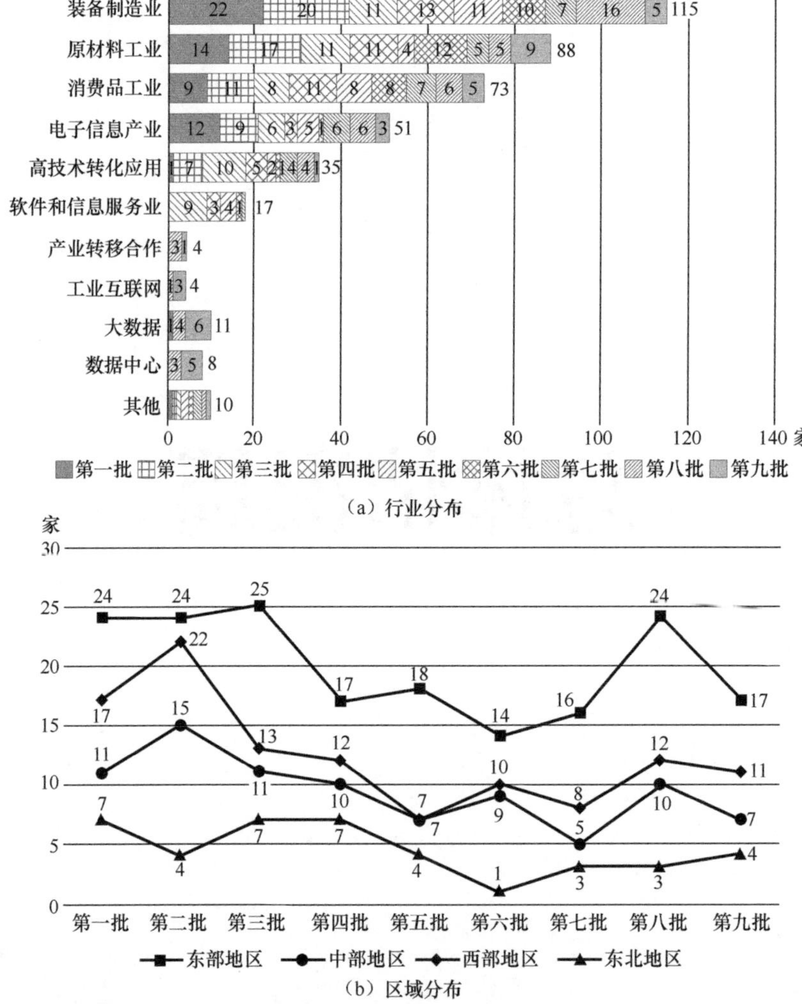

图1-1　2019年全国示范基地行业和区域分布情况

一、示范引领作用持续显现，擘画高质量发展新图景

（一）综合实力不断增强，有力支撑我国工业稳增长

2019年，面对复杂多变的国内外环境，示范基地坚持用新发展理念引领高质量发展，有力支撑制造强国建设，进一步发挥其在工业经济稳增长、调结构、增效益中的基石作用，扎实推进新型工业化进程，为“十四五”时期推动工业高质量发展打下了坚实基础。2019年，示范基地工业增加值达到10.1万亿元，同比增长5.0%，对全国工业增加值的贡献超过1/3。进出口总额11.2万亿元，同比增长0.8%，占全国货物进出口总额的35.4%。利润总额4.5万亿元，其中规模以上工业企业利润总额2.7万亿元，同比增长3.2%，占全国规模以上工业企业利润总额的43.5%。主导产业销售收入30.7万亿元，同比增长6.5%，主导产业销售收入超过千亿元的示范基地达到85家，占示范基地总数的1/5，发展实力不断增强。规模以上工业企业达到74 738家，占全国规模以上工业企业总数的19.8%，上市及挂牌企业达到10 047家，同比增长16.1%，一批优质企业和国产品牌脱颖而出。四分之一的制造业单项冠军企业和近三成的专精特新“小巨人”企业来自示范基地。

（二）区域集聚集群发展水平显著提升，成为区域经济发展的重要引擎

示范基地注重统筹优化区域产业布局，引导产业和要素资源向优势地区集聚，从而提升区域的竞争力和影响力，带动区域经济新发展。东部地区示范基地产业实力较强，创新能力突出，对东部地区乃至全国经济的带动作用显著。2019年，东部地区示范基地工业增加值达到5.4万亿元，占全部示范基地工业增加值的比重超过50%，对东部地区国内生产总值（GDP）增长的贡献率达6.6%。东部地区示范基地拥有主导产业国家级研发机构1763家，接近全部示范基地主导产业国家级研发机构数量的60%；规模以上企业有效发明专利数近50万个，占全部示范基地规模以上企业有效发明专利数的70%以上。中部地区示范基地大力发展装备制造和高技术产业，自主创新能力和产业技术水平不断提升。中部地区

示范基地规模以上企业关键工序数控化率达到 79.7%，两化融合贯标企业同比增长 42.5%。西部地区示范基地积极承接、吸纳东中部地区环境污染少、就业机会多的产业，提高能矿资源勘探开发、精深加工和利用能力，延长产业链和价值链。西部地区示范基地工业增加值占西部地区工业增加值的比重超过 1/3，对西部地区 GDP 增长的贡献率达到 9.3%。东北地区示范基地依托东北地区的资源禀赋，大力推进汽车、石化、食品、医药等产业集聚，质量效益提升明显。2019 年，东北地区示范基地利润总额同比增加 10.0%。

示范基地深入推进“一带一路”、京津冀、长江经济带和粤港澳大湾区等重大区域发展战略，着力培育有竞争力的产业集群。2019 年，长三角地区示范基地数量达到 83 家，完成工业增加值 2.4 万亿元，同比增长 7.4%。高端装备制造、电子信息等优势产业发展态势良好，电子信息产业增加值占长三角地区全部基地工业增加值的 34.3%。同时，长三角地区示范基地积极谋划布局新材料、工业互联网、大数据等战略性新兴产业，不断增强自主创新能力。研发经费投入同比增长 14.7%，规模以上企业获得有效发明专利同比增长 20.2%。

二、创新驱动发展势头强劲，开启“中国创造”新征程

（一）研发经费投入强度不断提升，加快创新体系建设步伐

创新是引领发展的第一动力。十九届五中全会强调“坚持创新在我国现代化建设全局中的核心地位”，明确“把科技自立自强作为国家发展的战略支撑”。示范基地持续加大创新投入力度，不断加快创新体系建设步伐。2019 年，示范基地研发经费投入总额达 2.0 万亿元，同比增长 12.2%。研发人员达到 640.6 万人，同比增长 9.1%，占从业人数的比例达 13.5%。主导产业省级研发机构 14 377 家，平均每个示范基地 35 家，比 2018 年增加 4 家；国家级研发机构 2996 家，平均每个示范基地 7 家，比 2018 年增加 2 家。具体数据如图 1-2 所示。

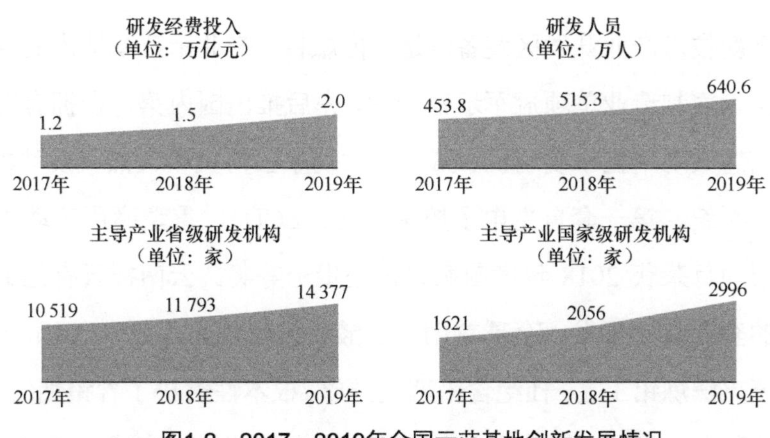

图1-2　2017—2019年全国示范基地创新发展情况

（二）搭建关键共性技术平台，不断提升制造业创新能力

示范基地积极营造有利于创新要素集聚和紧密协作的环境与平台，不断完善以企业为主体、市场为导向、政产学研用相结合的制造业创新体系，构建多主体协同、全方位推进的创新格局。郑州经济技术开发区装备制造产业示范基地以全国双创示范基地建设为依托，全力推进中铁装备国家技术创新中心、大连理工大学重大装备设计与制造郑州研究院工业装备国家重点实验室等各类研发机构和创新服务平台建设，提升发展内生动力。上海金山工业园区新材料产业示范基地围绕碳纤维复合材料产业发展，与金山区政府、上海石化、上海电气集团、东华大学、中国商飞等 9 家单位联合成立上海碳纤维复合材料创新研究院，探索产学研用协同创新合作模式，开展关键共性技术和产品攻关及应用。

（三）攻克关键共性技术，提升工业发展竞争力

在创新载体不断完善、产学研协同创新日趋紧密的共同作用下，示范基地加强核心零部件（元器件）、关键材料、先进工艺、基础软件、产业技术等核心技术和产品攻关，在重点领域涌现出了一批创新成果，产业创新能力稳步提升，工业发展竞争力显著增强。2019 年，示范基地规模以上企业有效发明专利数 67.9 万个，同比增长 17.0%，占全国总量的比重达到 36.5%，比 2018 年高出 2.1 个百分点。每亿元主营业务收入的有效发明专利数达到 2.1 个，比 2018 年增加 0.3 个。

山东潍坊高新技术产业开发区装备制造（内燃机）产业示范基地内的龙头企业潍柴动力跻身国家制造业单项冠军示范企业，先后推出国内第一台拥有完全自主知识产权的高速大功率蓝擎发动机、第一台大功率缸内直喷天然气发动机、首款高压共轨电控系统、第一套自主电子控制单元（ECU），重型商用车动力总成关键技术及应用项目荣获 2018 年度国家科技进步一等奖。云南祥云有色金属产业示范基地内的企业自主研发、全球首创“硫酸铅湿法炼铅工艺”，该工艺颠覆性地改变了传统火法炼铅工艺，杜绝含铅烟气排放，根本性解决了含铅烟气污染问题，具有极高的环保价值，投资建设的全球第一条湿法炼铅生产线已正式投产，为产能复制打下良好基础。合肥经济技术开发区家电产业示范基地内的龙头企业长虹美菱研发出了全球领先的水分子激活保鲜技术，推出国内最薄冰箱——“M 鲜生全面薄冰箱”，创下多项行业新标杆。美的冰箱突破领域内关键技术，开发出以太空深紫外光波果蔬净化技术为核心的全球首款果蔬除农残冰箱。

三、深化供给侧结构性改革，打造经济增长新动能

（一）技术改造投资不断提升，加快产业转型升级步伐

示范基地通过加大传统工业技术改造投资力度，大力推进技术改造提升工程，淘汰落后产能，传统产业改造提升取得积极成效，传统产业不断向中高端迈进。2019 年，示范基地完成技术改造投资 1.7 万亿元，同比增长 4.9%，占工业固定资产投资额的比重超过四成。其中，轻工行业技术改造投资同比增长 11.7%，推动当年实现利润总额增长 10.3%。浙江绍兴县纺织印染产业示范基地以推动纺织印染智能化改造升级为目标，自 2015 年以来共淘汰落后印染设备 2023 台（套）以上，国际先进设备比重达到 60%以上。自动化配料系统、智能化管理系统、机器人、无水印染等一大批高端装备、工艺、技术得到逐步应用，染色设备平均浴比由 1∶10 提高到 1∶5。江西崇仁工业园区装备制造（输变电设备）产业示范基地积极实施智能化改造项目，新建智能化非金合金生产线，成功开发亚珀变电远程运维系统，获评省级智能制造示范项目。基地内现共有

智能工厂 10 个，数字化车间 36 个。

（二）新旧动能加速转换，战略性新兴产业快速发展

示范基地依托丰富的科技资源和完善的产业链条，积极培育发展战略性新兴产业，以新一代信息技术、高端装备、节能环保等为代表的战略性新兴产业发展迅速，成为引领经济高质量发展的重要引擎。2019 年，以战略性新兴产业为主导产业的示范基地数量达到 264 家，占示范基地总数的比重超过六成，涵盖新一代信息技术、高端装备制造、生物医药、新材料、节能环保、新能源和新能源汽车等领域，工业总产值增至 29.1 万亿元，占示范基地工业总产值的比重由上年的 55.8%升至 71.9%。目前，示范基地在新一代信息技术、生物医药、新材料、节能环保、新能源和新能源汽车等重要产业领域的发展取得良好成效。截至 2019 年底，以生物医药为示范产业的示范基地共 16 家，产业集群正在加快形成，主导产业实现总产值超过 7000 亿元，在生物试剂、新型疫苗等方面取得了多项拥有自主知识产权的成果。青岛软件园软件和信息服务产业示范基地率先制定了人工智能、虚拟现实等高技术产业设计规划和攻坚指南，发布了《人工智能产业共同体青岛宣言》，吸引华为、科大讯飞等头部企业布局，集聚了虚拟现实产业链条企业 100 余家、北京航空航天大学青岛虚拟现实研究院等高端研发机构 11 家，虚拟现实技术创新研发机构占全国同类研发机构的 70%以上。

四、融合发展有序有力推进，开拓转型升级新路径

（一）融合发展水平不断提高，现代产业体系加快构建

推进两化深度融合发展是统筹建设制造强国和网络强国的重要抓手。示范基地大力推进新一代信息技术与制造业、先进制造业与现代服务业深度融合，加快信息技术在企业生产经营环节中的深化应用，信息化和工业化融合水平不断提升。2019 年，示范基地光纤入户（FTTO）企业占比由上年的 87.4%提升至 90.6%，应用数字化研发设计工具的规模以上企业数量达到 5.6 万家，同比增长

9.6%。规模以上工业企业关键工序数控化率达到 77.1%，高出全国平均 27.6 个百分点。两化融合贯标企业数量达到 4527 家，同比增长 24.3%。两化深度融合有效提高了企业的劳动生产率，示范基地全员劳动生产率较上年提高了 0.35 万元/人。

（二）新基建加速建设，工业互联网应用不断深化

示范基地大力建设工业互联网等新型基础设施，深化大数据、云计算、人工智能等新一代信息技术在制造业中的运用，推进工业互联网创新发展。上海松江区工业互联网产业示范基地通过上海工业自动化仪表研究院松江分院、客瑞智能、赛摩、松江电信等工业互联网平台，以及专业服务商、电信运营商推动企业进行两化融合自评估，带动企业上云上平台，开展两化融合自评估企业数量累计近 850 家，占上海市两化融合自评估企业数量的 20%以上，启动两化融合管理体系贯标企业 81 家，推动 4325 家中小企业上云上平台。重庆南岸区电子信息（物联网）产业示范基地建成了车间级和工厂级工业互联网以及市级数字化车间，完成电子智能制造车间自动化生产线、自动化物流线和生产管理信息系统无缝连接。重庆飞象工业互联网有限公司提供了超过 3000 个细分工业领域解决方案，服务超 4000 家企业，树根互联已联接 45 万台设备，赋能 42 个细分行业。

（三）智能化改造不断推进，产业生产效率显著提升

示范基地以数字化、智能化为突破口，激发企业内生改造动力，推动企业“上云用数”，产业生产效率显著提升。湖北武汉工业互联网产业示范基地引入了用友、航天云网、浪潮等国内工业互联网双跨平台以及西门子等国际工业互联网平台，与阿里巴巴、中国移动、中国广电建设“5G+全光网络”工业互联网平台，将设备效率提高 20%，产品不良率降低 10%。山东济宁高新技术产业开发区装备制造（工程机械）产业示范基地内的企业引入了柔性生产物流线和制造执行系统（MES），建成智能柔性生产物流线和智能物流柔性清洗线，实现产品全生命周期管理，形成标准业务流程 100 多个，录入供应商 675 个、客户信息 442 个、物料

编码 32 223 个，生产效率和产能显著提升。

五、绿色发展迈出坚实步伐，构建绿色低碳新生态

（一）坚持绿色化集约化发展，产业集约节约发展水平持续提升

示范基地充分发挥规模优势和集聚优势，通过科学编制土地利用规划、严格项目准入、加强土地利用绩效评估、“腾笼换鸟”、二次开发等手段，有效促进土地高效利用，产业集约节约发展水平持续提升。2019 年，示范基地的单位土地平均产值达到 5018.1 万元/公顷，同比增长 2.1%；单位土地平均投资强度达到 6611.4 万元/公顷，同比增长 9.2%；单位土地平均税收达到 255 万元/公顷，与上年基本持平。

（二）大力构建绿色制造体系，探索绿色发展新路径

示范基地坚定不移地贯彻绿色发展理念，通过实施制造业绿色改造，进一步降低平均能耗指标，绿色低碳发展成效显著，经济效益和环境效益实现双丰收。2019 年，示范基地的单位工业增加值能耗降至 0.97 吨标煤/万元，同比下降 4.0%，其中原材料工业示范基地降幅达 6.4%。单位工业增加值用水量降至 18.7 立方米/万元，同比下降 1.8%，其中电子信息产业示范基地降幅达 7.5%。工业固体废弃物综合利用率自 2016 年起连续 4 年超过 90%。山东淄博高新技术产业开发区新材料产业示范基地加快淘汰落后产能，推动节能降耗，单位工业增加值能耗同比下降 15.6%，万元 GDP 能耗下降 10.16%。自 2016 年以来共计减排二氧化硫 1986.74 吨、氮氧化物 8496.25 吨、化学需氧量（COD）455.331 吨、氨氮 79.675 吨，全面完成淄博市下达的减排任务。湖北宜昌经济技术开发区猇亭园区化工（磷化工）产业示范基地全面推行“企业内循环、产业间循环、园区大循环”，先后投资 30 多亿元分步推进“关停、搬迁、治污、复绿”四大工程，把生态保护和产业发展有机结合，推进资源利用循环化，全年综合能耗下降 11.5%。

六、开放合作取得务实成效，共享互利发展新机遇

（一）进出口规模不断增长，发展态势持续向好

面对经济全球化遭遇逆流等重大风险挑战，示范基地积极对接国家新一轮开放总体布局，加快外贸转型升级，进出口规模呈现良好发展态势。2019 年，示范基地进出口总额达到 11.2 万亿元，同比增长 0.8%，占全国货物进出口总额的比例超过 1/3，如图 1-3 所示。江苏省把拓市场、抢订单作为稳定进出口的重中之重，2019 年示范基地进出口总额达到 21 012.2 亿元，约占全省进出口总额的一半，占全国示范基地的 18.8%。

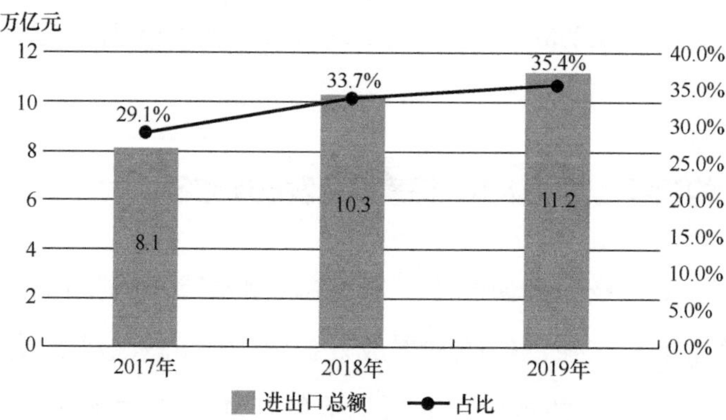

图1-3　2017—2019年全国示范基地进出口总额及占比情况

（二）积极融入“一带一路”建设，拓展合作新空间

示范基地发挥比较优势，深度融入“一带一路”建设，积极开拓“一带一路”沿线国家和地区市场。截至 2019 年底，位于“一带一路”核心区的示范基地共有 23 家，进出口总额达到 4086.2 亿元，同比增长 19.9%。江西新余高新技术产业园区电子信息（太阳能光伏）产业示范基地内的企业先后与叙利亚能源部签署 1 吉瓦太阳能发电项目、500 兆瓦风电项目，与柬埔寨签署 2 吉瓦光伏电站项目，与刚果政府签署 180 兆瓦光伏项目，是示范基地企业在东南亚乃至亚洲地区获得的几个数额较大的光伏订单。新疆昌吉高新技术产业园区装备制造（能源装备）产业示范基地与塔吉克斯坦、安哥拉、肯尼亚、孟加拉、蒙古等多个国家合作实

施输变电项目，为美国、俄罗斯、巴西等 60 余个国家和地区提供能源装备和系统集成服务，先后参与中亚、南亚、非洲等几十个国家的电力规划及电源、电网建设，提供一体化的交钥匙工程及系统解决方案。

（三）积极构建对外合作平台，打造开放合作新格局

示范基地积极搭建国际交流合作平台，持续深化对外开放和国际合作。江苏武进高新技术产业开发区电子信息（新型电子元器件）产业示范基地积极推进“中以常州创新园共建计划”，新增申报以色列项目 20 个、审核通过项目 8 个、签约落户项目 7 个，摩希孵化器、CIP-Trendlines 双向联合实验室等共建平台投入运营，“Phoenix 领航计划”加速实施，中以创新汇（中以国际技术转移投资中心平台）网站有效运营。山东东营胜利经济开发区装备制造（石油装备）产业示范基地积极组织企业赴乌克兰、德国开展海外招才引智活动，举行东营区驻乌克兰、德国招才引智工作站揭牌仪式及推介会，与乌克兰国立技术大学开展产学研合作共建活动，促成基地内企业与国外高校、企业在金属新材料、施迈茨真空技术及设备智能化生产、装配式建筑等方面达成合作意向。

02

行业发展篇

已授牌的 416 家示范基地覆盖了全国 31 个省、自治区、直辖市，涵盖装备制造业、原材料工业、消费品工业、电子信息产业、软件和信息服务业、高技术转化应用等领域。为展示示范基地在 2019 年取得的成绩，根据示范基地的总体发展情况，对发展基础好、创新成果突出、行业代表性强的重点行业领域进行深入分析，展示示范基地的示范引领带动作用。

一、装备制造业

以装备制造业为主导产业的示范基地共有 115 家。其中，东部地区 54 家，中部地区 23 家，西部地区 24 家，东北地区 14 家。示范基地围绕科技创新驱动，注重研究成果转化，科技水平和创新能力不断增强。2019 年，示范基地研发经费投入和规模以上企业有效发明专利数量分别增加了 10.1%和 19.6%。示范基地构建绿色生产体系，以绿色制造体系创建作为引领企业绿色发展的原动力，推进产业高质量发展，单位工业增加值能耗和单位工业增加值用水量分别降低了 3.75%和 1.84%，工业固体废弃物综合利用率达到 94.48%。同时，示范基地在推动招商引资、产业转型升级、企业品牌培育等方面也取得了显著成效。

从发展质量水平来看，装备制造业示范基地总体处于四星级水平，其中产业实力、质量效益、创新驱动、融合发展和发展环境 5 个维度均处于四星级水平，绿色集约安全处于三星级水平。分行业看，轨道交通装备、航空产业、船舶产业、汽车产业示范基地均处于四星级水平。分区域看，东部和中部地区发展相对较好，总体均达到四星级水平。2019 年装备制造业示范基地工业增加值及细分行业分布情况分别如图 2-1 和图 2-2 所示。

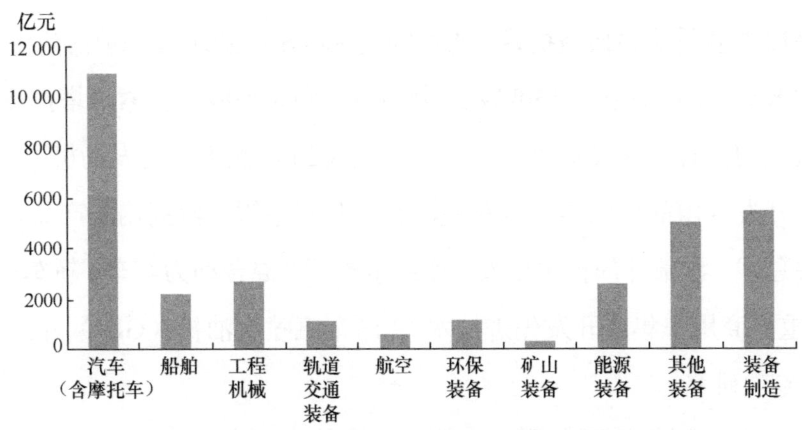

图2-1　2019年装备制造业示范基地细分行业工业增加值

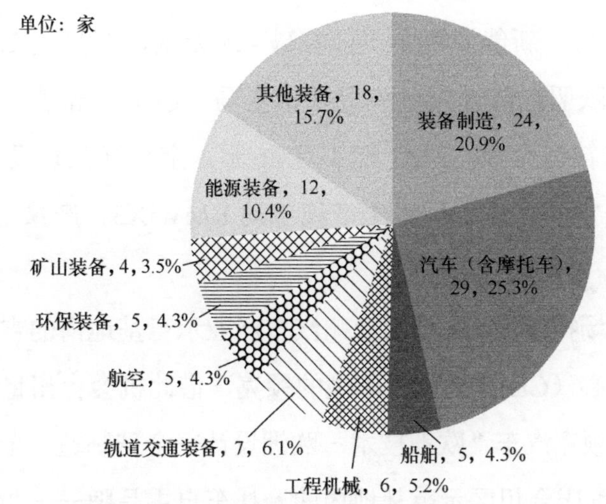

图2-2　2019年装备制造业示范基地细分行业分布情况

（一）汽车（含摩托车）

以汽车产业为主导产业的示范基地共有 29 家，主要集中在华北、华中、华南等区域。从发展质量水平来看，汽车产业实力、质量效益、融合发展和发展环境 4 个维度都已达四星级水平。2019 年，销售收入达到 60 859.64 亿元，工业增加值达到 10 932.05 亿元，分别同比增长 1.79%和 1.75%。示范基地全方位推进科技创新、产业创新、品牌创新，实现创新能力、服务水平的全面提升，坚持走科学发展、自主创新之路，逐步建成自主研发、孵化与生产相结合的科技创新体系，不断推动示范基地产业转型升级。

一是自主创新能力日益提升。北京顺义区汽车产业示范基地内的现代汽车集团旗下的 Kona EV 搭载的 150kW 纯电动系统和海外版全新索纳塔搭载的 1.6 升涡轮增压直列四缸汽油发动机，双双入选“2020 年沃德十佳发动机”。长春汽车经济技术开发区内的中国第一汽车集团公司负责中国一汽商用车产品、乘用车产品及相关总成、零部件的自主研发，连续承担了“混合动力客车、轿车产品开发”“高品质重型商用车集成开发先进技术”“轿车直喷汽油机（GDI）开发”等国家 863 重大专项研究。

二是汽车转型升级不断深化。成都经济技术开发区内，沃尔沃跑诗达新能源整车项目成功签约、氢燃料电池龙头企业亿华通落户发展、中植一客氢燃料电池客车下线交付，新能源汽车产能突破 4.5 万辆，产量达 2.1 万辆，同比增长 52.9%。沈阳欧盟经济开发区积极扶持宝马、通用、雷诺、中华四大品牌汽车向新能源汽车转型升级。2019 年 4 月 26 日，宝马开工建设了在大东的第三座新工厂，未来宝马大东工厂将生产纯电动 BMWiX3，产量达 12 万辆并面向全球销售。

三是国际市场持续发力。浙江台州汽车产业示范基地内的吉利集团发布了由吉利欧洲研发中心（CEVT）开发车型的领克，借此机会台州将进一步嵌入吉利全球布局，成为领克汽车“欧洲技术—欧洲设计—全球制造—全球销售”产业链上的重要环节。重庆合川区示范基地内的摩托车自主品牌——“银翔”和“肯博”销往美洲、欧洲、非洲、东南亚等全球 100 多个国家和地区。广本“万强”摩托车主要制造摩托车整车及零部件，产品畅销加拿大、越南、印度尼西亚、菲律宾、俄罗斯、乌克兰等多个国家和地区。

（二）船舶

以船舶产业为主导产业的示范基地共有 5 家，分布在渤海湾、长三角、珠三角、长江沿线等重要港口城市。从发展质量水平来看，船舶产业示范基地的总体评价达四星级水平。分区域看，船舶产业示范基地在中部地区发展得最好，达到五星级水平。2019 年中国船舶工业稳中有进，船型结构升级优化，海洋工程装备“去库存”取得进展，智能化转型加快推进。但受世界经济贸易增长放缓、地缘政治冲突不断增多、新船需求大幅下降的不利影响，用工难、融资难、接单难等深层次问题未能从根本上得到解决，船舶工业面临的形势依然严峻。2019年，船舶产业示范基地主导产业销售收入3192.36亿元，同比增长10.21%；工业增加值达到2218.47亿元，同比增长7.55%；利润总额643.34亿元，同比增长9.84%。

一是重点突破，产业强链补链。青岛经济技术开发区船舶与海洋工程装备产业示范基地利用当前国外部分优质资产价格处于相对低位的有利时机，瞄准研发设计、系统集成等船舶与海洋工程领域的公司和研发机构，通过资产收购等方式布局高附加值环节，提高设计、采购、建造和安装等产业全链条贡献度。国家（武汉）船舶与海洋工程装备示范基地积极发展特种成套设备等非船业务，旗下轨道交通装备有限公司已形成年产3台隧道掘进机和10台盾构机的生产能力。712所积极开拓锂电池、银系列产品，实现产品由海到陆的转变，2019年工业总产值同比增长20%以上。

二是招商引资卓有成效。示范基地大力实施以龙头带配套的全产业链招商思路，将龙头企业招商与配套企业招商有机结合，实现招商集聚效应。浙江舟山船舶与海洋工程装备产业示范基地通过多渠道加强与招商工业、中集集团、中船澄西船厂等央企、名企的交流对接，吸引和推动其以多种形式参与合作重组。长宏国际与中集集团合作组建的中集同创长江贸易有限公司挂牌运作，2019年产值超过2亿元。广东珠海经济技术开发区编制了“先进装备制造目标企业目录”，定期收集国内外市场信息，开展精准招商和产业对接活动，吸引船舶与海洋工程装备技术先进的公司入驻珠海。瞄准海洋工程细分领域的优势企业，尤其重视引进掌握核心技术的关键领域配套设备制造企业。

三是先进科技成果不断涌现。示范基地促进企业跟踪国际先进技术的发展，着力突破一批重大关键性和共性技术，形成一批有自主知识产权的技术成果，重点支持具有自主知识产权、技术示范和推广效应显著、市场前景良好的技术成果产业化。江苏南通示范基地在高端产品领域不断发力，高端产品亮点频现，近年来已交付“天鲲号”、国内首个总包工程浮式生产储卸油平台“希望6号”等一批在行业内外具有影响力的首制产品。大连湾临海装备示范基地内，在快中子反应堆研发制造上，一重集团大连核电石化有限公司不断加大研发投入，完成产品制造任务，该项成果获得 2019 年国家科技进步特等奖称号。

（三）航空

以航空产业为主导产业的示范基地共有 5 家。面对复杂的宏观经济形势，示范基地全面落实高质量发展要求，以构建自主可控的现代产业体系为主攻方向，以推进产业链优化培育工程为抓手，以国家航空产业示范基地为载体，实现了航空航天产业链持续快速发展。2019 年，航空产业示范基地实现主导产业工业总产值 1543.71 亿元，同比增长 11.0%；研发经费投入 210.65 亿元，同比增长 6.84%；主导产业国家级研发机构数量 71 家，同比增长 9.23%。从发展质量水平来看，航空产业示范基地的总体评级为四星级，其中，产业实力、创新驱动、质量效益、发展环境和融合发展均已达到四星级水平。分区域看，航空产业在西部地区发展得最好，总体星级为四星级。

一是航空相关领域产业链条高效聚集。天津空港工业园区航空产业示范基地的相关产业带动了中远工程物流、中外运、天津航空、奥凯航空、顺丰速运、圆通快递等航空运营和物流项目，形成了飞机总装、研发、维修、部附件组装、零部件制造、租赁、物流、销售、培训、会展和服务等全产业链。

二是高知名度产品不断涌现。江苏镇江航空产业示范基地的关键配套设备均为高技术、高附加值的成套关键设备，配套层次高。园区内企业生产的 C919 飞机后机身后段、碳化硅纤维、植保无人直升机、翼梢小翼、副翼、扰流板、尾椎、飞机内饰配件等多个产品的市场占有率保持全国前列。陕西西安市航空产业示范基地经过六十多年的建设发展，已形成了集飞行设计研发、整机生产制造、实验试飞、产品支援等完善的产业链条。整机领域具有国际竞争力，成功研发了“轰六-K”“飞豹”“新舟 60/600”“运-20”等 30 多种型号的飞机，承担了我国大中型民用运输机和轰炸机的整机设计、制造任务。

三是科技创新成果显著。广东珠海航空产业园航空产业示范基地的国家重点型号 AG600 飞机为我国具有完全自主知识产权、目前世界在研最大的水陆两栖通用飞机，是与中国商飞公司的 C919 大型客机、西飞公司的运-20 大型运输机并列的“国家三个大飞机工程”之一，已于2017年12月24日成功在园区实现了陆地首飞，并于2018年10月20日成功实现了水上首飞，研制获得突破性进展。

（四）轨道交通

以轨道交通装备产业为主导产业的示范基地共有7家，其中4家位于东部地区。目前我国已经形成了自主研发、配套完整、设备先进、规模经营的集研发、设计、制造、试验和服务于一体的轨道交通装备制造体系。2019年，轨道交通装备产业示范基地主导产业工业总产值达3570.33亿元，同比增长6.95%。同时，示范基地主张节能环保，提升资源、能源使用效率，全年单位工业增加值能耗和工业增加值用水量分别同比下降4.04%和1.47%。从发展质量水平来看，轨道交通装备产业示范基地总体评级为四星级，其中，产业实力、质量效益、创新驱动、绿色集约安全和融合发展5个维度均达四星级水平。分区域看，轨道交通装备产业在中部和东部地区发展较好，总体星级为四星级。

一是聚焦产业链发展建设。湖南株洲高新技术产业开发区装备制造（轨道交通装备）产业示范基地坚持以产业链建设为中心，通过搭建产业链架构体系，做实产业链招商，加快推动特色产业链进一步做大做强。2019年全年新签项目222个，合同引资额达435亿元，其中30亿元以上项目3个，三类“500强”项目10个，首次入湘“500强”项目1个。吉林长春绿园经济开发区装备制造（轨道交通装备）产业示范基地内的中车长客股份公司充分发挥龙头企业的带动作用，集聚了日立永济电气、上海坦达座椅、研奥电器、城际轨道、希尔新材料、金麒保温等轨道客车生产及配套企业110多家。

二是行业特色日益增强。河北唐山丰润区示范基地内的中车唐山公司是国内唯一拥有轨道交通全系列产品研发制造能力的首批国家创新型企业，在高速动车组、城际动车组、A型地铁列车、低地板有轨电车、中低速磁悬浮列车研发制造领域处于主导领先地位，占据了国内市场份额的五分之一以上。江苏常州示范基地内的中车戚墅堰机车有限公司瞄准铁路“客运高速、货运重载”的需求，依托在大功率柴油发动机方面的核心技术优势，产品行销全国并远销欧洲、北美洲、南美洲、澳洲、非洲等地区，在国内外享有盛誉。

三是对标国际先进不断提升研发能力。北京中关村科技园区丰台园示范基地加强创新引领，科技创新取得新成效。全年新增 3 家北京院士专家工作站和 2 家国家级技术中心，实现技术合同登记额 1002 亿元，195 项成果获国家、北京市、中关村以及丰台区项目支持。各项创新指标位居中关村示范区前列。青岛城阳区示范基地内的中车四方车辆有限公司联合 30 余家企业、高校、科研院所联合攻关的高速磁浮课题研究取得阶段性成果，成功突破高速磁浮系列关键核心技术及车辆、牵引、运行控制及通信等核心子系统。2019 年 5 月 23 日，每小时 600 公里的高速磁浮试验样车在示范基地成功下线。

二、原材料工业

原材料工业领域的示范基地第九批新增 9 家，分布于浙江、安徽、宁夏、云南、贵州、辽宁、黑龙江、吉林 8 个省，目前已达 88 家。2019 年，原材料工业示范基地的产业实力持续增强，实现销售收入 78 204 亿元，同比增长达到 5.9%，占全国原材料工业销售收入的比重接近 20%。示范基地以提高原材料工业供给质量为目标，加快钢铁、电解铝、平板玻璃等传统产业转型升级，以及高端材料创新，2019 年研发投入 1410 元，同比增长 8.7%。2019 年原材料工业示范基地细分行业分布情况和总体发展情况分别如图 2-3 和图 2-4 所示。

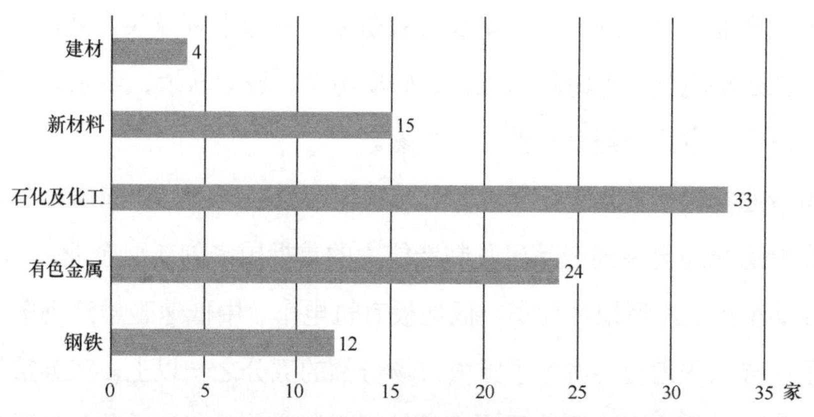

图2-3　2019年原材料工业示范基地细分行业分布情况

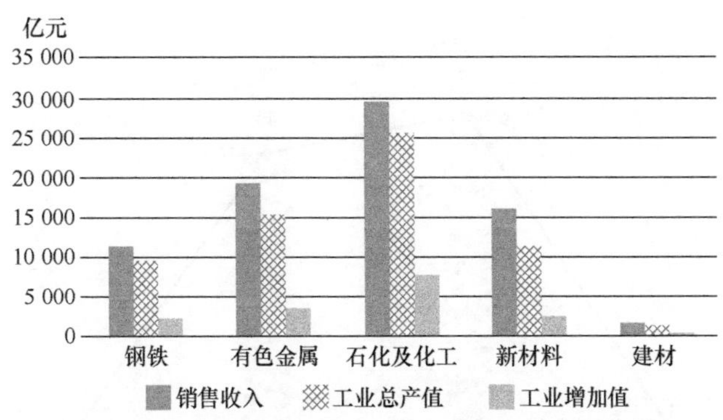

图2-4 2019年原材料工业示范基地总体发展情况

从发展质量水平来看，原材料工业示范基地的平均发展质量指数为3.07，达到四星级水平。分维度看，示范基地的产业实力、质量效益、创新驱动、融合发展等维度的发展质量指数较2019年均有所提升；绿色集约安全、发展环境等维度的发展质量指数有所下滑，从四星级水平下滑至三星级水平，如图2-5所示。

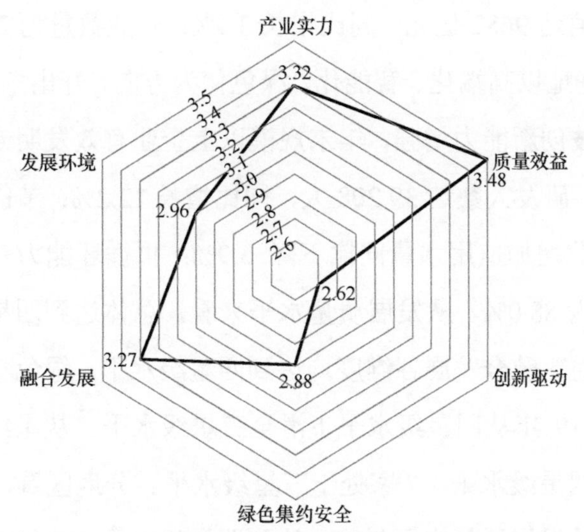

图2-5 2019年原材料工业示范基地六大维度指数图

从星级分布来看，88家原材料工业示范基地中有48家达到四星级以上水平，占比超过二分之一，其中五星级水平示范基地仅3家，较2019年（6家）有所减少，如图2-6所示。分地区看，东、中部地区原材料工业示范基地发展较好，基本达到四星级水平。分经济带看，珠三角、粤港澳大湾区原材料工业示范基地平均水平最高，普遍达到四星级水平。

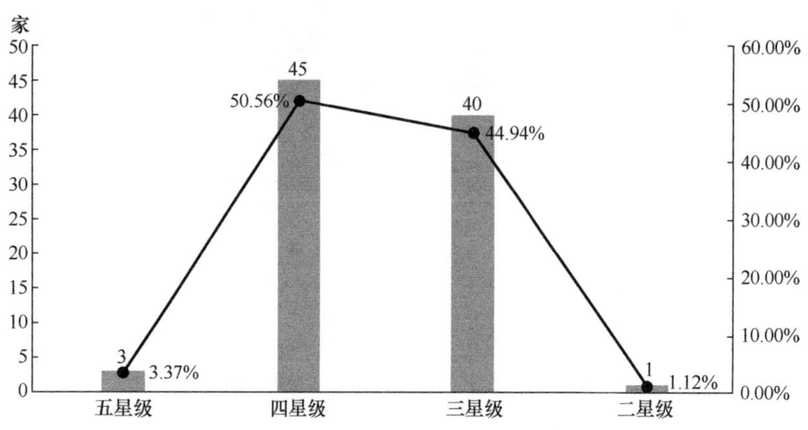

图2-6　2019年原材料工业示范基地星级分布情况

（一）钢铁

2019 年，钢铁产业示范基地实现主导产业销售收入 9700 亿元，同比增长 8.2%；工业总产值达 9682 亿元，同比增长 3.9%；企业数量为 24 728 个，同比增长 16.4%。示范基地以高端化、智能化、绿色化为方向，开出多扇转型发展之窗，主要表现为：科技创新能力增强，年末规模以上企业有效发明专利数达 6044 个，同比增长 17.0%，研发人数达 39 208 人，同比增长 12.2%；节能减排方面取得显著成绩，单位工业增加值用水量同比下降 3.9%；再循环能力有效提升，固体废弃物综合利用率为 88.0%。从发展质量水平来看，总体达到四星级水平，其中产业实力、质量效益、融合发展各维度均达到四星级水平，绿色集约安全、发展环境维度指数较 2019 年从四星级水平下滑至三星级水平。从星级分布来看，共 5 家示范基地达到四星级水平，7 家处于三星级水平。分地区看，东、中部地区钢铁产业示范基地的发展质量水平最高，达到四星级水平。分经济带看，钢铁产业示范基地在长三角地区发展得最好，总体达到四星级水平，接近五星级水平。

以新生产工艺为手段，助推产品升级。示范基地不断加快结构调整和产业转型升级步伐，加大投资力度，推动钢铁产业流程再造、工艺提升、产品升级，在全球价值链中的地位明显提升，助推钢铁行业高质量跨越式发展。河北盐山经济开发区钢材深加工产业示范基地打造厚壁无缝钢管、焊管、管道部件领域的冠军企业和冠军产品，2019 年 8 月完成安装并成功运行国内外首家高耐腐蚀化工管

ODF 生产工艺，该项目投产后可实现年销售收入 4 亿元。湖南衡阳高新技术产业园区钢铁（无缝钢管）产业示范基地拥有世界上无缝钢管生产机组最全、先进机型最多、产品规格最全的无缝钢管及深加工企业，整体工艺技术装备达到世界领先水平。

以钢铁产业为基础，延伸拓展产业链。示范基地以主导产业延链、强链、补链为重大使命，深入挖掘上下游产业发展的需求，形成以钢铁深加工为主的配套产业集聚发展之势，加速发展和完善钢铁产业链。湖南娄底经济开发区钢铁（精品薄板）产业示范基地围绕龙头企业集聚了大批提供产品、设计、施工、监理服务的上游配套企业，引进、培育、壮大了一批薄板深加工企业，形成了薄板深加工产业集群。河北迁安钢铁及深加工产业示范基地积极延伸产业链条，催生发展动力，投资了丝网产业园、高钙渣球等 35 个总投资计划为 285 亿元的重点项目，带动配套产业发展，加速主导产业链的形成与完善。

以转型升级为方式，推动产业降本增效。示范基地坚持高端化、智能化、绿色化发展理念，审时度势，加快钢铁产业转型升级，实现技术创新、低耗高能，不断提升全要素生产率，促进钢铁产业持续健康发展。四川乐山沙湾区钢铁（不锈钢及深加工）产业示范基地优化生产工艺，围绕提质增效，2019 年以来引导企业累计投资 52 亿元，推动能源、冶金建材、机械铸造等优势传统产业贯彻绿色发展理念，实施绿色化改造提升。四川攀枝花市钢铁（钒钛）产业示范基地启动两化融合建设，搭建具有企业特色的数据中心，建设五大功能模块和一个定制应用，每年节约管理运行成本 500 余万元，降低库房备品备件 3000 余万元。

（二）有色金属

2019 年，有色金属产业示范基地实现工业总产值 15 080 亿元，同比增长 2.5%，实现主导产业销售收入 13 226 亿元，同比增长 14%。为适应国际贸易环境的复杂多变，进一步拓展消费市场，示范基地积极开发新产品，拓展有色金属新领域。同时，为加快传统行业智能化、绿色化改造，示范基地搭建创新平台、发展循环经济，行业运行情况总体平稳。从发展质量水平来看，有色金属产业示范基地整体已达到四星级水平，其中产业实力、质量效益、绿色集约安全达到四星级水平。从星级分布来看，共 16 家示范基地达到四星级水平，占比为 66.7%。分地区看，东、中部地区有色金属产业示范基地的发展质量水平最高，达到四星级水平。分经济带看，有色金属产业示范基地在长江经济带地区发展得最好，总体达到四星级水平。

以“新产品”为抓手，拓展应用新领域。示范基地以市场需求为导向，以技术创新为驱动，持续进行新产品开发和技术迭代，积极拓展产品应用新领域，生产性能优异、质量稳定的产品。山西运城有色金属（铝）产业示范基地打造高端铸造铝合金开发中心、高端变形铝合金开发中心、高性能压铸零部件开发中心，已开发新产品 8 项，覆盖轨道交通型材、汽车轻量化铸造件、通信 3C 领域等，已成为山西省、运城市铝合金新材料研发创新基地。甘肃金昌经济技术开发区金属新材料产业示范基地改造提升有色冶金传统产业，围绕有色金属资源的综合开发利用，相继开发了羰化冶金、电池材料及电池、高纯金属、系列贵金属催化剂、镍基合金、银系列、镍盐、镍钴粉体材料等新产品，形成了较为完整的有色金属新材料产业链。

以“平台经济”为抓手，积“蓄”发展势能。示范基地坚持把平台建设作为“调结构，促转型”的重要抓手，持续发力，不断积“蓄”发展势能。2019 年，有色金属产业示范基地国家级公共服务平台数量达到 103 个，同比增长 11.9%。河南三门峡高新技术产业开发区有色金属（铝及深加工）产业示范基地实施科技强基工程，成立了西安交通大学国家技术转移中心三门峡中心，引进了轻质金属研究院等科研院所 7 个，形成了从众创空间到孵化器到产业园的全链条孵化模式。河南巩义市产业集聚区有色金属（铝精深加工）产业示范基地加快建设创客中心、专业园区等发展载体，着力培育新业态，引领集聚区发展迈上新台阶。

以“循环经济”为抓手，推动高质量绿色发展。示范基地不断提高资源循环利用水平，利用新工艺、新技术，探索寻找经济社会发展与生态环境保护相协调的绿色发展之路。云南个旧有色金属（锡）产业示范基地以“减量化、再利用、资源化”为原则，积极探索发展循环经济的有效途径，充分运用新工艺新技术，2019 年，工业固体废弃物综合利用实物总量达 435.66 万吨。江西鹰潭市铜及铜材加工产业示范基地实施“世界铜都”绿色制造工程，积极推行绿色化改造，深化循环化改造，创建了 30 家铜产业绿色工厂，努力构建以高效、清洁、低碳、循环为特征的铜产业绿色制造体系。

（三）石化及化工

2019 年，石化及化工产业示范基地实现销售收入 29 534.81 亿元，其中，主导产业实现销售收入 23 083.24 亿元，占示范基地销售收入的比重超过 75%。以石化及化工为主导产业的示范基地发展理念不断创新、示范引领作用逐渐显现、绿色发展取得积极进展、智慧化建设步伐加快，示范基地整体发展水平迈上一个新台阶。从发展质量水平来看，总体较好，达到了四星级水平。从星级分布来看，1 家示范基地达到五星级水平，15 家示范基地达到四星级水平，四星级以上水平示范基地占全部石化及化工行业示范基地的比重接近 50%。分地区看，东部地区示范基地的发展质量最好，达到四星级水平。分经济带看，示范基地在长三角、珠三角、京津冀、粤港澳大湾区等地区均已达到四星级水平。

抓“科技创新”，增强产业发展“造血”能力。示范基地始终以“发展的源头在于研发”为准则，狠下功夫，以培育引进创新引领型企业、平台、人才、机构为核心，不断夯实创新驱动发展基础，聚合创新动能。2019 年石化及化工产业示范基地研发投入 361.15 亿元，研发强度达到 1.2%，较 2018 年有所提升。上海化学工业区石油化工产业示范基地推进三井化学高端水性涂料实验室、东华大学钛系聚酯催化剂及聚酯改性材料制备中试、上海交通大学光学镀膜材料开发中试等研发和中试项目落户上海国际化工新材料创新中心；湖北宜昌经济技术开发区猇亭园区化工（磷化工）产业示范基地引导企业联合高等院校和科研院所建设产业研究院或技术创新联盟，大力实施科技型中小企业创新成长工程，支持企业加大科技投入，提高产品附加值。重庆长寿经济技术开发区化工产业示范基地着力建设创新平台，建成了 3 个院士专家工作站、1 个博士后科研工作站、1 个博士后创新实践基地、3 个新型专家智库。

抓“建链强链”，促进转型升级新项目落地。示范基地聚力聚焦国内外产业发展动向，立足产业发展基础，强力推进产业链招商，建链强链让老树开新花，促进产业从低端向高端转变，走集中集聚集约发展之路。湖南岳阳云溪工业园区化工新材料产业示范基地成立了石油化工及新材料产业链办公室，编制产业链现状图、全景图，建设重点项目库，新签约烷基化、废矿物油、水性助剂等产业项目24个，签约资金达243.9亿元。河南濮阳经济技术开发区化工产业示范基地围绕石油化工产业链、煤化工产业链、石化煤化融合链接产业链实施了一批产业链延伸、补链项目，带动产业链上下游直接和间接1万余人就业。

抓“安全生态”，筑牢绿色和谐发展底线。2019年，江苏响水“3·21”特别重大爆炸事故，使各地的“减化”步伐大大加快，对各地化工政策的收紧起到了刺激作用，掀起了国内对化工行业的一系列整治浪潮，示范基地以此为警戒，牢牢坚守安全生产的红线、底线，全力推动化工行业安全发展、高质量发展。2019年，石化及化工产业示范基地重点行业企业的安全生产标准化达标率达到87%，较2018年增长6个百分点，一年内未发生重大或较重大事故。河北沧州临港经济技术开发区化工产业示范基地与清华大学合作共建了事故预防与应急管理智能化平台，实现对区内安全生产工作的全面监控、全面预警、全面监管、全面智能。广东惠州大亚湾经济技术开发区石油化工产业示范基地紧盯“安全”不放松，2019年率先实行“双主任”制度和“一岗双责”制度，召开各项安全会议共27次，实施安全生产督查检查902次。

（四）新材料

2019年，新材料产业示范基地产业实力加强，质量效益提升，实现主导产业销售收入达7953.87亿元，同比增长6.51%；创新能力提升，科技成果转化加快，相较于其他原材料工业，新材料产业研发人数占从业人数的比重最高，达15.36%，规模以上企业有效发明专利数为18 263个，同比增长17.01%；发展循环经济模式，提升资源循环利用水平，工业固体废弃物综合利用率为93.63%。各示范基地立足于自身发展优势，促进新材料产业高端化、品牌化、绿色化、生态化发展，主要体现在：夯实产业实力，营造创新氛围；打造品牌产业，聚集优势企业；完善基础设施，优化营商环境等。从发展质量水平来看，总体较好，达到了四星级水平。从星级分布来看，2家示范基地达到五星级水平，8家示范基地达到四星级水平，四星级以上水平示范基地占全部新材料行业示范基地的比重超过60%。

分地区看，东、中部地区示范基地的发展质量最好，均达到四星级水平。分经济带看，示范基地在长三角、长江经济带等地区已达到四星级水平。

稳增长，增创新。示范基地经济总体保持平稳发展，综合实力明显提升，2019年新材料产业示范基地实现主导产业销售收入7954亿元，同比增长6.51%；利润总额达1167.17亿元，同比增长38.5%。示范基地通过构建创新型产业体系，培育壮大经济发展新动能，有效激发了发展活力和内生动力。上海青浦工业区新材料产业示范基地2019年实现销售收入高达2827.8亿元，同比增长达12.8%。旗下高温超导产业基地首次研发成功国产化三相同芯超导电缆、三相统包超导电缆接头及超导电缆终端；成功试制外径达180毫米的400米不锈钢波纹管，填补了国内的空白。湖南金洲新区新材料（电池材料）产业示范基地的产业集群不断壮大，2019年实现主导产业销售收入306亿元，同比增长15.8%，正极材料产销规模位居全球第一，在4.45V高电压正极材料等方面达到国际先进技术水平。

建品牌，引强商。示范基地以新材料领域为核心，打造基地优质品牌，把招商引资和项目建设作为高质量发展的重要路径，扩大基地品牌影响力，不断形成完整的产业链，完善产业配套，吸引优势企业，促进产业聚集发展。吉林经济技术开发区新材料（碳纤维及差别化纤维）产业示范基地发展重点产品，培育知名品牌，获得了国内外广大客户的充分认可，品牌影响力不断扩大，其中人造丝、腈纶纤维两个板块全球产能最大，产品销往国内20多个省（市）及亚、欧、美、非30多个国家和地区。江西永修云山经济开发区有机硅产业示范基地充分发挥国家示范基地金字招牌的带动作用，现有有机硅上下游企业128家，其中投产企业达108家，高新技术企业51家，有力促进了有机硅产业项目的研发。

优环境，益企业。示范基地服务于企业，为企业发展提供良好的园区环境。从基础设施环境入手，不断完善各项基础设施功能，减少企业的基础性投入；搭建公共服务平台，积极发挥其对创新创业的支撑作用；以建设最优营商环境为目标，精准纾解企业痛点、难点、堵点。辽宁海城菱镁新材料产业示范基地不断完善产业配套设施，建设完成投资3500万元的66千伏安变电所以及投资8000万元的后英牌楼燃气项目。昆明高新技术产业开发区新材料（稀贵金属）

产业示范基地建立“及时高效、公开透明、诚实信用、服务发展”的创新服务体系，通过推进公共服务平台及配套体系建设，促进基地完善服务支撑体系及有机联动的生态系统。浙江衢州高新技术产业开发区新材料（氟硅）产业示范基地大力推进“无差别受理”“标准地+承诺制”以及中介服务改革等举措，进一步优化营商环境。

三、消费品工业

以消费品工业为主导产业的示范基地共有 73 家。其中，东部地区 34 家，中部地区 11 家，西部地区 18 家，东北地区 10 家，涵盖纺织、医药、食品、轻工等子行业。2019 年，消费品工业示范基地总体发展平稳，工业增加值总额达 1.11 万亿元，同比增长 3.24%；销售总额达 5.74 万亿元，同比增长 8.61%；实现利润总额与税收总额分别为 4916.12 亿元和 3433.89 亿元，分别同比增长 6.10%和 6.44%；进出口额达到 6978.62 亿元，同比增长 8.68%。

从发展质量水平来看，消费品工业示范基地总体处于四星级水平。分维度看，产业实力、质量效益、创新驱动、绿色集约安全、发展环境和融合发展均达四星级水平。分区域看，东部和中部地区发展较好，总体水平达到四星级水平。2019 年消费品工业示范基地细分行业工业增加值和数量分布情况分别如图 2-7 和图 2-8 所示。

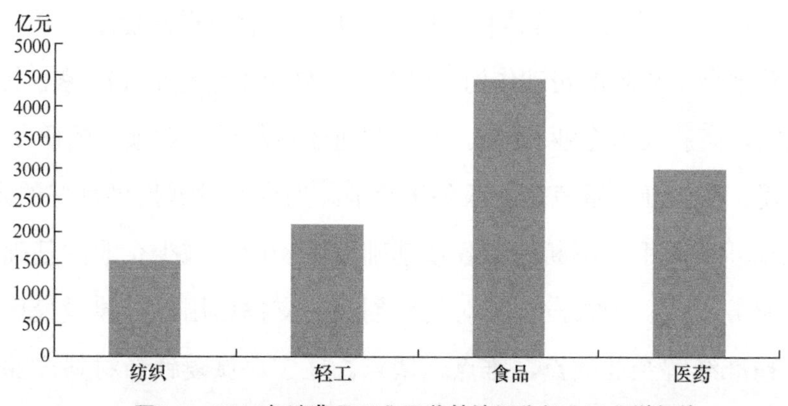

图2-7　2019年消费品工业示范基地细分行业工业增加值

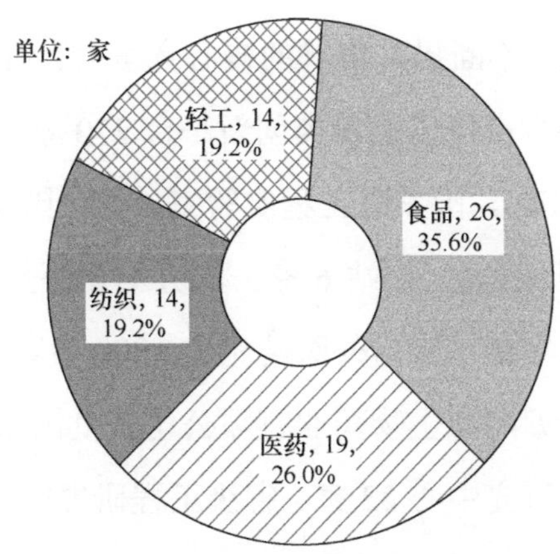

图2-8　2019年消费品工业示范基地细分行业数量分布情况

（一）医药

以医药为主导产业的示范基地共有 19 家。从发展质量水平来看，医药产业示范基地的发展水平总体为四星级。分区域看，医药行业在东部地区发展得最好，总体星级为四星级。2019 年，医药产业示范基地销售收入达 18 354.30 亿元，工业总产值为 10 290.05 亿元，分别同比增长 7.87%和 3.54%；累计固定资产投资额 2159.91 亿元，同比增长 15.57%。全部企业数量为 42 734 家，其中上市及挂牌企业数量 360 家，同比增长 8.43%。示范基地不断提升医药产业集群的核心竞争力和持续发展力，完善管理和服务职能，为企业创造优良的营商环境，在研发创新、平台建设、产业聚集等方面取得了一系列突破。

一是研发成果不断涌现。一批高科技成果产业化项目加快了产业聚集，促进了基地可持续发展。江苏连云港经济技术开发区医药产业示范基地在抗肿瘤药、肝炎药、精神类药物等多个领域市场占有率第一。恒瑞医药跻身福布斯全球百家最具创新力公司，总市值超 5000 亿元，是国内医药第一股（抗肿瘤药、手术麻醉类用药、造影剂市场份额在国内排名第一）。广东中山高技术产业开发区生物医药产业示范基地培育发展了一大批国内领先、国际知名的具有自主知识产权的品牌产品，2017—2019 年，中山基地企业申请发明专利 912 件、实用新型专利 721 件、PCT（专利合作条约）专利 38 件，有效发明专利拥有数达 421 件。

二是创新资源不断聚集。示范基地始终把创新作为高质量发展的不竭动力，推进创新平台发展建设，不断提升集群的核心竞争力。石家庄高新技术产业开发区医药产业示范基地拥有市级以上各类创新平台 270 家，其中国家级企业重点实验室 4 家（占全省的 50%），国家级工程实验室 6 家，国家级企业技术中心 4 家，院士工作站 27 家，诺贝尔奖工作站 6 家。江苏泰州医药高新技术产业开发区医药产业示范基地目前已集聚了国内外医药企业 1800 多家，拥有高新技术企业 98 家，扬子江药业集团江苏海慈生物药业有限公司获批国家企业技术中心分中心，累计拥有省级工程技术研究中心 22 家、省级工程研究中心（工程实验室）19 家、省级企业技术中心 9 家。

三是招商引资取得成效。北京大兴区生物医药产业示范基地成立了 4 个招商部，进一步加强与中关村、海淀、昌平、亦庄等园区重点企业的联系，承接三城一区高精尖成果转化项目和国际、国内优质项目，创新招商模式。筹备成立生物中心、产业联盟、产业研究院等机构，实现招商模式由过去单一部门向自主招商、协同招商、第三方委托招商转变。哈尔滨利民经济技术开发区生物医药产业示范基地招商引资取得成效，新签约奥贝泰医药等 4 个产业项目，签约总额 3.5 亿元。新引入圣鲁医药等 5 家医药销售企业，其中敷特佳经贸 2019 年 5～12 月实现销售收入 10.9 亿元、税收 1.67 亿元，成为园区重要的经济增长点。

（二）纺织

以纺织为主导产业的示范基地共有 14 家，其中东部地区 10 家、中部地区 1 家、西部地区 2 家、东北地区 1 家。我国纺织行业深入推进产业升级，技术创新和结构调整支撑了行业的稳定增长。2019 年，纺织工业示范基地全年实现主导产业销售收入 5053.66 亿元，主导产业工业生产总值达到 4882.25 亿元，分别同比增长 6.07%和 4.61%；进出口总额达到 1003.22 亿元，实现利润总额 365.66 亿元，分别同比增长 1.85%和 0.82%。同时，示范基地研发经费投入持续增长，达到 158.91 亿元，同比增加 14.48%。从发展质量水平来看，纺织工业示范基地总体水平达到四星级。分区域看，纺织工业在东部地区发展得最好，总体星级为四星级。

一是营销渠道多元拓展。江苏南通纺织（家用纺织品）产业示范基地加快众创空间建设，大力培育电子商务、创意设计等新业态，推动电商企业、制造企业对接淘宝、京东等国内知名网络销售平台，重塑家纺产业生态圈。同时，加快家纺产业向产业链中高端发展，着力于高端设计、技术革新、品牌塑造，提升国内、国际集聚规模和辐射效应，积极打造世界家纺名城。吉林辽源经济开发区纺织（袜业）产业示范基地大力发展网络直播产业，基地建设了大量的直播间，对接平台资源，计划在“十四五”期间打造“百千万”工程，即招商及孵化新媒体企业 100 户，建立直播室 1000 个，新增就业岗位 10 000 人。将辽源本地全品类产品资源整合，解决单一主播产品资源匮乏的难题，夯实网络直播产业发展基础。

二是自主创新研发取得新成效。浙江义乌工业园区纺织（针织品）产业示范基地成功实施了一大批重大创新项目，行业竞争优势进一步增强，一大批本地品牌迅速崛起，无缝服装国内市场占有率达到 80%、国际市场占有率达到 37%，“中国无缝针织服装名城”区域品牌影响力不断提升。江西共青城经济开发区纺织服装产业示范基地入驻的中国纺织科学研究院共青分院，依托中国纺织科学研究院强大的科研实力，近年来不断涌现出优秀的科研成果。研制成功全自动异色羽绒分离系统，经过处理的成品羽绒中，异色绒含量指标达到国际先进水平。

三是车间智能化改造逐步提升。福建泉州经济开发区纺织服装产业示范基地推动产业技术数控化、智能化改造提升，向高端纺织鞋服产业迈进。与阿里巴巴合作推进数字经济产业园区“春雷计划”，实施 C2M（用户直连制造）超级工厂计划，帮助区内童装、鞋服等行业高效触达终端消费者，提升品牌营销、产品创新和履约服务，打造一批超级童装、食品 IP，培养一批销售额超亿元的 C2M 超级工厂。

（三）轻工

以轻工为主导产业的示范基地共有 14 家。2019 年，轻工业示范基地全年销售收入达到 13 663.10 亿元，工业总产值 11 376.12 亿元，分别同比增长 6.11%、5.37%，利润总额和税收收入分别达到 759.09 亿元和 447.07 亿元。同时，规模以上企业有效发明专利数 4850 个，同比增长 15.81%。从发展质量水平来看，轻工业示范基地总体发展水平为四星级。分区域看，轻工业在中部地区发展得最好，总体星级为四星级。分经济带看，轻工业在长江经济带和长三角经济带发展得最好，达到四星级水平。

一是产业集聚势头强劲。安徽滁州经济技术开发区家电产业示范基地 2019 年新签约亿元以上项目 52 个，其中投资 40 亿元的米润智能出行产业园、30.5 亿元的宇阳科技陶瓷电容器、10.2 亿元的立讯 5G 基站天线一期滤波器等项目成功落户。基地对从研发设计、模具装备、零部件、整机装配、印刷包装、检测认证、物流运输到线上与线下销售的产业链体系进行了进一步完善。

二是创新能力日益增强。江西赣州南康区家具产业示范基地引进国家高层次人才打造的中国家具智能制造创新中心，重新塑造了南康实木家具生产模式，力争建成工业和信息化部“家具大规模个性化定制”的国家级智能制造示范。目前，该项目一期家具智能备料中心已建成投产，家具智联网平台已有 36 家企业完成联网注册。黑龙江海林轻工（林木制品）产业示范基地积极引导企业向“专、新、特、精”方向发展，着力构建以企业为主体的科技创新体系，鼓励企业与牡丹江大学等院校合作建立工程技术研究中心及重点实验室，加强科技研发，推动科技成果转化。

三是智能制造有新成效。福建德化陶瓷制品产业示范基地的同鑫陶瓷等 6 个项目列入省级智能制造重点项目，万盛陶瓷获评省级智能制造试点示范企业，明英华等 6 家企业通过两化融合管理体系贯标评定，景远和健德建材两家企业获评市级“数字化车间”。2019 年共推广自动化、半自动化成型生产线设备 63 台（套），兑现购置陶瓷生产线设备补助资金 740 多万元。浙江长兴经济技术开发区轻工（铅蓄电池）产业示范基地以夹浦为试点，通过盘活存量、建设小微园等手段，全面推进夹浦地区纺织行业转型升级。2019 年，夹浦镇已完成所有喷水织机散户淘汰、集聚签约，完成散户喷水织机“两断三清”5548 台，集聚喷水织机 7105 台，新增机联网 6000 余台。

（四）食品

以食品为主导产业的示范基地共有 26 家。随着国家不断推出电子商务扶持政策以及物流和相关产业配套的不断成熟，国内的电子商务发展趋势良好，网络购物市场规模不断扩大，推进食品行业快速发展。2019 年，示范基地实现主导产业销售收入 10 536.02 亿元、工业增加值 4427.70 亿元，分别同比增长 12.48%和 10.97%；进出口总额达到 1040.35 亿元，同比增长 21.19%，其中出口额达到 649.64 亿元，同比增长 8.92%。从发展质量水平来看，食品业示范基地总体发展水平为四星级。分区域看，食品业在东部地区发展得最好，总体星级为四星级。分经济带看，食品业在长江经济带发展得最好，达到四星级水平。

一是品牌建设效果显著。山东诸城经济开发区食品产业示范基地共有“得利斯”“尽美”“兴贸”等 8 个中国驰名商标，“佳世博”“北极神”“兴贸”等 8 个山东省名牌，“惠发”“东晓”等 23 个山东省著名商标，以及 3 个马德里国际注册商标和 1 个省长质量奖。四川宜宾食品（国优名酒）产业示范基地在英国品牌评估机构“品牌金融”（Brand Finance）发布的“2020 年全球品牌价值 500 强”榜单中首次进入百强，排名第 79 位，较上年提升 28 位；同时在亚洲品牌 500 强、中国品牌 500 强的排名均有所提升。

二是创新能力不断提升。重庆涪陵工业园区食品产业示范基地与西南大学签订协议，在企业创建“西南大学工程硕士专业学位研究生实践基地”，联办研究生班，对企业工艺革新、产品附加值提升等进行研究，研发了榨菜防腐剂零添加、原料快速腌制、乳化辅料等先进技术。四川泸州酒业集中发展区食品（名优白酒）产业示范基地 2019 年共投入研发经费 19.2 亿元，同比增长 2.67%。示范基地主导产业中，共有国内驰名商标 13 个、省级研发机构 10 个、国家级研发机构 8 个、国家级博士后科研工作站 1 个、国家级工业设计中心 1 个，在全国同类示范基地中处于领先地位，创新能力不断提升。

三是推动招商引资新突破。2019 年，河南漯河经济技术开发区食品产业示范基地新签约亿元以上项目 23 个，总投资 151 亿元。其中，新引进宇培冷链物流、嘉吉调配糖浆、嘉吉动物预混料、泓一日清食品、圆通互联网金融等国内外 500 强、行业百强投资项目 7 个。宁夏吴忠金积工业园区食品（清真）产业示范基地借助朗盛精密铸锻、宁夏伊利、天津春发等入园企业开展以商招商，先后对接洽谈项目 29 个，签约项目 13 个，签约金额 36 亿元。同时组织红山河、宁杨、恒枫乳业等 64 家规模以上企业开展对标工作，树立了吴忠仪表、伊利乳业等 3 家对标典型标杆（全区 19 家），基本实现规模以上工业企业对标的全覆盖。

四、电子信息产业

以电子信息产业为主导产业的示范基地共有 51 家。其中，东部地区 32 家，中部地区 8 家，西部地区 9 家，东北地区 2 家。在示范基地的推动下，我国电子信息产业整体呈现出“稳中有进、稳中育新”的特点。2019 年，示范基地工业销售收入 152 526.81 亿元，同比增长 7.46%；实现利润总额 11 023.47 亿元，同比增长 9.15%；主导产业规模以上企业数量达 33 375 家，同比增长 10.02%；主导产业国家级研发机构数量达 732 家，同比增长 21.19%；示范基地拥有研发人员 137.7 万人，同比增长 21.19%，研发经费投入 4064.48 亿元，同比增长 11.67%。同时，示范基地坚持绿色发展，单位工业增加值能耗和用水量继续保持较低水平，分别同比下降 2.95%和 7.54%。从发展质量水平来看，电子信息产业总体发展水平达到四星级。从细分行业来看，电子信息、物联网、显示产业等均处于四星级水平。2019 年电子信息产业示范基地细分行业数量分布及总体发展情况分别如图 2-9 和图 2-10 所示。

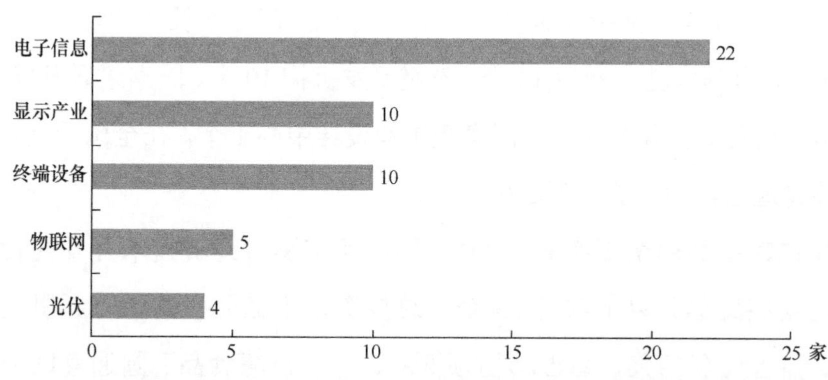

图2-9　2019年电子信息产业示范基地细分行业数量分布情况

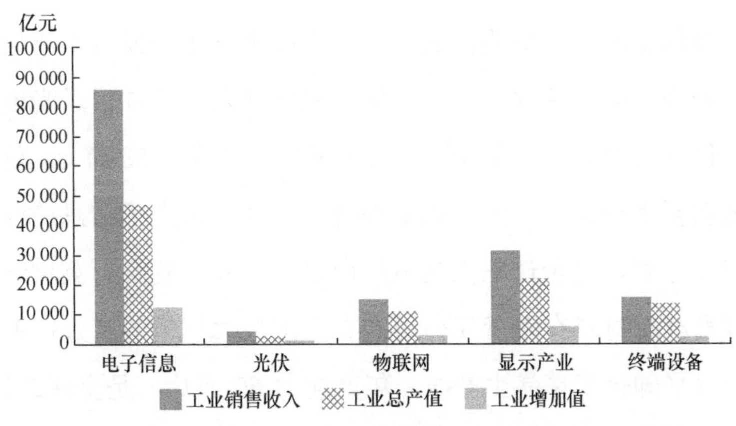

图2-10　2019年电子信息产业示范基地细分行业总体发展情况

（一）电子信息

以电子信息为主导产业的示范基地共有 22 家，分布于福建、广西、河北、湖南等 14 个省、自治区、直辖市。2019 年，示范基地工业增加值达 12 323.81 亿元，同比增长 5.40%；主导产业总产值达 25 355.22 亿元，同比增长 6.80%；规模以上工业企业数量达 7833 家，同比增长 10.14%；研发经费投入达到 2737.30 亿元，同比增长 12.89%。从发展质量水平来看，示范基地的总体发展水平达到四星级，其中，产业实力、质量效益、创新驱动、融合发展和发展环境均达到四星级水平。示范基地围绕科技创新驱动，注重研究成果转化，推动企业高质量发展。

一是产业链建设进一步夯实。示范基地积极推进工业新型优势产业链建设，以及电子信息先进制造业产业集群的培育工作。湖南浏阳经济技术开发区电子信息产业示范基地在园区招商局的带领下，重点瞄准 5G、智能终端及零部件、显示面板等关键领域，到深圳、武汉、重庆等地参与点对点招商。同时，结合全市产业现状和重点企业发展战略，编制了《长沙市显示功能器件产业链三年行动计划（2019—2021 年）》，为推动产业链长远建设打好基础。深圳坪山区电子信息产业示范基地现已入驻 206 家优质企业，其中主导产业企业 117 家，国家高新技术企业 78 家，基本形成了以新一代信息技术为主导产业的现代产业体系，电子信息产业链较为完善。

二是科技创新成果取得明显成效。天津经济技术开发区电子信息产业示范基地的网络处理智能芯片项目、时间敏感网络转发芯片项目、光电子与微电子器件集成项目等获得国家课题立项，获国家拨款经费 3858 万元，位列滨海新区各重大科技创新平台第一。河北廊坊经济技术开发区电子信息产业示范基地在电子信息产业方面，是全球三大制造厂商之一，其中复合石英材料填补了国内空白。有研光电新材料有限责任公司拥有全国最大规模的红外锗单晶生产线、全国唯一的水平砷化镓单晶生产线，年产能力 60 万片，是全球红外 LED 衬底片的主要供应商。

三是金融支撑明显增强。西安高新技术产业开发区电子信息产业示范基地加快丝路国际金融中心核心区建设，制定金融业发展规划，引进各类金融机构 21 家，新增境内外上市挂牌企业 10 家，直接融资额 202.73 亿元。完成金融业增加值 155.55 亿元、占地区生产总值的 7.8%，金融机构新增本外币贷款 1000 亿元、存贷比达 117%，金融资源有效供给不断增强。上海漕河泾新兴技术开发区电子信息产业示范基地 26 个项目总计获得风险投资金额近 19.8 亿元。漕河泾天使基金首投项目鸿研物流顺利完成 D 轮融资。融资平台信息化一期系统完成并投入使用，贷款审批流程实现无纸化，将打造成为企业大数据智能信贷平台和投融资对接平台，助力企业获得多元化融资。

（二）物联网

以物联网为主导产业的示范基地共有 5 家，分布于福建省、江苏省、江西省、浙江省和重庆市。2019 年，示范基地工业增加值达 2520.39 亿元，同比增长 4.14%；主导产业销售收入达 4195.35 亿元，同比增长 12.78%；研发人数 19.6 万人，同比增长 4.01%。从发展质量水平来看，示范基地的总体发展水平达到四星级，其中，杭州高新区（滨江）电子信息（物联网）产业示范基地和重庆南岸区电子信息（物联网）产业示范基地达五星级水平。示范基地以大数据、人工智能、物联网与制造业深度融合为支撑，全面推进制造业向数字化、网络化、智能化、融合化、集约化发展。

一是重点应用取得突破。江西鹰潭电子信息（物联网）产业示范基地的智慧水务新改造智能水表近 2 万台，全市安装智能水表约 17 万台，其中市本级智能水表安装率超过 95%；智慧医疗远程医疗网络实现村级卫生计生室全覆盖，被列为全国首批“互联网+健康扶贫”应用试点城市。福州经济技术开发区电子信息（物联网）产业示范基地自主研发成功全球首颗二维码解码芯片，POS 机销量全球第二、亚太地区第一，在全国范围内率先提出“数字公民”概念并试点落地；慧翰微电子提供全球技术领先的智能汽车车联网解决方案，车联网控制单元的国内市场占有率领先。

二是产业规模稳步增长。重庆南岸区电子信息（物联网）产业示范基地已集聚物联网大数据运营平台及相关企业 300 多家，覆盖物联网芯片、传感器、通信模组、终端产品、专网运营、软件研发、系统集成、平台运营、数据挖掘等产业链环节。2019 年，全区物联网产业销售收入达到 686.61 亿元，同比增长 8.50%。重庆中交通信日均接收数据 230 万条；中移物联网 OneLink 平台日均采集数据 4 亿条；城投金卡日均采集 2000 多万车次的数据。

三是创新体系进一步完善。杭州高新区（滨江）电子信息（物联网）产业示范基地内的北京航空航天大学杭州创新研究院入选省重点新型研发机构，联合区内企业设立实验室 10 个，开展科研项目 18 个，设立产业化公司 3 家。新增国家级创新机构 1 家，省级重点实验室等研发机构 6 家，市级研发机构 103 家。同时，公安部安全与警用电子产品质量检测中心、华为鲲鹏创新中心等正式落户。

（三）显示产业

以显示产业为主导产业的示范基地共有 10 家，分布于安徽、北京、福建、广东、湖北、江苏、四川 7 个省、直辖市。2019 年，示范基地工业增加值达 5618.66 亿元，同比增长 7.80%；主导产业销售收入达 16 221.09 亿元，同比增长 9.17%；上市及挂牌企业数量 777 家，同比增长 30.15%；研发经费投入 698.43 亿元，同比增长 13.75%。从发展质量水平来看，示范基地的总体发展水平达到四星级，其中，产业实力、质量效益、创新驱动、绿色集约安全、融合发展和发展环境均达到四星级水平。示范基地以核心技术突破和产业化配套为着力点，推动我国新型显示产业高速发展，显示技术水平不断提升，产业规模不断扩大。

一是创新平台全面发展。厦门火炬高技术产业开发区电子信息（光电显示）产业示范基地 2019 年全年新增 2 家国家级企业技术中心，1 家省级重点实验室，2 家省级企业技术中心，7 家省级新型研发机构，占全市总数的 58.3%。支持设立 3 家院士专家工作站。各类公共技术服务平台累计服务企业超 2000 家次，总服务金额比上年增加 45.2%。武汉东湖新技术开发区电子信息（光电子）产业示范基地推进光谷科创大走廊核心区、光谷科学岛、东湖实验室规划建设，加速推进精密测量创新研究院、同步辐射光源等重大创新平台建设。同时，加快推进国家信息光电子、国家数字化设计与制造、国家先进存储产业三大国家级制造业创新中心建设，突破一批“卡脖子”核心技术。

二是招商引资工作有序推进。四川遂宁经济技术开发区电子信息（光电子）产业示范基地共签约引进重大产业项目 20 个，总投资 167.25 亿元。其中包括国内前 3 强成工重工集团投资 50 亿元的轮式装载机工程机械制造基地，世界 500 强绿地集团投资 40 亿元的绿地遂宁 1958 文创产业园，行业前 10 强深圳耀德科技投资 16 亿元的高密度柔性电路板（FPC）项目以及斯凯力科技汽车零配件生产基地等 11 个投资亿元以上项目。福建福清融侨经济技术开发区电子信息（显示器）产业示范基地新增招商项目备案 148 个，属于三大产业的共 69 项，其他大多为三大产业配套服务项目。在这些项目中，列入“2019 招商年”的项目有 35 个（任务 17 个），总投资 96.01 亿元。

三是产业结构持续优化。合肥新站区电子信息（新型平板显示）产业示范基地引进关键零部件（如玻璃基板、液晶材料、背光源组件、偏光片、集成电路、化学材料等），签约落地了彩虹集团、乐凯、法国液化空气、住友化学、康宁等 50 余家国内外企业在新站区投资配套，形成了以 TFT-LCD（薄膜晶体管液晶显示器）为主导，OLED（有机发光二极管）加快发展壮大，Micro/MiniLED、激光显示等跟踪布局的产业格局。广东佛山市电子信息（光电显示）产业示范基地紧抓重大项目引入。2019 年引入超 10 亿元重大项目 4 个，总投资额达 90 亿元，分别为投资 50 亿元的腾讯工业互联网服务基地、投资 20 亿元的中国科学院苏州纳米所广东研究院、投资 10 亿元的恒利智建科技项目，以及旺康集团总部。

五、软件和信息服务业

2019 年，国际环境错综复杂，国内改革发展稳定任务艰巨繁重，软件和信息服务业产业示范基地稳中求进，规模质量效益全面提升，实现主导产业销售收入 33 519 亿元，同比增长 14.2%，实现利润总额 5380 亿元，同比增长 11.0%。以创新发展为重要发展理念，为软件和信息服务业产业示范基地新旧动能加速转换提供了源源不断的新机遇，研发经费投入 5394 亿元，同比增长 11.7%，占销售收入的比重达 7.5%，研发人数 184 万人，同比增长 7.5%，通过持续加大研发经费投入，规模以上企业有效发明专利数达到 165 248 个，同比增长 28.2%。深化开放合作，国际实力再提升，示范基地骨干龙头企业统筹利用国内外创新要素和市场资源，全面推进海外市场布局和本地化经营，企业国际实力不断提升，实现出口额 3983 亿元，同比增长 13.3%。

从发展质量水平来看，软件和信息服务业产业示范基地的平均发展质量指数为 3.27，达到四星级水平。分维度看，产业实力、创新驱动、绿色集约安全、融合发展、发展环境等维度均处于四星级水平，质量效益维度处于三星级水平，如图 2-11 所示。

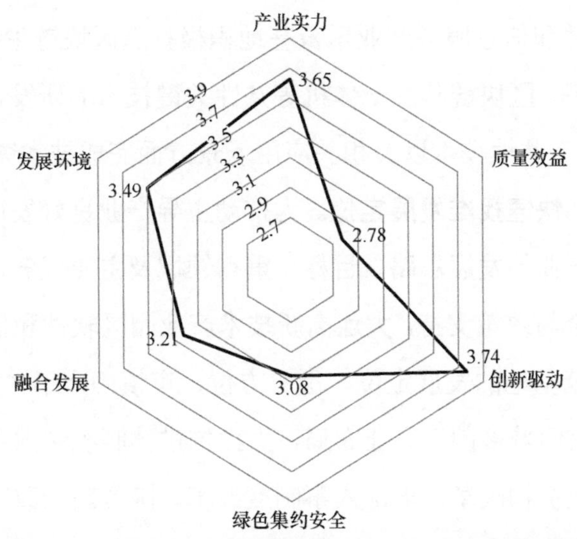

图2-11　2019年软件和信息服务业产业示范基地六大维度指数图

从星级分布来看，18 家软件和信息服务业产业示范基地中有 2 家达到五星级水平，11 家达到四星级水平，四星级及以上水平示范基地所占比重达 72%。分地区看，东部、中部、西部、东北地区示范基地的发展质量水平均达到四星级水平，其中中部地区发展得最好。分经济带看，珠三角、粤港澳大湾区的平均水平最高。

抓运行，做大做强软件产业。示范基地抓好运行调度，产业规模不断壮大，推进载体建设，引导产业集聚发展。厦门软件园软件和信息服务产业示范基地 2019 年在全国 43 个软件产业基地排名中，综合实力排名全国第九，其中成长性指标排名全国第二；上海浦东软件园软件和信息服务产业示范基地有 24 家次企业在 2019 年中国互联网企业 100 强、2019 上海软件百强企业、2019 上海软件高成长企业百强、2019 胡润全球独角兽榜单等排名中榜上有名，有 57 家企业或其母/子公司在 A 股、H 股或海外上市。

抓生态，快速布局新一代信息技术。示范基地树立平台思维、生态思维，抢占发展新风口，发挥头部企业作用，率先布局人工智能、虚拟现实、超高清视频等新一代信息技术产业。天津滨海高新区软件园软件和信息服务产业示范基地产业发展态势良好，硬件产品不断积聚，软件产品加速升级，服务能力持续提升，初步形成了“硬件+软件+服务”的新一代信息技术全产业链条。上海市北高新技术服务业园区软件和信息服务产业示范基地积极打造区块链生态谷，瞄准区块链跨链、区块链沙箱、区块链芯片一体机等共性关键技术的研发，力争在区块链底层技术、“卡脖子”共性技术以及相关应用场景方面完成技术突破。

抓顶层设计，快速找准发展定位。为推动主导产业良好发展，示范基地紧抓顶层设计，明确产业的发展思路、目标、重点领域及主要任务，为主导产业发展提供强有力的资金与政策支持。大连高新技术产业园区软件和信息服务产业示范基地认真分析示范基地的发展定位、历史方位，审慎确定了“1+5”重点产业方向，明确了“一核两城多园”产业布局，大力推进体制机制改革，借鉴先进地区经验，对示范基地机构改革、干部人事制度改革、国资国企改革、事业单位深化改革等进行了深度谋划。

六、新兴领域产业

新兴领域产业示范基地涉及大数据、数据中心、工业互联网、产业转移合作等领域，其中大数据产业示范基地第九批新增 6 家，目前共 11 家；数据中心产业示范基地第九批新增 5 家，共 8 家；工业互联网产业示范基地第九批新增 3 家，共 4 家；产业转移合作第九批新增 1 家，共 4 家（如图 2-12 所示）。2019 年，新兴领域产业示范基地主导产业实力不断增强，实现主导产业销售收入达 18 428 亿元，同比增长 12%。为促进经济新旧动能转换，迎接产业转型升级的新拐点，工业互联网、大数据、数据中心、产业转移合作等产业示范基地在助力构建形成以数据为核心驱动要素的新型工业体系，提高资源配置效率和全要素生产率，实现工业经济发展动力和发展方式的转变上起到了十分重要的作用。2019 年，新兴领域产业示范基地资源利用效率情况良好，单位土地平均产值达到 862 万元/公顷，同比增长 3.7%；全员劳动生产率达 80 万元/人，与上年大致持平。

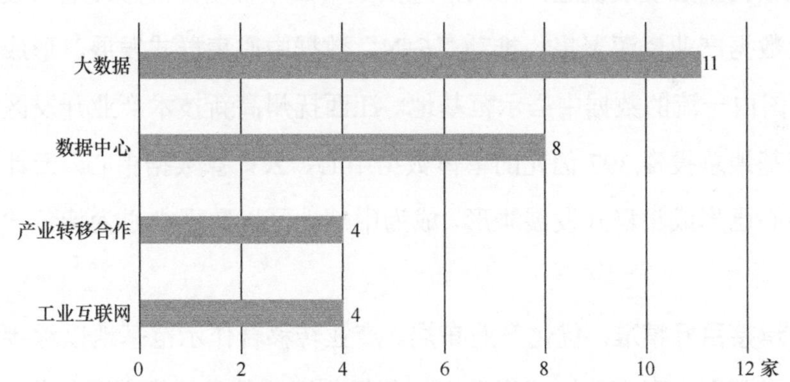

图2-12　2019年新兴领域产业示范基地行业数量分布情况

从发展质量水平来看，工业互联网、产业转移合作产业示范基地总体达到四星级水平，其中 1 家工业互联网产业示范基地达到五星级水平。大数据、数据中心产业示范基地总体为三星级水平，其中共 8 家示范基地达到四星级水平，占两类示范基地总数的 42.1%。

“大数据+”融合深化，拓展应用新领域。大数据产业示范基地通过数据应用模式创新，不断提高管理的科学化、精细化、智能化水平，依托示范基地的大数据优势，积极推进数据信息在其他行业领域融合发展应用。贵阳高新技术产业开发区大数据产业示范基地开展大数据与工业深度融合，实施大数据与工业深度融合专项行动，大力开展“企业上云”工程，推动企业能力云端聚集，实现规模以上工业企业上云比例达 80%以上。内蒙古和林格尔新区大数据产业示范基地落实《内蒙古自治区大数据与产业深度融合行动计划（2018—2020 年）》，积极推进数字技术赋能自治区传统产业发展，对规模以上工业企业给予数字化、网络化、智能化改造扶持。济南高新技术产业开发区大数据产业示范基地以大数据面向 N 个行业的深度融合应用为主攻方向，实现大数据在电子政务、智慧电力、智能安防、智慧医疗、智慧教育、智慧环保、智能制造等多个领域的产品开发和场景应用，形成“智慧辐射圈”。

数据中心产业集群发展，打造数字经济新高地。数据中心产业示范基地紧紧围绕规划布局，加快推进数据中心重大项目建设，促进数据中心集群式发展。贵州贵安综合保税区（贵安电子信息产业园）南方数据中心（大数据类）产业示范基地抢抓数据中心发展机遇，深入推进大数据战略行动，奋力打造以数据中心为引领的大数据产业资源聚集，推动“6+N”数据中心集群式发展，形成具有国际影响力、国内一流的数据中心示范基地。江西抚州高新技术产业开发区数据中心产业示范基地总投资 397 亿元的单体数据中心、云计算数据中心、云计算中心三大数据中心已形成集群式发展雏形，成为中部地区以数据中心为特色的数字经济新高地。

产业承接目标精准，优化产业布局。产业转移合作示范基地以承接劳动密集型产业、资源密集型产业转移为重点，积极创造条件承接高端现代化产业转移，不断优化产业布局。四川邻水经济开发区产业转移合作产业示范基地围绕产业承接，引进汽摩零部件及整车企业，大力发展电力装备、智能装备等现代化装备制造产业，加快发展新材料、新技术、新能源“三新产业”，力争打造百亿级产业集群。贵州独山经济开发区产业转移合作产业示范基地积极创造条件承接高端产业转移，主要做实装备制造产业，培育骨干企业，大力发展马达、轴承等机械配件，引进大型家电制造、汽车零配件生产线、装配件，不断完善装备制造产业链。

工业互联应用创新，促进产业生态完善。工业互联网产业示范基地推动工业互联网在更广范围、更深程度、更高水平上融合创新，全力打造工业互联网产业生态，为全国工业互联网发展探索可复制、可推广、可持续的实施路径。深圳宝安区工业互联网产业示范基地的工业前300强企业中，78%的企业实现了生产设备与内网的联接，85%的企业为设备或产品建立了编码标识信息，基础支撑能力强大、制造企业信息化和工业化深度融合、工业互联网综合应用丰富、“5G+工业互联网”应用取得初步成效。

七、其他领域产业

示范基地推动服务型制造领域、节能环保安全领域等其他领域发展，共批复工业设计、工业物流、资源综合利用等产业示范基地10家，如图2-13所示。自批复以来，示范基地规模发展迅速，产业实力不断增强，2019年，实现销售收入超过20 298亿元，2018—2019年平均增长速度接近20%，全部企业数量达到111 175个，同比增长达57%。

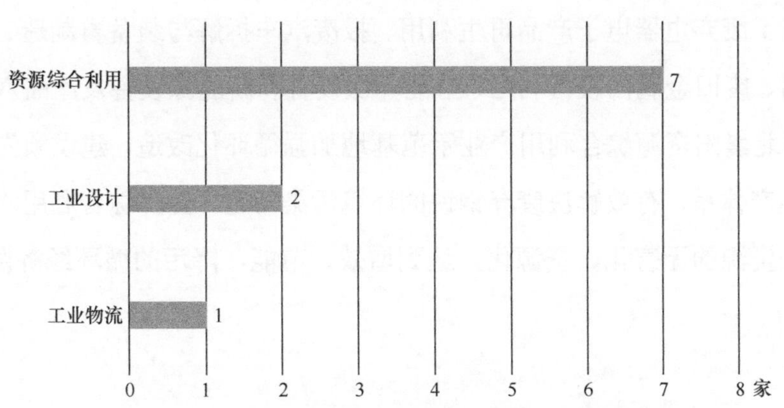

图2-13 2019年其他领域产业示范基地行业数量分布情况

从发展质量水平来看，工业设计、工业物流、资源综合利用产业示范基地总体均达到四星级水平，其中1家资源综合利用产业示范基地达到五星级水平，工业设计、工业物流、资源综合利用产业示范基地共6家达到四星级水平。分维度看，其他领域产业示范基地产业实力、质量效益、创新驱动、绿色集约安全、融合发展、发展环境6个维度的指数均达到四星级水平。

加强国内外宣传与合作，着力推动设计国际化。工业设计产业示范基地基于新技术、新工艺、新装备、新材料、新需求的设计应用研究，加强国内外宣传与合作，促进工业设计向高端综合设计服务转变。广东佛山顺德区工业设计产业示范基地多年来积极对接引进美国、德国、英国、法国、日本、韩国、土耳其等全球各地的顶尖设计机构及资源，推动设计创新成果对接，助推工业设计国际化。广州经济技术开发区工业设计产业示范基地积极推进与国内外工业设计单位的交流合作，促进工业设计与制造业、知识产权、区块链、新零售等多业态产业合作，实现资源共享与协同进步。

以发展循环经济为重点，构造绿色产业基地。资源综合利用产业示范基地坚持绿色、低碳、循环的发展理念，围绕示范基地建设要求，促进园区循环经济产业的集约化、规模化和绿色化发展，形成资源综合利用的特色化、差异化发展新模式。天津子牙循环经济产业区资源综合利用产业示范基地以循环经济产业高质量发展为目标，大力发展培育精深加工再制造和节能环保新能源等产业，逐步形成“废旧商品回收、拆解、初加工、深加工、再制造”等完整的绿色生态产业体系，构筑了废弃电器电子产品再生利用、报废汽车拆解与装备再制造、废旧橡塑再生利用、废旧金属回收再利用、节能环保设备和新能源设备及产品六大核心产业链。湖北襄阳资源综合利用产业示范基地加强循环化改造，建设领先的废弃钢铁处理生产体系，有效解决废弃钢铁的环境污染问题，提升综合利用水平，实现废弃钢铁资源的无害化、资源化，达到增效、节能、降污的循环经济发展目的。

03

区域发展篇

截至 2019 年底，我国已授牌国家新型工业化产业示范基地（以下简称“示范基地”）416 家，包括东部地区 179 家、中部地区 85 家、西部地区 112 家、东北地区 40 家。各区域的示范基地培育建设工作有序推进，示范带动作用显著增强，东、中、西、东北地区的工业增加值分别同比增长 3.79%、6.54%、6.28%、6.70%，对于地方乃至全国实现经济高质量发展发挥了重要作用。

一、东部地区

东部地区共有示范基地 179 家，占全国示范基地总数的 43.0%，主要覆盖了产业转移合作、大数据、电子信息产业、工业互联网、软件和信息服务业、数据中心、消费品工业、原材料工业、装备制造业等领域。2019 年，东部地区示范基地完成销售收入 40.0 万亿元、工业生产总值 23.0 万亿元，分别同比增长 8.57%、7.37%；实现工业增加值 5.4 万亿元（如图 3-1 所示）、利润总额 2.8 万亿元。该地区示范基地持续推进创新工作，研发经费投入高达 1.4 万亿元，占销售收入的比重达 3.5%；研发人员超过 424 万人，同比增长 8.89%，占年末从业人员总数的比重为 16.2%；共计拥有规模以上企业有效发明专利 480 899 个、主导产业国家级研发机构 1763 个，分别同比增长近 16.57%、19.12%。东部地区示范基地聚焦创新驱动发展战略，培优培新主导产业、做大做强新兴产业，推动地区经济高质量发展。

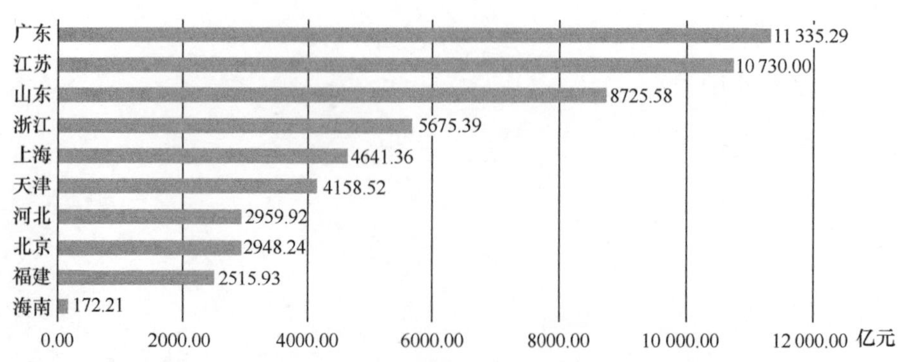

图3-1 东部地区各省（直辖市）示范基地工业增加值完成情况

（一）北京

1. 总体发展情况

自 2009 年工业和信息化部组织开展国家新型工业化产业示范基地创建工作以来，截至 2019 年底，北京市共有 9 家产业示范基地。2019 年，9 家示范基地实现工业总产值 10 128.06 亿元，进出口总额 7259.32 亿元，工业固定资产投资额 602.09 亿元，实现利润 3809.46 亿元。

2. 典型做法和经验

明确产业定位和空间布局。产业定位和空间布局是产业规划的核心。2019 年，北京市经济和信息化局牵头研究高精尖产业集群细化工作。按照“三有”“三能”的标准，即有发展前景、有基础条件、有支撑的项目，最终能形成头部企业、能形成创新引领优势、能形成产业生态，将北京市的十大高精尖领域进一步细分为 20 余个细分方向，按照“每个区不超过三个主导产业、每个主导产业不超过三个区”的原则，并兼顾产业规模和发展实际，明确了各区的主导产业和培育产业细分方向，并在各分区规划中予以明确落实。产业空间布局强调“产业向园区集中”的原则，示范基地成为各区高精尖产业的主要承载地。各示范基地结合各区规划，进一步明确细分领域。北京房山区石油化工（石化新材料）产业示范基地明确了“1+3”产业发展方向，即高分子材料、以新型显示为代表的电子信息材料、以石墨烯为代表的纳米材料、以氢能为代表的新能源材料，积极推动科技成果落地发展，着力打造成为特色鲜明的“材料创新谷”。

用足用好产业引导政策。强化产业政策引导作用，加快产业结构深度调整。一方面，舍得有度控增量。严格实施《北京市新增产业的禁止和限制目录（2018 年版）》，实施负面清单管理。印发实施《加快科技创新发展新一代信息技术等十个高精尖产业的指导意见》，配套出台了财政、土地、人才等一揽子政策，强化正面清单指引。另一方面，关改转并举调存量。以是否符合首都城市战略定位为准绳，对存量产业分类施策。一是落实《北京市工业污染行业生产工艺调整退出及设备淘汰目录（2017 年版）》，2019 年退出一般制造业企业 399 家。二是落实《北京市工业企业技术改造指导目录（2016 年版）》，支持企业实施绿色制造和智能制造技术改造。三是引导企业转移优化空间布局，将生产制造环节外迁津冀地区。在产业政策的引导下，北京市产业投资呈现出价值高端化、体量轻型化、生产清洁化的特征。各示范基地结合自身实际，制定了个性化政策。北京中关村科技园区丰台园装备制造（轨道交通装备）产业示范基地制定了《中关村丰台园轨道交通产业创新发展行动计划（2020—2022 年）》，首次完成丰台园“创新十二条”政策兑现工作。

加快公共服务平台建设。推动公共服务平台建设，为企业提供高品质服务。持续提升中小平台的网络服务能力，初步形成了“1+16+N”的立体式中小企业公共服务平台网络，在全市各区及中小微企业聚集的产业集群基本实现了服务全覆盖。2019 年度，平台网络全口径共服务企业近 200 万家次，其中开展各类公共服务活动 1733 场，服务企业 66 138 家次，服务人数 197 804 人次，完成服务对接 3653 家次。北京经济技术开发区数字电视产业园电子信息（平板显示）产业示范基地为企业提供具有多种服务功能、可满足企业多种服务需求的综合性公共服务平台。北京大兴区生物医药产业示范基地持续优化营商环境，巩固“领导包片，员工包企业”责任制，发挥院站、博站和产业协会、联盟的作用，深化院企合作、校企合作，为园区企业解决实际问题。北京雁栖经济开发区食品产业示范基地重视创新创业服务，创新小镇已引入中关村信息谷、海创产业技术研究院等 4 个创新创业服务平台。

完善投融资支持体系。强化资金、基金的引导作用，用好高精尖产业资金和基金、中小企业资金和基金，助力示范基地入驻企业发展。北京经济技术开发区数字电视产业园电子信息（平板显示）产业示范基地鼓励条件成熟的集成电路企业改制上市，建立四板市场企业孵化培育基地，构建资本市场投融资中介服务体系，举办相关培训、推介等活动。北京房山区石油化工（石化新材料）产业示范基地第一支总规模 2.2 亿元的北京市首个石墨烯创投基金出资并完成备案，北京大兴区生物医药产业示范基地兑现扶持资金 6476 万元，争取市级以上支持资金 19 546 万元。

加快产业配套设施建设。鼓励示范基地完善基础设施，提升公共服务水平，不断提高示范基地的承载品质，实现筑巢引凤。北京经济技术开发区数字电视产业园电子信息（平板显示）产业示范基地配套建设工业标准厂房、污水处理厂、变电站、供热厂、倒班宿舍等设施，并引入了越海、万达两家国内优秀的综合物流服务商，为入驻企业提供全方位的服务保障。北京房山区石油化工（石化新材料）产业示范基地进一步强化园区综合管网建设，积极推进园区闲置土地盘活再利用。北京大兴区生物医药产业示范基地加强人才服务，推荐 61 人认定区优秀青年人才，推荐 300 余人申请大兴区产业配套公租房。北京中关村科技园区丰台园装备制造（轨道交通装备）产业示范基地全年新增公租房 336 套，协调解决 30 人次高管子女入学问题。

优化招商推介引资模式。全面对接京津冀协同发展等国家战略，坚定不移地构建高精尖经济结构，做好招商引资工作。2019 年 10 月，世界智能网联汽车大会在位于顺义区的中国国际展览中心成功举办，北京顺义区汽车产业示范基地新能源汽车领域的北京奔驰、北京现代等多家企业均受邀参加大会，向国内外展示了示范基地汽车产业的整体形象和网联技术的发展。北京中关村科技园区海淀园软件和信息服务产业示范基地借势中关村论坛，形成了广泛的产业吸引力和行业影响力，首次举办中关村科学城国际科技创新合作论坛，建立科技外交官合作网络。招商推介引资模式的创新，提升了示范基地的品牌实力。

3. 发展成效

集群化水平提升。围绕主导产业，促进上下游产业联动，示范基地集群化发展水平显著提升。北京顺义区汽车产业示范基地现有规模以上企业 51 家，聚集了新能源汽车研发、整车制造、动力电池等龙头企业，初步形成了智能新能源汽车产业生态，北汽集团旗下新能源汽车 2019 年产销量实现 11.4 万辆。北京大兴区高技术转化应用产业示范基地共有企业 147 家，其中规模以上企业 58 家，示范基地集聚了高技术转化应用企业 108 家，着力打造航空航天、导航定位产业集群，已初见雏形。北京中关村科技园区海淀园软件和信息服务产业示范基地依托中关村软件园、上地信息产业基地等专业园区，已形成了以软件和信息服务为主的高端产业集群化创新发展格局，2019 年示范基地软件和信息服务业实现收入 8726.5 亿元。

自主创新能力增强。科学技术是第一生产力，创新是引领发展的第一动力。

示范基地支持自主创新能力建设，通过产研合作攻克了一批制约产业发展的关键核心技术难关。北京中关村科技园区海淀园软件和信息服务产业示范基地推动人工智能关键技术攻关，清华大学类脑计算研究中心成功研制出世界首款异构融合类脑芯片“天机芯”。示范基地主导产业国家级研发机构数量 218 个，同比增长 17.8%；主导产业省级研发机构数量 210 个，同比增长 84.2%。北京雁栖经济开发区食品产业示范基地深入落实怀柔科学城科技创新专项工作，支持中国科学院、北京大学、清华大学等科研院所的研发成果落地实施，积极推进创新中心建设，海创产业技术研究院正式成立。各示范基地企业攻克了一批制约产业发展的关键核心技术难关。北京经济技术开发区数字电视产业园电子信息（平板显示）产业示范基地的龙头企业——京东方，是目前我国唯一具有自主知识产权、已完整掌握薄膜晶体管液晶显示器（TFT-LCD）核心工艺和产品技术的企业，自主开发了超级边缘电场转换（AFFS）技术。

（二）天津

1. 总体发展情况

天津市立足全国先进制造研发基地的功能定位，以新型工业化产业示范基地建设为抓手，依托重点工业园区，聚焦航空航天、新一代信息技术、汽车等优势产业，着力推进要素整合、平台聚合、产城融合，加快培育优势特色产业集群。截至 2019 年底，天津市共有国家新型工业化产业示范基地 11 家，示范基地主导产业工业总产值占全市规模以上工业的比重近 40%，成为制造业高质量发展的重要支撑力量。

2. 典型做法和经验

加快培育新动能。示范基地聚焦主导产业重点领域，推动发展新产业、新产品，倾心倾力引育新动能。天津滨海高新区华苑产业区新能源（储能电池）产业示范基地集聚了 900 余家新能源企业，形成了动力电池、光伏及风电三大产业链条，成为天津市新动能引育的重要支撑。巴莫科技是国内目前综合实力最强、产销量最大的锂离子电池正极材料供应商之一；天津金牛在国内率先批量化生产六氟磷酸锂；汇安汇是国内产能最大的湿法工艺锂电池高端隔膜生产企业；中环半导体区熔单晶—硅片综合实力全球第三，国内市场占有率超过 80%。

积极推动产业集群发展。中新天津生态城产业转移合作产业示范基地的产业合作规模不断壮大，产业转移合作机制不断创新突破，智慧城市、生态城市加快建设。智能科技企业加速集聚，与科大讯飞合力打造人工智能应用示范区，加快吸引人工智能企业落户；建成了海量大数据重度孵化基地，积极打造大数据产业链；联合华为建设“软件开发云”“城市产业云”和“华为软件开发云创新中心”，促进数据资源整合开放共享；引进以德国 BBS 智能装备研发基地为代表的智能制造产业项目，智能科技领域内的重点企业的产品智能化水平不断提高。示范基地持续优化产业布局，以布局集中、用地集约、产业集聚、集群发展为导向，以增强产业集聚度和关联度为重点，调整优化园区功能定位，全力推动产业集聚发展态势。

搭建公共服务平台。示范基地将园区公共服务平台建设作为促进园区发展、加快产业转型升级的重要载体，围绕主导产业重点方向和重要领域，聚集科技、人才和金融等创新要素，搭建产业创新合作、产融结合、产业聚集的新平台，助力产业加快发展。

3. 发展成效

产业创新能力明显提升。示范基地落实创新驱动发展战略，通过加强技术研发和创新体系建设，不断提高企业的自主创新能力，支撑主导产业发展的核心驱动力不断增强。示范基地现有主导产业国家级研发机构 55 家，省级研发机构数量超过 400 家；研发人员总人数超过 8 万人，占全部从业人数的比重超过 8%；示范基地研发经费投入不断提高，平均研发经费投入比重接近 5%；规模以上企业有效发明专利数超过 1.2 万件。天津经济技术开发区电子信息产业示范基地的科技创新成果显现，网络处理智能芯片、时间敏感网络转发芯片、光电子与微电子器件集成等重点项目获得国家课题立项支持，“天河三号 E 级原型机系统”研制项目顺利通过国家科技部高技术中心组织的课题验收，运算能力将比“天河一号”提高 200 倍，存储容量提高 100 倍。天津临港经济区装备制造产业示范基地以海工装备和海水淡化为发展重点，加快构建产业技术创新体系。渤化永利化工、孚信达获评市级重点实验室，海洋石油工程股份有限公司被认定为国家级企业技术中心，中粮佳悦、太重滨海、电力机车等 9 家企业被评为市级企业技术中心，基地聚集了天津大学滨海研究院、交通部天津水运工程研究院等 14 家国家级技术研发机构。

产业集聚效应进一步显现。示范基地围绕主导产业，以布局集中、用地集约、产业集聚、集群发展为导向，着力增强产业集聚度和关联度，产业集聚优势不断显现。国家级示范基地平均销售收入近 3000 亿元，主导产业工业总产值占主体园区工业总产值的比重超过 60%。其中，滨海新区拥有 8 家国家级示范基地，天津滨海新区石油化工产业示范基地集聚了年产值超百亿元的石化企业 6 家，中石化天津分公司、中海油天津分公司、中石油渤海钻探、渤海化工集团、天津大沽化工等龙头企业聚集，石油化工产业产值超 1700 亿元，占滨海新区石油化工产业总产值的 71%，卡博特、科迈化工等优势企业快速发展，南港世界一流化工新材料基地加快建设。天津滨海高新区软件园软件和信息服务产业示范基地充分发挥高新区软件和信息服务产业示范基地的优势，集聚了以中科曙光、飞腾、麒麟、360、紫光云、南大通用等为代表的重点企业 1064 家，形成了“CPU+操作系统+数据库+服务器”的国产化产品链条，获国务院批复建设全国唯一的网络信息安全产品和服务战略性新兴产业集群，着力打造“中国信创谷”。

产业链条不断完善。示范基地围绕主导产业加快上下游企业聚集，坚持龙头企业招商与优质项目招商，围绕关键领域串链、缺失领域补链、优势领域强链，以点带链、以链扩面，加速产业链重点企业聚集，打造产业生态。天津经济技术开发区汽车产业示范基地以一汽丰田、长城汽车、一汽大众等 5 家整车企业为龙头，聚集了大众汽车自动变速器、富士通天、电装电子等 200 余家核心零部件企业，形成了从汽车整车制造到关键零部件生产、再到相关服务延伸的二三产业融合发展的完整链条。天津空港工业园区航空产业示范基地以空中客车（天津）总装有限公司、中航直升机有限责任公司等龙头企业为核心，累计吸引了 209 个航空项目落户，其中世界 500 强企业 5 家、著名航空业龙头企业 18 家，航空产业支持中心和中国民航科技产业化基地产业园载体平台建成投入使用，初步形成了以空客 A320 飞机总装线和中航直升机为龙头，以西飞机翼、古德里奇等配件厂商为依托，国际合作与自主创新相结合的航空产业发展格局。

公共服务平台支撑进一步增强。全市 11 家国家级示范基地公共服务平台总数超过 130 家，其中国家级公共服务平台 26 家，形成了以技术研发平台为主，门类齐全、服务广泛的公共服务平台体系。天津西青经济技术开发区电子信息产业示范基地加快推进制造业协同创新平台建设，联合相关企业、科研院所、高等院校等各类创新主体，提供制造业创新公共服务，加强产业共性关键技术研发和转化。中芯国际建立了“天津市集成电路特色工艺创新联盟”，赛达启航孵化器完成了国家级孵化器的认定申报工作，带动人工智能、信息技术产业等快速集聚发展。天津子牙循环经济产业区资源综合利用产业示范基地创新再生资源回收体系，融入“互联网+”技术，拥有格林美“回收哥”、TCL“百度回收站”及新能“报废王”3 个互联回收平台，逐步形成了覆盖京津冀城市群的废旧商品回收体系。

（三）河北

1. 总体发展情况

河北省将新型工业化产业示范基地创建发展工作作为推进全省工业转型升级、加快建设制造强省的重要抓手，不断加大对示范基地发展的支持力度，截至 2019 年底已创建国家级示范基地 21 家，排名全国第六位，国家级示范基地 2019 年总体发展情况良好，对全省工业转型升级发挥了较强的示范引领作用。全省国家级示范基地 2019 年销售收入总和达到 16 953.65 亿元，研发经费投入总额达 404.69 亿元，企业有效发明专利数达 9145 个。

2. 典型做法和经验

推进京津冀产业协同发展。河北承德县高新技术产业开发区大数据产业示范基地根据企业技术需求，积极帮助企业与科研院所进行对接，先后有河北北塑、河北建辰、京天科技、天成科技、河北绿草地、承德鼎信等 10 余家科技型中小企业与天津大学、中国科学院、中国食品发酵工业研究院、中国农业科学院、中国农业大学、北京航空航天大学等高校、科研院所有针对性地对接，引进转化科技成果 13 项。承德天成印刷科技股份有限公司与中国科学院化学所合作，共同研发具有国际领先水平的绿色纳米印刷板材核心技术，取得用于“喷墨打印计算机直接制版的金属及制备方法”的发明专利权。承德鼎信自动化工程有限公司与东北师范大学共同研发的全元素在线分析式立磨辊式给料及人工智能专家控制系统模拟样机设计已完成。铱格斯曼航空科技集团有限公司与北京航空航天大学合作研发的隐身座舱玻璃的关键技术在吸波、隐身、电磁屏蔽等方面具有国内领先水平。

培育提升产业链，加快强链、补链、延链。河北邢台经济开发区电子信息（太阳能光伏）产业示范基地巩固提升新能源产业发展优势，累计引进晶龙电子、晶澳太阳能、吉杰太阳能、国鑫新能源、纳科诺尔等 60 余个新能源企业（项目），培育了力滔电池、三环太阳能、光源太阳能等一批成长型企业，形成了集单晶硅、太阳能电池、电池组件、储能电池材料及产品、太阳能热电转换及节能产品等在内的完整产业链条。晶龙公司在光伏行业排名亚洲第一、世界第二，纳科诺尔极片轧制设备公司的锂离子电池极片轧机在国内市场规模最大、技术水平最高、市场占有率最高。晶澳（邢台）太阳能有限公司年产 2 吉瓦太阳能电池组件三期项目于 2019 年 5 月正式投产，2019 年实现销售收入 42.62 亿元，纳税 5173 万元；邢台晶龙新能源有限公司年产 6000 吨单晶硅棒项目 2019 年 12 月试生产，预计可实现销售收入 18 亿元，纳税 5000 万元以上。

探索打造“众创空间—孵化器—加速器—专业园区”全链条孵化服务体系。石家庄经济技术开发区生物医药产业示范基地把建立全链条孵化体系作为创新驱动的重要抓手，积极鼓励和引导民间资本投入，坚持宽进严出，建设和管理科技企业孵化器，形成了“37 家众创空间+17 家孵化器+5 家加速器+若干个专业园区”的全链条孵化体系，能够为个人或不同成长阶段的企业提供技术孵化、中试加速、企业定制以及后续产业化全过程服务，打造了智同药谷、国械堂、日中天等生物医药专业孵化器、创新药物研发企业孵化器、生物医药研发服务外包基地等专业园区。高标准建设石家庄国际生物医药产业园、生命科学创新园、京津冀产业协同创新园三大园区，配套建设研发平台、标准厂房、高档公寓，从研发、中试、一二三期临床到生产许可进行全链条设计，打造生物医药完整的联合服务链、创新链、产业链，最大力度吸引创新药物、精准医学、转化医学、新药研发和高端人才入驻，把园区打造成服务业态齐备、产业人才聚集的国际化标准服务平台和创新高地。

3. 发展成效

产业集聚效应不断显现。河北迁安钢铁及深加工产业示范基地推广“四个一”（引进一个专家团队、建立一个研发机构、选投一个战略性新兴产业、实施一个高管培训计划）工作方法。河北鑫达集团引入北京冶金规划研究院专家团，组建了企业技术中心，集团与天津天道实业有限公司合作，建成了天道仓储物流（迁安）有限公司，一期投资2亿元，项目占地140亩，建有5.5万平方米封闭库房一座，库容单一存放钢坯能力可达百万吨以上，混存钢材制品可以达到50万吨以上的规模，全年吞吐量在1000万吨以上。燕山钢铁引进山东大学20多人的高级科研队伍，共建了“燕钢山大绿色钢铁研究院”，转投5亿元利用工业尾矿生产生态建筑材料。

高端优势产业链逐步形成。河北廊坊经济技术开发区电子信息产业示范基地形成了半导体材料、高端电子产品制造、电子信息科技转化平台的全产业链条，华为技术、京东云计算、润泽科技等领军企业带动产业链不断完善。目前已形成国内最大的晶体元器件产业基地（廊坊中电熊猫晶体科技有限公司），全国唯一能够生产光纤预制棒用衬管和套管的企业（久智光电子材料科技有限公司），全国唯一的水平砷化镓单晶生产线（有研光电新材料有限公司）等。

疫情防控中贡献力量。河北邯郸经济技术开发区高技术转化应用产业示范基地的汉光重工有限责任公司，2020年2月12日由国务院国资委安排中国船舶集团等央企开展医疗物资关键设备研制生产紧急攻关，在邯郸市委、市政府和邯郸经济技术开发区的指导支持下6小时内即完成全部复工程序；2月24日成功研发出全自动平面口罩机、N95全自动高速折叠口罩机、压条机，在国资委安排的5家攻关任务的央企中，率先完成任务并进行了试生产；3月中旬顺利完成自动平面口罩机、N95全自动高速折叠口罩机、压条机共120套的生产任务。

发展环境持续优化。公共服务平台数量达到242个，其中国家级公共服务平台44个，分别同比增长18.6%、22.2%；示范基地所在地政府安排专项资金总额15.8亿元，同比增长24.2%；全年未发生任何级别的环境事件或安全生产事故。

（四）上海

1. 总体发展情况

截至 2019 年底，上海市共有 20 家国家级示范基地。2019 年，国家级示范基地工业总产值实现 19 618 亿元，研发经费投入总额突破 2000 亿元，高出上海市整体水平 0.7 个百分点左右，企业总数突破 6 万家。20 家示范基地在协同创新、集群集约、智能融合、绿色安全等方面的示范作用进一步显现，面对国内外深刻复杂变化的环境，在构建以国内大循环为主体、国内国际双循环相互促进的新发展格局中表现出强大的经济韧性和产业发展活力。

2. 典型做法和经验

加快推进示范基地智能融合发展。上海市国家示范基地加快推动与“互联网+”的融合发展、推动信息化与工业化融合发展，促进基地企业生产和园区管理的数字化、网络化、智能化。2019 年，基地光纤入户企业占比平均达到 96.95%，应用数字化研发设计工具的规模以上企业 4045 家，平均规模以上工业企业关键工序数控化率达 84.03%，两化融合贯标企业共 596 家。各基地着力推进新一代信息基础设施建设，发展新一代信息网络，以“新基建”为抓手促进传统产业数字化、网络化、智能化转型，打造新一代信息基础设施建设样本。比如，上海松江区工业互联网产业示范基地通过“5G+工业互联网”实现创新升级，2019 年全年共建设 5G 基站 1441 个，其中开通 1420 个。基地的科大智能洞泾产业园区于 2019 年启动 5G AGV（自动导引车）试验网服务，临港松江科技城打造成为首个 5G 工业互联网园区。基地的企业上海来伊份基于“5G+工业互联网”，正在打造休闲食品产业链协同与 5G 应用的智慧门店试点示范。

大力推动示范基地集群集约发展。上海市国家示范基地不断发挥各自比较优势，力争打造形成特色鲜明、优势突出、差异化发展的产业集群。各示范基地严格加强产业项目准入标准，通过增量项目带动、存量土地盘活，促进生产要素集约高效利用，提高投入产出强度和能源资源综合利用水平。2019 年上海国家示范基地的土地利用强度和投入产出效益水平稳步提升，平均单位土地投资强度为 52.52 亿元/平方公里，单位土地平均产值为 49.59 亿元/平方公里。其中，上海张江高科技园区生物医药产业示范基地的单位土地投资强度达到 391.3 亿元/平方公里，而上海嘉定汽车产业园区汽车产业示范基地、上海张江高科技园区生物医药产业示范基地、上海闵行区高技术转化应用（民用航天）产业示范基地 3 家基地的单位土地产值水平突破百亿元/平方公里。

不断促进示范基地协同创新发展。为加快建设具有全球影响力的科创中心，促进创新链和产业链深度融合，提升区域的创新发展能级，上海市国家示范基地不断加快技术产品、业态模式和体制机制创新，积极参与全球创新合作与产业交流，打造具有国际先进水平的功能型研发转化平台。2019 年，上海市国家示范基地的研发经费投入总额达 2090.7 亿元。其中，上海张江高科技园区生物医药产业示范基地的研发经费投入金额最高，达到 592.32 亿元。上海市航空产业示范基地、上海浦东软件园软件和信息服务产业示范基地、上海张江高科技园区生物医药产业示范基地 3 家基地的研发经费投入占比在 10%以上。另外，上海静安区大数据产业示范基地等 7 家基地的研发经费投入占比超过 5%。

积极探索绿色技术革新。作为我国重要的数据中心产业集聚地之一，上海市通过国家新型工业化产业示范基地带动数据中心行业整体发展。上海外高桥自贸区数据中心产业示范基地内的企业积极推进绿色技术革新，有效提升能效管理水平。一是对暖通空调系统的控制技术进行探索，在对冷源系统的控制上，分别对四大特色冷源系统进行了标准化的控制逻辑标准输出，除在安全运行上得到了规范控制之外，在能耗上也有明显的改善，据初步统计，系统优化后电源使用效率（PUE）最大可下降 0.007，参照本示范基地 2019 年度 IT 负载来计算，全年可节约电费约 110 万元。二是在清洁能源利用上进行了有效的探索，利用光伏发电技术建设发电装置，布置了约 1180 平方米的太阳能光伏板，全年发电量为 119 800 千瓦时，全年共节约电费 67 000 元，预计十年可收回全部光伏板的成本。三是尝试利用人工智能技术实现节能控制，采用对精密空调算法的 AI 控制，将每一台精密空调对于末端每一个温度的扰动影响进行人工智能计算，在智能化调节下，人员对末端机房温度的调整可以实现无人化管理，即保障末端的生产安全，节约人力的需求。

积极推动示范基地绿色安全发展。上海市国家示范基地积极按照产品全生命周期管理的要求，推动节能减排降耗，大力发展循环经济，构建清洁、低碳、循环的绿色制造体系，建立健全安全生产管理体系、产品质量追溯体系，加强应急管理，走绿色、安全、可持续的发展道路，积极筑牢安全生产防线，不断增强安全防范意识。同时，深化第三方安全环保巡检，重点针对化工企业检维修等事故易发环节，加强培训、现场巡检和部门检查力度，及时排摸消除事故隐患。

3. 发展成效

两化融合持续推进。各基地持续提升工业互联网创新能力，推动工业化与信息化在更广范围、更深程度、更高水平上实现融合发展。比如，上海青浦工业区新材料产业示范基地通过人工智能、技术改造、工业互联网创新发展、软件和信息服务业及两化融合等专项政策引导，鼓励企业向智能化、数字化、信息化方向发展，截至 2019 年底共培育智慧工厂 31 个、智能车间 155 个，使用数字化设计工具企业有 163 家，比上年增加 5.16%，规模以上企业生产设备数控化率达到 36%。同时充分发挥青浦区作为上海市跨境电子商务示范园区的优势，加强对新材料产业融合发展的研究，拓展新材料电子商务平台，新材料产业线上交易额日益增加。

产业集聚效应日益凸显。上海市航空产业示范基地 2019 年完成工业总产值 256.47 亿元，主导产业产值 256.47 元，产业集聚度达 100%。示范基地通过聚焦商用飞机、商用航空发动机、民机航空电子及相关服务业（航空金融、租赁、物流等）四个重点领域，形成了浦东张江、浦东祝桥、闵行紫竹、浦东临港等产业功能片区，打造了研发设计、制造试验和客户服务三大核心功能，配套产业链辐射苏州、无锡、南京、宁波、嘉兴、合肥、芜湖等长三角地区的城市，着力打造国家级民用航空产业基地。上海松江区工业互联网产业示范基地 2019 年实现销售收入 755.5 亿元，其中主导产业销售收入 692.9 亿元，所占比重为 91.71%。示范基地以项目建设为载体，促进工业互联网平台与产业龙头企业深度合作。同时以战略合作为契机，实现龙头与平台之间的强强联合。如海尔 COSMOPlat 与优也以钢铁流程业务为切入点，共同推进流程行业和离散行业的发展。此外，以长三角 G60 科创走廊为桥梁，2019 年建立了长三角 G60 科创走廊智慧安防产业联盟、长三角 G60 科创走廊人工智能产业联盟等工业互联网细分领域的行业组织，促进资源互通，构筑产业共同体。

创新体系不断完善。从创新主体来看，2019 年上海市国家示范基地主导产业共有研发机构 681 家，其中省级研发机构 503 家、国家级研发机构数量达 178 家。2019 年示范基地年末从业人员超过 183 万人，研发人员达 38.25 万人，约占全部从业人员的 20.86%。从创新成效来看，规模以上企业有效发明专利数达 58 393 件。从创新性功能平台来看，基地共有公共服务平台 513 个，其中国家级平台 97 个。比如，上海张江高科技园区生物医药产业示范基地布局了一批解决重大科技前沿、前瞻性科技问题的高水平研究机构和大科学装置，包括国家蛋白质科学研究（上海）设施等，进一步强化了创新研发能力；并于 2019 年在已有的产业园区基础上进一步提质扩容，新规划 3 个产业基地，总面积近 10 平方公里，发展定位涵盖创新药成果转化和高端制造、高端医疗器械的研发生产，以及企业研发中心和总部功能，积极提升产业策源能力。

绿色安全发展成效显著。2019 年，示范基地平均单位工业增加值能耗为 0.3 吨标煤/万元，平均单位工业增加值用水量为 6.29 立方米/万元。在示范基地工业总产值保持增长的同时，能源消费总量继续得到有效控制，资源利用效率进一步提高。比如，上海化学工业区石油化工产业示范基地 2019 年实施了新一轮化工区环境综合整治三年行动，全面完成深化治理项目，强化工业固体废弃物管理，利用无人机对公共区域开展巡航观测，排查环境状况；完成“环保负面清单”，进一步细化环保准入要求，获得了国家绿色示范园区、绿色化工园区等称号。安全管控体系建设取得明显成效。基地的生产安全形势平稳可控，各基地都建立健全了安全风险分级管控和隐患排查治理防御机制，重大安全隐患得到了有效治理。另外，基地的本质安全水平稳步提升。部分基地已经完成了试点企业的电子标签自动识别应用系统上线，初步实现危化品流向信息的动态监管；实行应急物质的第三方储备，完成应急资源的智能化储备系统。

（五）江苏

1. 总体发展情况

截至 2019 年底，江苏省建有国家新型工业化产业示范基地 27 家。2019 年，

27 家示范基地累计入驻企业 250 684 家，其中：上市及挂牌企业 557 家、规模以上企业 13 634 家；实现销售收入达 47 917.15 亿元；基地内年末从业人员总数达 445.3 万人，同比增长 1.6%。

2. 典型做法和经验

积极培育先进制造业集群。一是构建较为完善的政策体系。省级印发“百企引航”“千企升级”行动计划、推动生物医药产业高质量发展意见等各类配套文件共 51 个，形成了 1+N 集群培育政策体系。二是建立高效协同的推进机制。在省制造强省建设领导小组下设立省先进制造业集群培育办公室，整合 27 个省级部门资源协同推进集群培育，制定实施集群培育年度部门工作要点和工作任务责任分工表，推进年度重点工作落实。省发改、工信、科技等部门安排本部门年度专项资金的 80%以上支持重点省级集群项目 1000 多个。三是引导集群发展布局进一步优化。依据集群企业、园区、基地、平台等要素集聚程度和产业关联性，明确省级先进制造业集群核心区、协作区定位，推动省级重点集群区域协作、优势互补、错位发展。四是强化分集群推进方案和工作举措落实。每个集群制定实施方案，梳理产业基础、骨干企业、创新平台、园区基地等基础信息，明确三年建设目标和具体推进举措。每个集群编制产业链图谱和强链补链指导目录，支持集群强链补链延链和资源优化配置。重点打造一批新型集群发展促进机构，强化创新、投融资、交流合作、区域品牌、人才培养等公共服务，推动形成高度协作的集群网络化组织体系。

全力打造星级产业示范基地。一是积极申报国家级示范基地。组织省级新型工业化产业示范基地积极申报国家级示范基地，江苏省工业和信息化厅上报的江苏常熟高新技术产业开发区汽车产业（零部件）产业示范基地、江苏海安经济技术开发区装备制造产业示范基地，江苏省通信管理局上报的江苏昆山花桥经济开发区数据中心产业示范基地成功获批国家级示范基地。二是强化示范基地分级管理。江苏省对工业和信息化部《2019 年国家新型工业化产业示范基地发展质量评价结果通报》高度重视，通报各市、各基地，并加强分级分类指导，组织开展五星级示范基地典型宣传活动，指导督促四星和三星级示范基地聚焦短板强化整改提升，召开二星级示范基地专项整改会议，认真分析原因，严肃责成落实，及时上报整改到位情况，全面提升基地建设质量。三是将星级培育计划列入年度工作重点。加强对示范基地的跟踪、指导和服务，推动示范基地发展卓越提升，促进四星级以上示范基地比重继续提高。

推进实施“产业强链”行动计划。聚焦打好产业基础高级化、产业链现代化攻坚战，制定实施《江苏省“产业强链”三年行动计划（2021—2023年）》，通过“一机制一竞赛四行动”，努力实现产业强链“四个一批”目标，即争创一批具有标杆示范意义的国家级先进制造业集群，打造一批具有较强国际竞争力的“链主企业”和隐形冠军企业，攻克一批制约产业链自主可控、安全高效的关键核心技术，推动一批卓越产业链竞争实力和创新能力达到国内一流、国际先进水平。一是实施“531”产业链递进培育机制，围绕先进制造业集群和战略性新兴产业领域，重点培育50条具有较高集聚性、根植性、先进性和具有较强协同创新力、智造发展力、品牌影响力的重点产业链，做强其中30条优势产业链，促进10条产业链卓越提升。二是实施省领导挂钩联系优势产业链制度，建立省委常委、省人大副主任、省政府副省长、省政协副主席等省领导与30条优势产业链挂钩联系制度，明确了总体要求、工作目标、工作机制、工作内容、工作要求。组建产业强链工作专班，由省工信厅、发改委、科技厅根据职责分工分别牵头负责若干条优势产业链，按照“一条产业链、一位厅级领导、一个牵头业务处室、一套工作方案”的运行模式，建立产业强链专班，协助省领导开展工作。三是落实优势产业链“八个一”的工作推进机制，即每条优势产业链确定一位产业链首席专家、培育一批产业链发展支撑机构、明确一个产业链专业化智库单位、建设一批产业链发展园区载体、打造一个产业链供需对接平台、梳理一批产业链龙头骨干企业和重点项目、形成一个产业链专属政策组合包、建立一张产业链关键核心技术短板长板动态表。建立议事协调例会制度和工作简报制度，协同推进优势产业链卓越提升。

积极应对疫情冲击影响。一是推动企业复工复产。落实工业和信息化部复工复产联络员第二组（江苏）司局重点关注清单的相关要求，组织开展国家新型工业化产业示范基地复工复产情况调研，分析存在的突出问题，有针对性地协调企业复工复产。印发《关于全面梳理产业链 精准打通供应链 有力有效推进复工复产工作的通知》，建立产业链供应链未复工重点配套企业清单，省市县三级联动、“一员一企”服务，指导基地围绕重点龙头企业加强协调，打通产业链供应链上下游，保障企业正常生产经营。二是开展专项融资工作。与江苏中行建立战略合作机制，制定合作要点；创新“复工贷”产品，支持江苏中行围绕基地企业复工复产开发专属金融产品，进行宣传推广；向江苏中行发布企业“白名单”，引导金融机构贷款投向基地优质企业。三是保产业链供应链稳定。印发《促进产业链重构工作推进方案》《关于落实保产业链供应链稳定重点任务的通知》，建立厅内保产业链供应链稳定的工作体系，在先进制造业集群、新型工业化产业示范基地等优势领域和替代需求迫切的关键领域，明确国产替代重点，摸排梳理产业链关键环节、关键产品，组织替代对接，着力提升产业链的稳定性和竞争力。四是强化科技创新。推进制造业创新中心建设。指导基地重点培育对象完善条件、提升能力、高标准建设高端工程机械及核心零部件、物联网、新能源汽车、能源等 36 家省级制造业创新中心试点，建成 2 个国家级制造业创新中心。加快关键核心技术攻关。梳理重点产业关键技术（产品）攻关清单，开展关键核心技术、高端装备研制赶超等揭榜攻关，进一步提升企业创新能力和产品自主可控水平。加快创新成果转化。开展首台套重大装备认定和重大装备（首台套）保险试点，支持新技术新产品首购首用。

3. 发展成效

集聚程度提高，千亿级基地加快形成。2019 年，国家示范基地主导产业完成产值近 2.4 万亿元，占比达 57.6%，同比提高 0.6 个百分点。其中，太仓汽车（关键核心零部件）、常熟高新区汽车（零部件）、泰州医药高新区医药、连云港经开区医药、常州装备制造（轨道交通装备）、镇江航空（零部件）等 11 家示范基地主导产业占比超过 80%，集聚程度较高。规模超千亿元的国家示范基地达到 14 家，电子信息和装备制造优势明显。电子信息产业中，苏州工业园区电子信息、昆山经开区电子信息（光电显示）2 家基地的规模超过 5000 亿元，南京江宁经开区电子信息、无锡高新区电子信息（传感网）2 家基地的规模超过 4000 亿元，苏州高新区电子信息产业示范基地规模突破 3000 亿元；装备制造业中，张家港经开区装备制造产业示范基地规模突破 4000 亿元，南京江宁区装备制造（智能电网装备）产业示范基地规模接近 3000 亿元，徐州经开区装备制造（工程机械）、江阴临港经开区装备制造、南通船舶与海洋工程装备 3 家基地的规模超过 1000 亿元。

发展质态提升，品牌影响力不断增强。2019 年，国家示范基地实现利润总额 3129.97 亿元。在国家先进制造业集群竞赛初赛中，江苏省有 9 个集群入围，其中有 8 个集群在示范基地内或以示范基地为重要载体，示范基地品牌影响力进一步增强。

创新能力增强，两化融合水平提高。2019 年，国家示范基地共有研发人员 53.6 万人、同比增长 8.7%，研发人员占从业人员的比重达 12%，同比提高 0.8 个百分点；全年研发经费投入 1013 亿元，同比增长 14.4%，研发经费投入占销售收入的比重达 2.11%，同比提高 0.16 个百分点。规模以上企业有效发明专利 44 081 个，同比增长 15.9%。每亿元主营业务收入有效发明专利数为 0.92 个，同比提高 0.08 个；主导产业省级研发机构 1230 家，其中国家级 398 家，同比分别增长 15.2%和 26.3%。企业信息化水平提升，示范基地内光纤入户企业占比为 96.2%，同比提高 0.7 个百分点；规模以上工业企业关键工序数控化率达 86.4%，同比提高 2 个百分点；两化融合贯标企业数达 338 家，同比增长 24%。

绿色安全向好，发展环境持续改善。资源消耗明显下降。2019 年，国家新型工业化产业示范基地的单位工业增加值能耗为 0.25 吨标准煤/万元，同比下降 7.1%；单位工业增加值用水量的 6.87 立方米/万元，同比下降 9.0%；单位增加值用电量为 390 千瓦时/万元，同比下降 7.3%。安全生产事故明显下降。2019 年，国家新型工业化产业示范基地发生一般安全生产事故起数同比下降 82.7%，未发生较大以上安全生产事故和 1～4 级环境事件。公共服务能力提升。加快建设公共服务平台，不断提高服务能力，及时为企业提供优质服务。

（六）浙江

1. 总体发展情况

截至 2019 年底，浙江省建有国家级新型工业化产业示范基地 24 家。2019 年，浙江省委、省政府按照习近平总书记“进一步发挥浙江的块状特色产业优势，加快先进制造业基地建设，走新型工业化道路”的部署要求，大力推进“八八战略”

再深化、改革开放再出发，依托国家新型工业化产业示范基地等平台，积极培育先进制造业集群，加快建设全球先进制造业基地，不断推动制造业高质量发展。

2. 典型做法和经验

加快推进示范基地集群化发展。一是加强国家示范基地创建。认真做好国家级、省级新型工业化产业示范基地的创建和管理，完善筛选、培育、评价和动态调整机制以及政策支持服务体系，2019 年全省国家示范基地累计达到 24 家，处于全国前列。二是加快各类园区（平台）整合提升。支持各地面向未来竞争和产业发展需要，立足实际制定园区产业发展规划和工作实施方案，加快提升主导产业竞争力。推动全省各类开发区（园区）围绕打造具有国际影响力的特色优势产业链，加快推进系统性重构、创新性变革，全面打造成为高水平、现代化的产业平台体系。三是加大先进制造业集群培育。强化政策引领，制定出台《浙江省培育先进制造业集群行动计划》，加快构建“415”先进制造业集群体系，积极打造一批具有全球竞争力的优势制造业集群。

加快推进传统制造业优化升级。以传统制造业改造提升夯实国家示范基地高质量增长的基本盘。一是加快实施全面改造提升传统制造业五年行动计划，高规格召开全省传统制造业改造提升现场推进会，着重推进 17 个重点传统制造业改造，形成“1+17”政策体系。二是以试点示范为引领，强化绍兴市综合试点和 3 批 48 个县（市、区）分行业省级试点，开展“质量效益、产业集群、龙头企业”三维度对标提升活动，加快形成一批可复制可推广的经验做法。三是按照“四个新优势”的要求，以“亩均论英雄”，探索建立健全高质量发展激励、资源要素优化配置、数字化转型赋能、“腾笼换鸟”倒逼机制，推动传统制造业数字化、服务化、品质化、绿色化发展。2019 年，全省依法依规淘汰落后、过剩产能涉及企业 1755 家，整治“低散乱”企业（作坊）26 701 家，完成 13 396 家低效企业改造提升，17 个重点传统制造业规模以上工业亩均增加值、亩均税收分别提高到 113.6 万元、23.4 万元。

加快推进产业数字化转型。一是持续推进制造业智能化改造。发挥浙江省“机器换人”先行优势，深入实施“机器人+”和“十百千万”智能化技术改造行动，累计推广应用工业机器人 8.9 万台，培育省级数字化车间/智能工厂 114 个、示范

（试点）数字化园区 101 个，重点工业企业装备数控化率、工业企业机器联网率分别达 60.68%、42.33%。二是大力推进制造业数字化转型。坚持平台赋能，以 supET 为核心加快完善“1+N”工业互联网平台体系，培育省级工业互联网平台 110 个，接入工业设备约 20 万台（套），开发集成工业 App 1.7 万余款，累计上云企业 37.8 万家。三是加快推进服务型制造。推进设计赋能，大力发展服务型制造、共享制造等新业态新模式，2019 年累计创建省级服务型制造示范企业 176 家，省级服务型制造示范平台 60 家，拥有工业设计企业 3800 余家，实现设计服务收入 157 亿元。四是积极推进数字经济核心产业发展。大力发展云计算、大数据、物联网、人工智能等新兴产业，积极布局区块链、量子信息等前沿产业，出台加快数字经济发展若干政策意见，率先开展数字经济促进条例立法工作，统筹推进“三区三中心”和城市大脑、移动支付之省、集成电路“强芯”行动等标志性项目建设。

加快推进企业主体持续提升。一是实施“雄鹰”“雏鹰”“小升规”行动，推动龙头企业做强做优、小微企业上规升级和“专精特新”发展。实施“凤凰行动”，推进优质企业上市。2019 年，浙江省制造业领域世界 500 强企业达 3 家，入围全国民营企业制造业 500 强 94 家；境内上市公司 458 家，数量居全国第二；“小升规”企业超 2500 家。二是率先开展民营企业地方立法，牵头开展民营经济高质量发展专项督查。顺利通过全国人大常委会《中华人民共和国中小企业促进法》执法检查，5 项举措被列为典型经验在全国推广。三是规范提升小微企业园，推进小微企业集聚发展，全年新增小微企业园 204 个，获评国家小型微型企业创业创新示范基地 6 个、国家中小企业公共示范服务平台 9 个。

加快推进长效服务机制健全。一是深入实施融资畅通工程，不断加大金融支持制造高质量发展力度。截至 2019 年末，浙江制造业贷款余额 2.38 万亿元，新增 1716 亿元，同比增长 7.8%；中长期制造业贷款新增 906 亿元，同比增长 40.7%。二是全面落实降本减负政策。聚焦税费、电力、社保等重点领域，“十三五”以来出台减负降本政策 5 批，率先在全国实行省级行政事业性涉企“零收费”、暂停征收地方水利建设基金、建立涉企保证金清单管理制度等措施，截至 2019 年底累计为企业减负超 6000 亿元，全省规模工业企业每百元营业收入的成本比全国低 0.5 元。三是深化商事领域“最多跑一次”改革。全力推进常态化企业开办全流程“一件事”一日办结。统筹推进“证照分离”“多证合一”“证照联办”等改革，推动“准入即准营”，进一步降低制度性交易成本。

3. 发展成效

规模效益稳步提升。规模不断壮大，2019 年全省 24 家国家新型工业化产业示范基地实现销售收入 28 921 亿元，占全省规模以上工业的 38.6%；工业增加值 5675 亿元，占全省规模以上工业的 35.1%；主导产业总产值占比达 63.1%。效益持续提升，2019 年 24 家基地规模以上工业企业利润总额达 1947 亿元，主营业务收入利润率达 6.7%，占全省规模以上工业的 40.9%。优质企业日益增多，截至 2019 年底，共有规模以上工业企业 8650 家，同比增长 3.3%；上市及挂牌企业 709 家，新增 125 家。新型工业化产业示范基地已成为浙江省经济转型升级的主战场。

自主创新能力不断增强。创新机构加快建设，2019 年，24 家国家新型工业化产业示范基地主导产业省级研发机构 882 家，国家级研发机构数 70 家。大中型工业企业和规模以上高新技术企业的研发机构建有率超过 90%。创新投入不断加大，2019 年 24 家国家新型工业化产业示范基地研发经费投入共计 599 亿元，同比增长 5.7%，占示范基地主营业务收入的比重为 2.1%。创新产出明显提高，24 家示范基地规模以上工业企业有效发明专利数为 25 554 个，同比增长 18.2%。一批企业通过自主创新，研发出了国内领先、国际先进的产品。

数字赋能成效明显。数字化程度较高，2019 年，24 家示范基地应用数字化研发设计工具的规模以上企业共有 4946 家，覆盖面达到 39%；规模以上工业企业平均数控化率超过 60%；产业数字化指数全国第一。两化融合程度进一步深化，两化融合贯标企业 130 家，同比提高 32.7%。2019 年，浙江省两化融合发展指数位居全国第二。

绿色集约发展加快。绿色制造体系加快形成，实施绿色制造工程，开展绿色工厂、园区和供应链建设，2019 年累计入围国家绿色工厂 121 个、园区 7 个、供应链管理示范企业 13 家。用能水平持续提升，2019 年万元工业增加值能耗为 0.6 吨标准煤，同比下降 1.8%。资源利用水平不断提高，单位工业增加值用水量为 18.1

立方米/万元，同比下降 1.5%。2019 年工业固体废弃物综合利用率达 90%以上。已开发面积达到 76 460 公顷，建筑容积率从 2018 年的 1.075 提高到了 1.12。

（七）福建

1. 总体发展情况

截至 2019 年底，福建省共创建国家新型工业化产业示范基地 15 家。2019 年，福建省在工业和信息化部的指导和支持下，按照五大发展理念和推进供给侧结构性改革要求，引导各新型工业化产业示范基地着力加强技术创新、节约集约、节能减排、安全生产、两化融合和公共服务体系等方面建设，促进产业创新、协调、绿色、开放、共享发展，示范基地创建工作取得积极成效，基地总体发展质量和水平不断提高，在推动我省工业转型升级和新型工业化进程中发挥了重要作用。

2. 典型做法和经验

加强组织领导。按照工业和信息化部部署，并结合福建省实际，建立健全示范基地创建工作体制机制和动态管理办法，落实《福建省促进新型工业化产业基地建设的实施意见》《福建省新型工业化产业示范基地申报创建工作办法》《福建省新型工业化产业示范基地年度综合评价暂行办法》。加强指导申报对象编制产业发展规划和创建工作方案；滚动建立细分行业专家库，认真组织并逐步完善示范基地产业发展规划论证会；建立示范基地评审部门联动机制，广泛征求并合理吸纳商务、发改、国土、环保等部门意见。强化以示范基地为导向的园区载体建设。

强化政策扶持。在抓好国家层面相关政策措施落实的同时，全省及各级政府逐步强化政策资源整合，出台并深化落实支持包括示范基地在内的工业园区做大、做优、做精、做强的政策措施。2020 年 2 月，《福建省人民政府关于实施工业（产业）园区标准化建设 推动制造业高质量发展的指导意见》（闽政〔2020〕1 号）引导工业（产业）园区从园区规划、基础设施、土地利用、投入产出、园区配套、管理服务、安全生产等方面加强建设，改造提升为功能完备、宜居宜业的标准化园区。各设区市也积极推进工业园区建设，如莆田市人民政府出台《实施园区标准化建设推进高质量发展若干措施》，围绕主导产业重在强、新兴产业重在培、传统产业重在优的发展方向，切实抓好平台建设，着力把园区打造成为产业链和产业集群发展的主要平台，建设成为产城融合的引领示范。

突出产业培育。坚持增量优选，将以示范基地等工业园区为主体的招商工作作为民企对接的重要内容。建立省级网上招商平台和民企投资信息微信公众号，及时发布民企投资信息，推介园区招商项目，解读省市招商政策。总结推广厦门市精准招商、以商招商、第三方招商以及宁德市龙头企业招商、产业链招商等经验做法，要求各示范基地、园区结合产业基础和发展定位，有针对性收集梳理各条产业链的重要企业信息，挖掘投资意向，有针对性地选择实力强、投资意向明确的全国民企 500 强及行业龙头企业进行精准跟踪拜访推动，组织小分队针对特定的项目、区域开展精准对接，提高对接的有效性。通过多种形式的园区招商，帮助对接引进一批民企 500 强及行业龙头企业优质项目。坚持存量提升，突出示范基地企业主体地位，以先进产能扩产增效、智能化改造、服务型制造、提升强基水平等为重点，发挥财政、用地、税收、差别价格等政策的引导效应，推进一批产业关联度大、技术水平高、市场前景好的重点技改项目。

优化基地环境。支持示范基地通过政府和社会资本合作（PPP）、专项债券等多种模式，补齐基础设施、公用设施短板，重点围绕给排水、供电、供气、干线道路、通信及综合管廊等能够显著改善企业入驻环境的基础设施项目，污水及工业固体废弃物集中处理、集中供热、管网等满足企业生产需求的公用设施项目，指导各地认真梳理，有针对性地策划储备一批园区基础设施、公用设施的招商项目。2019 年全省实施工业园区改造升级工程包，完成投资 84 亿元，占年度计划的 140%。园区改造提升工程极大地优化了基地发展环境，为示范基地发展奠定了坚实基础。

3. 发展成效

一是产业示范领域不断拓宽。涵盖了原材料工业、装备制造业、消费品工业、电子信息产业、软件和信息服务业、高技术转化应用六大行业，覆盖全省 7 个设区市。**二是辐射带动作用、品牌影响力不断提升。**厦门火炬高技术产业开发区电子信息（光电显示）产业示范基地以不到全市 1%的土地面积贡献了全市 40%的产值，每平方公里平均产值超150亿元；福建南安经济开发区五金制品（水暖厨卫）产业示范基地获批筹建全国水暖卫浴知名品牌创建示范区；福建泉州经济开发区纺织服装产业示范基地的特步、九牧王、安记食品、金莱克等成为享誉全国甚至全球的优质品牌。**三是带动了工业园区提升发展。**全省共建成省级以上经济开发区（高新区、工业园区）97个，工业园区的工业总产值占全省规模以上工业的比重超50%，占了全省工业的半壁江山。

（八）山东

1. 总体发展情况

截至2019年底，山东省共有28家国家新型工业化产业示范基地。经过多年的发展，示范基地已经成为全省发展和经济增长的重要支撑。2019年，28家示范基地实现销售收入41 124.27亿元，其中，主导产业实现销售收入20 186.58亿元；主导产业总产值19 444.57亿元；实现工业增加值5950亿元，同比增长2.27%。示范基地工业技改投资2056亿元，从业人数约172万人，实现进出口总额4497亿元。

2. 典型做法和经验

强化政策扶持。2019年，山东省积极贯彻落实新旧动能转换重大工作部署，制定出台了一系列产业发展政策措施，进一步对区域产业发展导向、空间布局、产业发展方向、重点任务进行规划，为推动传统产业调整转移、高端产业集群壮大、特色产业集聚发展、促进产业转型升级、推动实现空间资源的合理配置、提高招商引资服务效率奠定了基础。比如，潍坊市出台了《潍坊高新区加快新兴高端产业发展暂行办法》《潍坊高新区支持人才创新创业暂行办法》《潍坊高新区管委会关于培育和支持瞪羚企业加快发展的实施意见》《潍坊高新区关于支持资本招商和培育高成长性中小企业的实施意见》等政策措施，从政策上大力扶持装备制造业发展。同时，大力营造良好的产业发展氛围，聘请优秀企业家、大学教授、科技研发人员等积极分享装备制造业的创新前沿知识。2019年，潍坊高新区共拨付13 961万元财政补助资金支持产业发展。

强化创新驱动。充分发挥示范基地在培育发展战略性新兴产业、大力推进高新技术产业化中的载体和平台作用，聚焦龙头企业，推进示范基地与大学、科研机构、重点企业的深度合作，建设创新孵化器、加速器等创新平台和公共服务平台，不断完善配套服务，实施创新驱动。比如，枣庄市依托滕州市人才创新驱动中心等创新载体，大力推进与中国科学院、北京理工大学、北京航空航天大学等高校、科研院所开展产学研合作，推动北京玻璃研究院科技成果转化基地、国家高端制造装备协同创新中心滕州分中心、山东省高端智能机床技术转移中心等平台建设，促进更多高水平技术成果在枣庄市转移转化。枣庄北航机床创新研究院 2019 年度申请发明专利 9 项，授权发明专利 4 项；北京理工大学鲁南研究院共开展了 14 个科研课题，申请发明专利 20 项。2019 年，威达重工被评为 2019 年度第二批山东省智能制造标杆企业。威达重工、鲁南机床、山森数控 3 家企业成功申报省高端装备制造业领军（培育）企业。

强化智能化技改。推进新一代信息技术与制造业深度融合发展，进一步提升制造业比较优势，夯实行业发展的引领力、话语权，着力为“高新智造”注入强劲动力。潍坊高新区滚动实施总投资为 1436 亿元的 174 个重点产业项目，逐一梳理、能开尽开。搭建“专员+专班+专干”项目建设服务新模式，全力推动潍柴国际配套产业园、歌尔智能硬件产业园、潍柴新科技研发中心等重点项目提速提效。推动潍柴国家级质量研究中心、歌尔电声园六期、华丰高端装备制造等项目陆续开工建设。潍柴、歌尔、盛瑞获批国家智能制造试点示范企业。2019 年，歌尔股份、盛瑞传动、蓝创 3 家企业获批全省首批“现代优势产业集群+人工智能”试点示范企业，潍柴“基于装备智能化和工业大数据的高端柴油发动机智能工厂建设”智能制造专项项目通过验收，潍柴、盛瑞获批山东省智能制造标杆企业。截至 2019 年底，潍坊高新区“国字号”智能制造项目共有 6 个，福田、华丰动力、凯信重机、赛马力、山东银轮承担省、市智能制造项目 5 个，国家级智能制造获批项目数量在全省处于领先地位。

强化绿色高效发展。产业集聚已成为我国工业发展的重要特征和趋势要求。缓解资源能源、空间承载、环境生态等压力，实现绿色、高效、可持续发展，是“新型工业化”的核心内涵，也是山东省工业发展的现实要求。在创建工作中，山东省扎实开展土地集约、节能环保、清洁安全等专项治理，坚决落实好各级相关工作部署，对存在的薄弱环节有针对性地予以改造提升。山东诸城经济开发区食品产业示范基地立足淀粉加工优势，深入推动产业一体化发展，使上游产品或为下游原料，产业链条紧密连接，资源利用率提高，产业链条拓展拉长，附加值大幅提升，促进了产业集中集聚和转型升级。

3. 发展成效

基地示范带动作用凸显。国家新型工业化示范基地的创建，成为带动工业转型升级、推动工业由大变强的重要载体和骨干力量，不仅对区域发展起到了辐射和带动作用，而且对全省壮大产业集群发展、促进两化融合、加快新旧动能转换具有重要的示范意义。尤其是基地龙头企业的带动作用凸显，经过多年的发展，培育了一批龙头制造企业，成为产业快速发展的中坚力量，比如，潍坊市装备制造业以山东潍坊高新技术产业开发区装备制造（内燃机）产业示范基地为依托，以潍柴动力、福田汽车、盛瑞传动等骨干企业为龙头，辐射引领西港新能源、潍柴再制造、潍柴中型柴油机、华丰动力、银轮热交换、富祥动力等相关配套企业，打造整车制造、绿色动力、传动系统、核心零部件、增值服务五大板块，形成了产业门类齐全、系列配套的国家级装备制造产业基地。

创新能力持续提升。多年来，山东省持续完善以企业为主体、市场为导向、产学研用相结合的企业技术创新体系，不断增强对产业发展的支撑和引领作用。2019 年，山东省国家级示范基地研发经费投入 901 亿元，占销售收入的 3.34%。拥有省级研发机构 1080 家，国家级研发机构 210 家，研发人员 46 万余人，有效发明专利数量达 68 376 个。

基地配套能力明显提升。以“调整产品结构、推动转型升级”为目标，以“强链、补链”为抓手，着力提升产业配套能力建设。比如，枣庄市围绕基地建设，做大做强装备制造业，以推动上下游产业链条协同为纽带，通过培育龙头带动企业、扶持一批成长型企业、打造一批“专精特新”小微企业，形成集研发、制造、检测、销售于一体的产业发展体系。建有北航机床创新研究院、北京理工大学鲁班研究院、华数智能制造研究院、国家机床质检中心；围绕产业链延伸，引导威达重工重组玉红齿轮公司，成立了钣金公司，实施了精密铸造项目，引进台湾省的技术，在机床刀库领域加大开发力度。腾达紧固公司围绕做大做强不锈钢紧固件产业，投资 7.98 亿元完成了智能制造产业园建设，产品质量和产能得到大幅提升。

基地发展环境持续改善。2019 年，国家级示范基地所在地政府设立了各类财政专项资金，用于结构调整、科技创新、节能降耗、人才引进、平台建设等领域，总额达到 24 亿元，同比增长 21%。28 家示范基地内建有公共服务平台 660 家，其中，国家级公共服务平台 141 家，可为众多企事业单位、社会团体以及公民个人提供技术研发、质量检测、产业孵化、信息查询、管理咨询、创业辅导、市场开拓、人员培训、设备共享等公共服务，有效降低了示范基地内企业的运营成本，促进了示范基地整体水平的提升。

绿色发展水平持续提高。2019 年，山东省国家级示范基地紧紧抓住绿色低碳发展的关键环节，全面推行绿色制造，用能、用水、“三废”综合利用及主要污染物排放等有了明显改善，为促进当地完成工业节能降耗和淘汰落后工作做出了积极贡献。国家级示范基地全部完成了省、市政府下达的年度节能目标任务，单位工业增加值能耗和用水量均达到国家、省或行业标准。

（九）广东

1. 总体发展情况

截至 2019 年底，广东省获得国家认定的新型工业化产业示范基地共有 23 家，产业门类既有航空、电子信息、光电显示、移动智能终端、大数据等战略性新兴产业，又有装备、汽车等先进制造业，以及石油化工、轻工（灯饰）、食品、陶瓷等传统产业，还有工业设计、软件和信息服务业等现代服务业。2019 年，广东省 23 家示范基地全年实现工业总产值 63 464.38 亿元，主导产业工业总产值达到 38 422.84 亿元；利润总额达到 7314.85 亿元，税金总额达到 5449.39 亿元。

2. 典型做法和经验

强化政策规划引导。坚持将国家新型工业化产业示范基地建设作为新一轮产业政策扶持重点进行规划，优化示范基地的发展环境，加大政策倾斜力度，促进示范基地产业发展，引导全省产业转型升级。2019 年以来，广东省先后推动出台了《广东省工业企业技术改造三年行动计划（2018—2020 年，修订本）》《关于推动制造业高质量发展的意见》《关于培育发展战略性支柱产业集群和战略性新兴产业集群的意见》等政策文件，全力推动制造业高质量发展。各市在省的推动下，也纷纷出台相关政策，如惠州仲恺高新区编制了《建设国家一流高新区创新驱动发展行动纲要（2019—2028 年）》《扶持企业到省内区域性股权交易市场挂牌实施意见》等科技创新扶持政策，全年推荐（立项）科技口扶持 750 项，受益企业超 400 余家。珠海经济开发区委托国际著名产业规划团队裕廊国际集团研究提升珠海经济技术开发区的产业、港口、物流规划，委托国家权威机构机械工业信息研究院编制《珠海经济技术开发区船舶与海洋工程装备制造业发展规划》。

加大资金支持力度。进一步加大技改奖励力度，扩大政策普惠面，提高扶持比例，加强对示范基地企业的项目扶持，在产业规划布局、产业扶持、项目建设等方面对示范基地给予重点指导，集中支持一批重点项目建设，充分发挥示范基地的集聚效应，推动示范引领产业转型升级。2019 年，省财政对有示范基地的 10 个地市（不含深圳）合计安排技术改造专项资金 22.96 亿元，占全省安排额度的 61.6%。各市也制定了一系列资金扶持政策，扶持示范基地企业创新发展。如中山火炬高新区设立了 1 亿元/年的健康科技产业专项发展资金，中山市安排了 2 亿元设立中德（中山）生物医药产业园发展专项资金，并每年安排超过 1 亿元的资金专项支持生物医药产业发展；东莞松山湖高新区积极构建多元化投融资服务平台，累计引进各类金融机构近 150 家，为企业提供银行贷款余额达 175.33 亿元，同比增长 43.26%；基金小镇顺利运营，入驻基金及机构超过 160 家，签约入驻基金及机构规模近 600 亿元。

完善示范基地服务体系。积极落实工业和信息化部产业基地公共服务能力提升工程实施方案，加强公共服务平台建设。同时，将示范基地重点项目列入省制造业重点项目，实行省、市、县（区）分级督导，持续实施跟踪服务，协调解决项目建设过程中遇到的立项、用地和资金等问题。各地市也结合实际，采取不同的形式提升示范基地的服务能力。如中山市古镇构建知识产权保护大格局优化企业创新环境，规范快速授权机制流程，广州专利代办处中山服务站挂牌成立，中山诉讼服务处获广州知识产权法庭批准升格为中山巡回审判法庭；东莞松山湖高新区新增创新创业人才服务中心分厅，可受理人才引进、公租房申请、经营许可等 148 项业务，全力打造办事不出“15 分钟圈”。增设不动产登记综合发证窗口，实施“一窗式发证”；惠州市大亚湾区打造“家园式”园区，2019 年基础设施投入 36.7 亿元，实现园区内千兆宽带全覆盖，累计完成 5G 基站配套建设 331 个。

3. 发展成效

2019 年，广东省国家新型工业化产业示范基地主导产业特色鲜明，自主创新能力强，两化融合程度高，节能减排成效好，产业聚集度不断提升，产业规模不断扩大，产业结构持续优化，有效带动了当地产业结构调整优化和经济发展方式转变。一是创新能力稳步提升，全省 23 家示范基地实现研发经费投入 3295.02 亿元，占销售收入的比重达 3.7%；拥有省级研发机构 2068 家，国家级研发机构 175 家；规模以上企业有效发明专利达 174 749 个。二是服务体系加速完善，示范基地的公共服务平台数量已达 585 个，其中，国家级公共服务平台数量达 42 个。三是绿色发展情况良好，节能减排工作进一步落实，能耗总量和强度的“双控”进程持续推进。

（十）海南

1. 总体发展情况

近些年，海南省新型工业化产业示范基地创建工作稳步推进。截至 2019 年底，共有国家新型工业化产业示范基地 2 家，分别是海南生态软件园软件和信息服务业产业示范基地、海南洋浦经济开发区石油化工产业示范基地。海南生态软件园软件和信息服务业产业示范基地坚持以制度创新和产业创新促进园区产业发展，取得了良好成效。2019 年全年新增企业 1240 家，企业总数达 4833 家，区块链、PKS（飞腾 CPU、麒麟 OS 和信息安全）、数字文创、数字健康等创新业务发展成功起步，聚集了一批国内头部企业和优质项目；完成税收 25.62 亿元，同比增长 26.38%；2019 年园区互联网产业税收占海南省互联网产业税收总额的比例超过 40%，成为地方经济发展的重要引擎。海南洋浦经济开发区石油化工产业示范基地积极引进投资强度大、科技含量高、市场效益好、产品附加值高的项目，形成了以海南炼化炼油项目为龙头的炼油—芳烃—聚酯产业链。烯烃产业链正加快突破。海南炼化 100 万吨乙烯项目正加快建设，乙烯下游产业正同步谋划布局。

2. 典型做法和经验

积极推进试验区建设，打造区块链产业聚集区。2019 年，海南生态软件园软件和信息服务业产业示范基地成立的海南自贸区（港）区块链试验区，发展规模进一步扩大，吸引了包括牛津（海南）区块链研究院、中科计算海南区块链创新研究院、度链、安迈云、能链科技、百度区块链实验室、火币中国、迅雷链、链融等 100 余家区块链行业的科研机构及头部企业入驻；引进了来自牛津大学、麻省理工学院、清华大学等的 120 多名顶尖区块链研发人员，在数字身份、隐私保护、数据安全、可信执行环境等区块链核心技术处于国际领先水平，为加快推动全省区块链技术和产业创新发展、培育打造“链上海南”区块链产业生态打下了扎实基础。

龙头企业+基地+大会，打造数字文体产业融通发展新模式。目前国内最大的游戏企业腾讯进驻海南生态软件园软件和信息服务业产业示范基地后，其互动娱乐、腾讯阅读、腾讯音乐、电子竞技等业务板块先后落地园区，并与园区联合多次举办主题性行业大会，打造“腾讯+孵化”数字文创产业大中小企业融通发展模式。腾讯电竞与海南生态软件园宣布共建“海南国际电竞港”，依托海南自贸港先行先试政策优势和腾讯电竞的生态资源，以海南生态软件园为产业载体，在产业孵化、赛事落地、人才培养、行业标准体系搭建、电竞内容与旅游消费融合等方面探索新突破，构建行业新生态。

引进“PK 体系”，打造网络安全产业战略新高地。发展计算机自主安全产业，符合海南“三区一中心”的战略定位，是支撑海南互联网产业、高新技术产业加快发展的重要路径。为引进“PK”体系，打造海南计算机自主安全产业，带动一批“PK”体系生态联盟机构和企业汇聚海南，打造网络安全产业战略新高地，海南生态软件园联合中国电子信息产业集团举办了“中国电子 PK 联合创新暨产业生态大会”。2019 年 9 月 12 日，大会在海南生态软件园召开，由中国电子信息产业集团自主创新、主导构建的“PK 体系”落地海南。来自中国联通、中国通号、电子一所、清华大学、金山软件、腾讯云等 80 多家 PK 生态合作伙伴的企业出席大会。

3. 发展成效

营商环境显著改善。一是硬环境建设方面，制定征地搬迁安置 5 年规划；谋划推进总建筑面积 21 万平方米的标准厂房建设；推进华能热电联产等项目前期；完成危化品码头建设。二是软环境打造方面，承接 43 项省级行政审批权限下放，在全省率先办理省级下放审批时限首单业务；深化“放管服”改革，压缩企业开办时间，并设立国际投资单一窗口；实施工程建设项目审批制度改革，建立政企协商机制以及乙烯等重点项目推进联席会议制度，及时协调解决企业诉求；优化口岸通关服务，口岸通关时效位列海南各口岸第一；全国首创“保税油品同船混装运输”监管模式，作为省第六批制度创新案例发布。三是安全环保方面，成立应急管理局，建立石化工功能区生产安全和应急管理巡防一体化工作机制，组建石油化工救援大队，推进危化品综合治理和道路交通安全整治三年攻坚战，全年未发生较大以上安全生产事故；深入开展污染防治“三大攻坚战”，全年空气质量优良率达 99.2%，PM2.5 每立方米 16 微克，近岸海域海水水质保持稳定。

二、中部地区

截至 2019 年底，中部地区共有示范基地 85 家，占全国示范基地总数的 20.4%，主要覆盖了电子信息产业、软件和信息服务业、消费品工业、原材料工业、装备制造业等领域。2019 年，中部地区示范基地完成销售收入 11.4 万亿元，同比增长 7.14%；完成工业生产总值 8.1 万亿元，同比增长 6.17%；实现工业增加值 2.1 万亿元（如图 3-2 所示），同比增长 6.54%；利润总额达到 8551.01 亿元，规模以上工业企业利润金额占利润总额的比重约为 58.9%。单位工业增加值能耗、单位工业增加值用水量分别降低 3.04%、4.76%。中部地区示范基地节能减排成效显著，绿色循环发展步伐加快，为实现我国可持续发展做出了重大贡献。

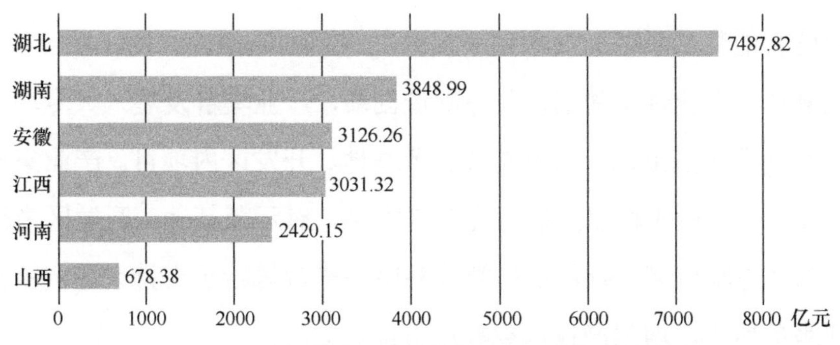

图3-2　中部地区各省示范基地工业增加值完成情况

（一）山西

1. 总体发展情况

2019 年，山西省围绕新型工业化产业示范基地高质量发展的目标，全面落实工业和信息化部推动示范基地创建发展的各项政策，不断健全示范基地政策支撑体系，加强对示范基地的分级分类指导与动态管理，示范基地发展水平稳步提升，功能优势不断增强，示范引领效应不断凸显。截至 2019 年底，山西省共有国家新型工业化产业示范基地 7 家。

2. 典型做法和经验

强化政策支撑。2019 年，山西省工业和信息化厅制定印发了《山西省推动制造业高质量发展行动方案》，以国家新型工业化产业示范基地建设为切入点，以提升基地（集群）主导产业发展质量为中心，统筹开展示范基地建设和产业集群培育，坚持顶层设计和项目建设并举，统筹推动规划布局、产业发展、基础设施、管理服务等全面升级，不断提升产业集中度和竞争力。

加强创建管理。2019 年，按照《工业和信息化部办公厅关于组织申报 2019 年度国家新型工业化产业示范基地的通知》（工信厅规函〔2019〕145 号）的要求，积极组织做好全省 2019 年度国家新型工业化产业示范基地申报工作。同时，按照工业和信息化部的要求，积极组织省内国家级示范基地报送 2019 年国家新型工业化产业示范基地发展质量评价材料，按时完成材料报送工作。

强化资金支持。山西省工业和信息化厅印发《关于组织开展 2019 年山西省技术改造专项资金项目申报工作的通知》，围绕工业转型升级的关键领域和薄弱环节，实施智能制造示范、技术创新提升、绿色制造推广、两化融合及信息化、军民产业融合、工业转型强基、服务制造创新、产业集群发展八大专项工程，引导企业开展技术改造工作，优先支持示范基地、开发区内项目。产业集群发展专项中，设置了“产业集群服务能力提升”类型，对示范基地、开发区内标准化厂房建设，以及检验检测、研发设计类公共服务平台等给予支持。进一步健全示范基地公共服务体系，增强产业承载和服务能力。

开展企业帮扶。山西省工业和信息化厅着眼于企业生产经营中的难点痛点，开通了 96302 服务企业热线，持续开展干部入企服务专项行动，有效协调解决企业面临的各类问题，构建帮扶企业的常态化机制，并以此推动示范基地服务体系不断完善。

3. 发展成效

发展规模持续壮大。2019 年，山西省共有 7 家国家新型工业化产业示范基地。示范基地涵盖高新技术开发区、经济技术开发区、装备制造产业园区等各类型园区。示范基地区域布局趋于合理，7 家示范基地初步形成了以省会太原为中心，大同、长治、洪洞、运城等城市为支撑的多层次、多功能、布局优化、各具特色的示范基地发展格局。

产业体系日益完善。示范基地重点发展电子信息、先进装备制造、现代医药和大健康、现代煤化工、有色金属冶炼、钢铁、新型建材、军民融合等产业。其中，太原经济技术开发区装备制造（能源装备）产业示范基地和山西太原市钢铁（不锈钢）产业示范基地是国内大型能源装备制造基地和不锈钢材料生产基地。

带动效应不断增强。总体来看，7 家国家新型工业化产业示范基地基本上都是山西省主要行业领域的“排头兵”，基地的主导产业特色鲜明、规模水平居前、集约化程度较高、创新能力较强，具备较好的产业基础和发展实力，代表了山西省工业发展的先进水平。其中，7 家国家级产业示范基地 2019 年实现销售收入约 3330.95 亿元，工业总产值约 3091.22 亿元，工业增加值约 678.38 亿元。

（二）安徽

1. 总体发展情况

截至 2019 年底，安徽省共培育建成 14 家国家新型工业化产业示范基地。基地培育建设工作推进顺利，主导产业规模持续壮大，创建和示范工作成果显著。全省 14 家国家级示范基地完成工业总产值 12 971.64 亿元，同比增长 6.3%，其中主导产业产值 8938.12 亿元，同比增长 12.3%；基地所有产业增加值 5643.36 亿元，较上年增长 12%，连续六年增速超过 10%；工业企业利润总额达 1249.8 亿元，占全省的 57.9%；规模以上企业数量达 4387 家，同比增长 9.8%，占全省总数的 22.7%；基地上市及挂牌企业合计 367 家，同比增长 19.9%。

2. 典型做法和经验

完善顶层设计，强化政策支持。突出制造业实体首要位置，印发《安徽省制造强省建设实施方案（2017—2021 年）》等总体方案文件，围绕制造强省建设的重点产业，出台 1+N 的规划体系和配套“政策 10 条”，聚焦电子信息、新能源汽车、工业机器人、生物医药、集成电路、智能语音及人工智能等重点领域和基地，不断完善产业体系和政策体系。明确规定对获得国家新型工业化“优势产业示范基地”和“特色产业示范基地”的，分别给予一次性奖补 200 万元和 100 万元。基地所在地政府每年安排专项资金达 66.4 亿元，比上年增长 25.5%，为基地快速发展壮大提供了坚实保障。

优化产业布局，夯实链条支撑。结合省情实际统筹传统优势和未来先导产业布局，构建特色化差异化主导产业发展体系。围绕有色、建材、钢铁等“铜墙铁壁”加快改造提升传统优势产业，加大钢铁、水泥等过剩行业去产能，引入新技术、新装备、新模式促进传统优势产业转型升级、迈向高端。瞄准以新型显示、机器人、芯片等“芯屏器合”为引领的新兴产业，实施“建芯固屏强终端”战略，加快特色集群培育壮大。聚力“协同配套”强链条，编制提升产业基础能力和产业链现代化水平的实施方案，坚持“龙头+配套”“基地+基金”，推动强基、强链、延链、补链。长鑫 12 英寸存储芯片、京东方 10.5 代线等重大项目落地见效，已集聚集成电路“研发设计、晶圆制造、封装测试”产业链企业 300 余家，新型显示实现了“从沙子到整机”的整体布局，营收占全国的五分之一。微型计算机、新能源、智能网联汽车、工业机器人等产业链均实现快速发展。

谋求创新突破，推进高质量发展。开展产业技术基础提升行动，聚焦产业关键共性技术短板、弱项，实施产业共性技术攻关，推进建设产业技术基础公共服务平台和产业创新服务综合体。重点突破高性能显示器件制备、精密及超精密加工等生产工艺；聚力突破先进复合材料、柔性显示器件、人工智能芯片等创新产品；加快发展智能办公软件等，实现软硬件协同创新。打造“政产学研资用”紧密合作的创新生态，加快省级及以上企业技术中心、制造业创新中心等创新平台建设。深入推进智能制造工程和数字化转型工程，制定实施“智能制造五年行动计划”，推广应用工业机器人，开展智能制造诊断服务和培训，培育壮大一批智能制造系统解决方案供应商。深入推进制造业绿色化改造工程，持续开展节能环保“五个一百”提升行动，加快绿色制造体系建设，深化工业节能诊断及节能监察，推进资源综合利用和清洁生产改造。开展服务型制造示范行动，发展共享制造、柔性定制、网络协同等新业态新模式，培育树立省级示范企业，发挥带动引领作用。

3. 发展成效

主导产业加速集聚，产业结构持续优化。聚焦家电、汽车、电子信息等优势产业持续发力，基地主导产业规模持续集聚壮大、效益进一步提升。省部合作再结硕果，合肥智能语音产业入围国家先进制造业集群培育名单。“中国声谷”入园企业 900 家，实现营收近千亿元。合肥经济技术开发区家电产业示范基地实现年产值 1302.7 亿元，利润同比增长 58%，其中冰箱产量占全国的 22.2%，成为全国最大的冰箱生产基地，实现规模效益双丰收。基地产业链条不断优化完善，形成了电子信息“屏—芯—终端”、新能源汽车“电池—电机—电控”、集成电路“设计—制造—封装测试”等一批产业配套完善、竞争力较强的制造业产业链，行业整体竞争力大大提升。

产学研用全面协同，创新能力再上台阶。2019 年全省基地研发经费投入达 732.14 亿元，同比增长 9%，规模以上企业有效发明专利数 25 124 个，同比上升 9.4%。现有主导产业国家级研发机构 125 家，省级研发机构 722 家，较上年分别增加 6.8%、14.8%。协同创新势能强劲，产学研用融合进一步加深。引导基地企业加快技术攻关，推动研发和关键性技术产业化，积极创建各类国家级、省级公共服务平台。实施重大协同创新项目，推进企业与高校科研机构“双向进入”项目签约，基地内的高新技术企业数不断增长，创新产品不断涌现。长虹美菱水分子激活保鲜技术全球领先，最薄冰箱“M 鲜生全面薄冰箱”创下行业多项新标杆。蚌埠国内首条从葡萄糖到聚乳酸全产业链生产线实现产业化。京东方国家地方联合工程实验室、彩虹平板显示玻璃工艺技术国家工程实验室、乐凯光学薄膜国家企业技术中心等一批技术创新项目陆续建成，北京航空航天大学合肥创新研究院、北京大学蓝光协同创新中心等一批校企联合攻关平台成果显著。

融合发展成效凸显，绿色安全水平提升。深入实施制造业数字化网络化智能化“三化”赋能，光纤入户企业占比不断提高，智能工厂、数字化车间数量持续增长，基地两化融合贯标企业数量同比增长超五成。节能环保“五个一百”提升行动深入开展，节能降耗和清洁生产扎实推进，绿色园区、绿色工厂、绿色产品、绿色供应链“四位一体”的绿色制造体系初步形成。“三废”排放达标水平进一步提升，单位工业增加值能耗、单位工业增加值用水量均达到或优于国家或行业标准。基地一年内发生一般事故数量减少 22.7%，安全生产水平进一步提升。

（三）江西

1. 总体发展情况

2019 年，江西省按照《国家新型工业化产业示范基地管理办法》及《国家新型工业化产业示范基地发展质量评价工作方案》的要求，以可持续发展为前提，以产业集聚为主要特征，以工业园区为主要载体，按照主导产业特色鲜明、发展水平和规模效益居全省先进的发展定位，推动产业基地实现创新驱动、集群集约、智能融合、绿色安全发展。截至 2019 年底，江西省共有 17 家国家新型工业化产业示范基地。示范基地完成工业总产值 15 452.41 亿元，其中主导产业工业总产值 10 245.04 亿元，利润总额 1352.64 亿元，税金总额 601.39 亿元。

2. 典型做法和经验

推动集约发展、效益提升。加强政策引导，制定《江西省“2+6+N”产业高质量跨越式发展行动计划（2019—2023 年左右）》，明确任务书、路线图，推进产业集群实现“双百”发展。开展“产业画像”试点，85 个园区规划建设主题产业园 103 个，新增国家级小微企业双创基地 4 个、省级重点产业集群 13 个、战略性新兴产业集聚区 4 个。以“亩产论英雄”，在 15 个县（市、区）推进工业企业亩产效益综合评价试点，突出亩均产出效益，推动全省产业基地保持规模快速增长的同时更加注重质量效益同步提高，试点区域规模以上工业企业亩均税收 23.2 万元，亩均营业收入 524.9 万元。

加快两化融合、转型升级。全年共培育两化融合示范企业 51 家，累计培育了 302 家两化深度融合示范企业，全省企业有 20%以上处于两化融合集成提升和创新突破阶段，两化融合发展指数增速居全国第三。新增上云企业 8000 家，总数达 1.6 万家。昌飞公司列入国家制造业与互联网融合试点示范，洪都公司入选工业和信息化部优秀大数据应用解决方案。宜春智慧工业平台实现规模以上企业全覆盖。工业园区智慧云平台园区全面贯通，打造综合性平台 82 个、专业化平台 1227 个。

完善公共服务、提升功能。大力实施“两型三化”管理提标提档行动，推动开发区智慧互联、绿色驱动和服务提升。组织开展产业集群网上对接活动月，发布 1945 个产品、189 个供需对接，为 76 个园区提供 4.4 万人次用工服务。加快园区污水处理设施调度推进，推进重点污染源在线监测联网，督促全省园区污水处理厂全面建成。全面深化工业园区建筑工程安全生产专项整治行动，确保全省园区和在建工程重大安全隐患清零。实施园区“两型三化”管理提标提档行动，全年新建成标准厂房 2800 万平方米，新建成 6 个园区产业创新服务综合体。

3. 发展成效

产业规模不断扩大。2019 年，全省产业集群发展继续保持两位数增长，完成营业收入 17 939.5 亿元，同比增长 13.4%，为全省工业经济平稳健康发展提供了重要支撑。江西赣州南康区家具产业示范基地大力推进“现代家居城”建设，着力打造“全国乃至世界家具集散地”，家具产业全产业竞争力持续增强，2019 年集群产值突破 1800 亿元，电商销售突破 500 亿元，双双创下历史新高。江西吉安电子信息产业示范基地坚持“全域化”布局、“全方位”帮扶、“全要素”保障，培育过百亿龙头骨干企业 3 家，2019 年电子信息产业实现营业收入 1408 亿元，占全省同行业的比重约为 30%。

集聚效应明显增强。各产业基地坚持“上下延伸、链式发展”的理念，立足既有的产业发展基础，准确定位招商方向，实施“补链式招商”，不断延伸主导产业链，提升行业协作、配套能力，产业集聚效应明显增强。江西共青城经济开发区纺织服装产业示范基地加快完善“创意设计、标准化生产、机器换人、展示展演、电商销售”的产业链业态，出口服装产业园 32 万平方米标准厂房实现集群式项目满园入驻，三江纺织产业园等几个纺织行业平台承接了大批浙江、江苏等地产业转移，服装电商城已入驻电商企业和经营户近 200 家，2019 年基地内已聚集企业 800 余家，其中规模以上工业企业 325 家，带动本地 5 万多名熟练产业工人就业。江西赣州经济开发区有色金属（稀土新材料）产业示范基地围绕高性能磁性材料、永磁电机、稀土发光材料及节能灯具、稀土陶瓷功能材料及制品等重点领域，充分发挥金力永磁等龙头骨干企业的引领作用，带动大批中小企业提升产能、扩大规模，使稀土传统产业焕发出新的生机，吸引了睿宁新材、生一轮电机等一批科技含量高、财税贡献大、辐射带动力强的稀土项目先后落户赣州经济开发区，一个现代稀土产业体系正在加速形成。

公共服务逐步完善。各产业基地注重加快传统优势产业的转型升级和战略性新兴产业的培育发展，大力加强公共服务平台建设，提升产业链发展实力。江西永修云山经济开发区有机硅产业示范基地通过融资、企业投入和政府投入相结合的方式，每年都投入 3 亿元以上资金在有机硅产业基地开展基础设施建设，形成了“三横四纵”的园区道路网络，减少企业的基础性投入；开辟企业开办绿色通道，新办企业从政策咨询、合同签约、项目审批到证照办理，按照“部门立项、联合会审、抄告相关、限时办结、责任追究”的模式，一律实行“一站式”审批、“一窗口”收费，“一条龙”服务。江西崇仁工业园区装备制造（输变电设备）产业示范基地实施“保姆式服务”，积极探索“全程代办制度”，全程参与项目立项、环评、证件执照办理、施工报建等环节；通过财园信贷通、产业引导基金、财复通等形式帮助基地内企业解决融资难问题；从 2016 年起每两年举办一届中部地区变电设备行业高峰论坛，为变电设备企业搭建交流合作平台。

创新能力稳步提升。各产业基地积极鼓励和引导企业自主创新，不断提升核心竞争力，促进产业发展升级。江西鹰潭市铜及铜材加工产业示范基地在全国率先发行铜产业创新券，通过“企业点题、机构解题、政府买单”的形式，对铜企业技术创新、产品创新、管理创新、装备升级给予补助，助推产业创新升级，目前基地有铜产业科技创新平台 40 个，其中国家铜冶炼及加工工程技术研究中心、国家级铜及铜产品质量监督检验中心、院士博士后工作站等国家级平台 5 个，省级平台 35 个；铜企业累计授权专利达 2600 余项，居同行业全国第一。江西赣州高新技术产业开发区新材料（稀有金属）产业示范基地紧紧抓住技术创新这个战略基点，围绕产业链部署创新链、围绕创新链布局产业链，努力打造好国家级、世界级的稀土科研创新平台，目前中国科学院稀土研究院落户基地，是中国科学院近十年在全国布局的唯一院所。

（四）河南

1. 总体发展情况

为扎实推进做好示范基地的创建培育和长远持续发展，河南省始终做到“创建培育上重统筹谋划、管理建设上重服务指导、产业布局上重规划引导、发展提升上重长远持续”，成功铺就了河南省推进新型工业化发展的新路途，成为充分展现河南新型工业化发展成果的新名片。截至 2019 年底，河南省已成功创建了 13 家国家级示范基地。全省 13 家国家级示范基地共入驻企业 15 958 家，实现销售收入 12 384.39 亿元，工业总产值 8892.69 亿元，工业增加值 2420.15 亿元。

2. 典型做法和经验

积极推动智能化改造。抓好标杆示范，组织智能制造观摩活动，评选认定省级智能车间 111 个、智能工厂 38 个，选出省级标杆企业 20 家，编写智能制造标杆企业案例汇编，召开电气装备、纺织、化工等行业智能制造现场会，加快有效模式复制推广。建立省市县三级智能制造项目库，完成重点项目投资 1102.8 亿元。加强两化融合管理体系建设，截至 2019 年 12 月底，全省贯标企业 1318 家、对标企业 9482 家，606 家企业获得评定证书。开展“智能化改造诊断服务进千企”，为 525 家企业出具诊断报告。2019 年河南省两化融合发展水平指数为 52.3，居中部地区首位。郑州、许昌、新乡、鹤壁等市高度重视、强力推进，智能化改造走在全省前列。

积极开展绿色化改造。创建 48 家国家级绿色工厂、2 个绿色园区，清水源科技、郑州机械设计研究院被确定为国家级绿色制造系统解决方案供应商。完成 132 家工业企业节能监察和 133 家工业企业节能诊断，组织全省 57 家水泥企业、11 家焦化企业开展能效对标达标活动，4 家企业获国家能效“领跑者”称号，3 个“能效之星”产品、4 项节能技术、9 个型号节能装备进入国家公告名单。郑州、洛阳、安阳、焦作 4 市被列入国家工业资源综合利用基地名单。稳步推进城镇人口密集区危险化学品生产企业和城市建成区重污染企业搬迁改造，分别完成 28 家、25 家年度目标任务。焦作、新乡、平顶山等市绿色化改造力度较大，效果明显。2019 年 1～12 月，全省规上企业单位工业增加值能耗下降 14.13%。

不断推进企业技术改造。持续实施“十百千万”企业技改提升工程。新认定省级制造业创新中心 9 家、新遴选创新中心培育单位 2 家，河南智能农机创新中心成功创建为第 12 个国家级制造业创新中心。运用省先进制造业发展专项资金 5.8 亿元、支持技改项目 234 个，争取国家重大技术改造专项、制造业高质量发展专项项目 19 个、资金 5.8 亿元，争取国家工业强基重点产品、工艺“一条龙”应用计划示范企业 3 家、项目 3 个。完善技术改造一库一系统建设，2019 年全省技术改造项目库入库项目 6641 个，总投资 15 132 亿元，完成投资 6983 亿元，其中总投资 3000 万以上纳入全省省级技术改造项目库项目 4456 个，总投资 13 687 亿元，完成投资 6667 亿元。洛阳市以技术改造推动产业转型升级成效突出，获国务院表彰激励。2019 年 1～12 月，全省工业企业技术改造投资增长 55.0%，高出全省工业投资增速 45.3 个百分点；占工业投资的比重为 29.9%，较上年同期提升 8.8 个百分点，是工业投资增长的重要拉动力量。

抓重点攻坚产业，促进结构升级。贯彻落实相关产业三年行动计划，分产业制定出台年度工作方案。装备制造：推动成立总规模为 1 亿元的河南省智能装备发展基金，实施机器人“十百千”示范应用倍增工程，65 个项目获评 2019 年第一批机器人“十百千”示范应用倍增工程示范项目。新型材料：落实国家新材料首批次保险补偿政策，多氟多等 4 家企业获得保险补贴 2346 万元，驼人集团被确定为国家生物医用材料生产应用示范平台牵头建设单位。电子信息：推动鲲鹏服务器、PC 生产基地项目建设，打造鲲鹏计算产业生态。提升集成电路关键材料供给能力，郑州合晶 8 英寸硅单晶抛光片、洛阳单晶硅 8 英寸硅单晶抛光片等项目实现量产。白酒：召开全省白酒业转型发展工作推进会，成立酒业人才交流中心，开展扶持酒企政策宣讲培训和“豫酒中原行”系列宣传推介活动。

抓传统产业转型，促新兴产业发展。贯彻落实钢铁、铝工业、水泥、传统煤化工 4 个传统产业转型发展行动方案，推动行业骨干企业实施装备大型化、企业智能化、产品高端化升级改造项目。重点抓好智能装备、智能传感器、尼龙新材料等新兴产业发展壮大，建立智能装备产业“三个一批”清单，编制智能传感器产业发展行动方案，推动智能传感器“一谷两基地”建设，完成平顶山尼龙城项目第二轮增资。

抓创新驱动，培育发展新动能。一是抓制造业创新中心建设。成功创建国家农机装备创新中心，认定和培育省级制造业创新中心 19 家，40 多项科技成果荣获国家科技奖励。二是抓数字经济。认定云平台服务商 8 家、云应用服务商 20 家，建立“企业上云”服务资源池，成立推进联盟，开展深度行活动，实现上云企业 26 020 家，达成合作协议 380 多个。三是抓信息化建设。出台河南省 2019 年信息化推进工作实施方案，“UU 跑腿”等 4 个项目被确定为 2019 年度国家新型信息消费示范项目。

3. 发展成效

产业集聚效应日益凸显。通过在全省 179 个产业集聚区内开展示范基地的创建和培育，有力促进了河南省产业集聚集群区的规范发展和提质增效，引导全省产业集聚区立足当地产业基础和比较优势，发展壮大特色主导产业，走出一条“基础优势—特色主导—结构优化—集聚发展”的路子，逐步形成以龙头企业为牵引、骨干企业为带动，推进实现主导产业培育壮大、大中小企业融通配套的集群发展格局。汤阴县产业集聚区规划建设 12.5 平方公里的食品产业园和 10 平方公里的医药产业园，益海嘉里、嘉士利、今麦郎、安井食品等 25 家世界 500 强和行业龙头企业先后落户，带动鲲华生物、诺利如一等 130 余家企业入驻，拥有“金龙鱼”“今麦郎”“众品”等 26 个中国驰名商标及 598 个系列名牌产品。医药产业园拥有科伦药业、仁华制药、九州药业、中帅医药等 31 家医药企业，449 个医药批号，612 个品种规格。

招商项目拉动作用不断增强。引导河南省国家级和省级示范基地抢抓国际国内新一轮产业分工调整的重大机遇期，创新招商引资模式，坚持“一区、一主业”承接发展原则，根据自身发展优势和产业定位，加大承接转移力度，打造形成全产业链新体系，不断吸引项目落地和企业入驻，着力提升产业支撑发展水平。河南中牟汽车产业示范基地2019年共签约投资200亿元的“法国勒芒·中国汽车赛事”项目、投资160亿元的河南宝驰新能源智能汽车产业基地、投资20亿元的中原智能网联汽车研究院、投资8亿元的联东U谷智能产业园等8个项目，即将签约项目7个（主要有大连中比“超级电池”研发生产基地、中国网库集团网库大厦等项目），另外储备项目102个。目前示范基地已成为河南省参与全球产业分工体系的重要窗口，成为展示河南形象的新名片，为全省构建广领域、多层次、全方位的开放型经济体系做出了突出贡献。

创新驱动发展基础不断夯实。激发企业科技创新的积极性和主动性，将市场需求转化为创新动力，推动创新成果市场化、产业化。郑州经济技术开发区共有规模以上企业624家，外商投资企业106家，超百亿企业12家，在区内投资的世界500强39家、国内500强53家，科技企业孵化器8家，众创空间5个，高新技术企业157家，上市企业12家（主板上市4家、新三板上市8家），院士工作站13个，市级以上企业研发中心273个，累计授权专利10 706件；河南洛阳大数据产业园大数据产业示范基地成功创建为第九批国家新型工业化产业示范基地，国家农机装备创新中心获批建设，成为全国第12家国家级制造业创新中心。洛阳拖拉机研究所有限公司、中信重工两家国家工业设计中心研发了竖井掘进机、超级拖拉机I号等一批创新产品。中国一拖、兰迪玻璃等11家企业被工业和信息化部评为工业企业知识产权运用试点企业，中铝洛铜、建龙微纳等3家企业被认定为省级技术创新示范企业。

（五）湖北

1. 总体发展情况

截至2019年底，湖北省共有17家国家新型工业化产业示范基地。2019年，示范基地完成工业总产值25 895.73亿元，其中主导产业工业总产值15 937.01亿元，利润总额4036.58亿元，税金总额2428.89亿元。

2. 典型做法和经验

推动创新驱动发展。创新设立各类股权引导产业投资基金，整合财政资金近百亿元用于支持企业承接和采用新技术，开展新技术新产品工程化研究应用，组织实施一批重大科技成果转化示范项目。坚持以平台建设为牵引，推进国家、省级制造业创新中心梯队建设，建立“法人实体+产业联盟”的新型协同创新载体，组建新型创新平台，为示范基地发展提供坚实的技术支撑。

加强产业布局优化。围绕壮大支柱产业、促进千亿产业提升和新兴产业培育，合理调整和优化重大生产力布局，引导产业向适宜开发的区域集聚，加速形成了一批新兴产业先导区、集聚区，培育打造过千亿的特色产业园区。积极推广源头减量、循环利用等循环经济典型模式，促进再制造产业规范发展。

重视重大项目建设。坚持以示范基地为依托，以发展先进制造业和战略性新兴产业为重点，引进国家存储器基地、京东方、华星光电、天马微电子等一批重大产业项目落户，谋划和引进一批补链、延链、强链的产业项目。大力实施“万企万亿”技改工程，抓紧抓实工业项目储备库、建设库和达产库“三库”，实施精准对接服务，推动产业链向中高端迈进。

3. 发展成效

供给侧改革步伐加快，发展实力显著增强。示范基地涉及汽车及新能源汽车、电子信息、高端装备等产业和领域，以战略性新兴产业为主导的示范基地占 80%，示范基地总量位居中部地区第二。深入推进制造业与互联网融合发展，开展智能制造试点示范，加快“楚天云”和工业云平台建设，推进“万企上云”工程，支持传统产业数字化、网络化、智能化、绿色化和安全化改造提升。深入实施补链强链延链行动，大力推进光电子信息、汽车及零部件、生物医药及医疗器械三大世界级产业集群建设。

协同创新体系加速形成，产业集聚能力增强。示范基地已建成国家级制造业创新中心 2 家、国家级产业创新中心 1 家、国家级企业技术中心 35 家，工程研究中心 6 家，国家重点实验室 15 个，国家技术转移示范机构 20 家。武汉东湖新技术开发区电子信息（光电子）产业示范基地的集成电路、显示面板、光纤光缆等战略性新兴产业强势崛起，2019 年光电子信息产业总收入达到 5000 多亿元，“光芯屏端网”世界级光电子信息产业集群初具雏形，已成为我国在光电子信息领域参与国际竞争的标志性品牌，2019 年被工业和信息化部评为五星级示范基地。

质量效益稳步提升，产业竞争力增强。大力实施隐形冠军培育工程，长飞光纤、光迅科技、武汉锐科、精测电子、宜昌人福、安琪酵母、东贝电气等一批企业获批国家级制造业单项冠军示范企业；积极开展增品种、提品质、创品牌质量提升行动，不断促进企业产品提档升级，提升示范基地的产业核心竞争力，使示范基地成为全省工业提质增效的“主力军”。

持续优化营商环境，激活市场主体活力。深入推进简政放权和放管服改革，出台支持民营经济和县域经济的政策和实施细则，扎实开展清欠工作，降低制度性交易成本，持续优化营商环境，尊重、保障企业的市场主体地位，激发市场主体活力。

（六）湖南

1. 总体发展情况

截至 2019 年底，湖南省共有 18 家国家新型工业化产业示范基地。2019 年，湖南省国家新型工业化产业示范基地实现工业总产值 14 335.42 亿元，实现工业增加值 3848.99 亿元，规模以上工业企业实现利润总额 834.91 亿元，占全省的 44.63%；进出口总额 1239.06 亿元。国家新型工业化产业示范基地在全省经济建设中占据主导地位，对全省经济建设的贡献凸显，引领全省工业经济高质量发展。

2. 典型做法和经验

强化顶层设计，推动集聚发展。一是加强顶层设计和整体谋划，加快产业体系优化和转型升级，推动园区高质量发展。先后发布了《湖南省人民政府办公厅关于加快推进产业园区改革和创新发展的实施意见》《湖南省人民政府关于推进全省产业园区高质量发展的实施意见》等政策文件，推动产业园区加快转型升级和高质量发展。二是聚焦特色鲜明、优势突出的主导产业，发挥比较优势，大力推进项目建设与产业培育，打造特色鲜明的产业集群。

强化政策支持，提升要素保障。一是围绕产业转型、科技创新、招商引资等重点工作，出台系列政策措施，为基地提供良好的政策环境。湘潭高新区出台了《湘潭市优化营商环境 28 条措施》《关于加快推进园区改革创新高质量发展的十条措施》，开展“千百扶培”行动，为企业纾难解困。娄底经开区开展“优化营商环境年”活动，2019 年成功签约招商项目 62 个，吸引投资 180 亿元。二是吸收借鉴先进经验，加速体制机制创新，推动资源要素聚集。湘潭高新区推进项目建设“一闭环、四配套”工作机制，实施一对一精准服务，加快示范基地的项目落地和建设进度。益阳高新区通过搭建政务服务网络体系、创新人才供需渠道、加大金融帮扶力度等多措并举打好组合拳，推动要素支撑能力升级。

搭建合作平台，推动协同创新。进一步完善研发检测、产业孵化等公共创新服务平台，积极营造有利于创新要素集聚和紧密协作的环境，构建紧密协作创新网络，为示范基地发展注入新动能。浏阳经开区实施创新引领战略，搭建各类创新创业平台，拥有国家级技术研究中心 4 家，省级技术/工程研究中心、重点实验室 31 家，博士后科研工作站 4 个，院士专家工作站 4 个，各类公共服务平台 12 家。岳阳绿色化工产业园通过不断完善科技创新服务体系，助力企业与高校工程技术合作，加快创新成果转化。株洲醴陵经开区积极参与全球创新合作与产业交流，提高示范基地的国际化水平。

3. 发展成效

示范引领作用凸显。示范基地按照新型工业化要求改造提升，进一步提高产业发展质量和效益，在全省工业经济稳增长、增效益中发挥更加突出的作用。示范基地发展成效显著，共建成 18 家规模效益突出的优势产业基地和在专业化细分领域竞争力强的特色产业基地，成为湖南省制造强省建设的重要标志和支撑。长沙经济技术开发区装备制造（工程机械）产业示范基地的产业规模全国第一，2019 年工程机械产业完成产值 1358 亿元，同比增长 30.6%，占全市的 75%。其中，三一集团装备板块终端销售额突破 1000 亿元，跻身全球工程机械前五强。湖南株洲高新技术产业开发区装备制造（轨道交通装备）产业示范基地建成全球最大的轨道交通装备产业集聚区，拥有整机制造、核心部件、关键零部件协调发展的完整产业链，产业优势明显，整体处于全球产业链、价值链的中高端，2019 年基地主导产业实现总产值 1775 亿元。上述两家示范基地被评为 2019 年全国五星级示范基地。湖南浏阳高新技术产业开发区资源循环利用（再制造）产业示范基地发展资源循环利用再制造，2019 年主导产业实现产值 220.6 亿元，成功入选第九批国家新型工业化特色产业示范基地。

产业升级步伐加快。示范基地充分发挥行业领域资源集聚配套的优势，打通关键发展环节，解决发展瓶颈问题，提高产业层次，全面推进产业升级。长沙经济技术开发区装备制造（工程机械）产业示范基地和湖南株洲高新技术产业开发区装备制造（轨道交通装备）产业示范基地的产业发展水平高、集群集聚发展成绩突出，成功通过 2019 年国家先进制造业集群初赛。湖南浏阳经济技术开发区电子信息产业示范基地 2019 年电子信息产业链实现产值 584.2 亿元，同比增长 19.2%，占园区总产值的 70%。湖南株洲高技术转化应用产业示范基地 2019 年中小型航空发动机占据了国内 90%的市场份额，轻型运动型飞机占国内 75%的市场份额，市场份额进一步增大。湖南平江工业园区高技术转化应用产业示范基地开展先进装备制造、新材料和电子科技等战略性新兴产业高技术转化应用，2019 年主导产业实现总产值 486.39 亿元，同比增长 3.71%，实现规模工业增加 168.24 亿元，同比增长 20.48%。

科技创新能力提升。持续加大研发经费投入力度，突破一批关键技术与产品，科技创新能力显著提升。2019 年湖南省国家新型工业化产业示范基地研发经费总投入共计 433.76 亿元。湖南株洲高新技术产业开发区装备制造（轨道交通装备）产业示范基地依托创建的国家先进轨道交通装备创新中心，在绝缘栅双极型晶体管（IGBT）、智轨、中低速磁悬浮等领域形成了一批自主知识产权的核心技术和产品，涌现了全球首列智轨列车、全国首台纯电动智能客车、全国首架新型复合材料五座飞机等重大创新产品。

三、西部地区

截至 2019 年底，西部地区共有示范基地 112 家，占全国示范基地总数的 26.9%，主要覆盖了产业转移合作、大数据、电子信息产业、软件和信息服务业、数据中心、消费品工业、原材料工业、装备制造业等领域。2019 年，西部地区示范基地完成销售收入 10.9 万亿元，主导产业销售收入占比 50%；完成工业总产值 6.8 万亿元，工业增加值占其比重达 28.8%，各省（市、自治区）示范基地工业增加值完成情况如图 3-3 所示；实现利润和税金总额分别超 6297.32 亿元和 5214.45 亿元。本年度光纤入户企业占比达 90.75%，同比增长 4.86%；两化融合贯标企业达 763 家，同比增长 24.67%。西部地区示范基地两化融合能力大幅提升，经济转型升级新动能培育情况良好，为全面支撑工业高质量发展打下了坚实基础。

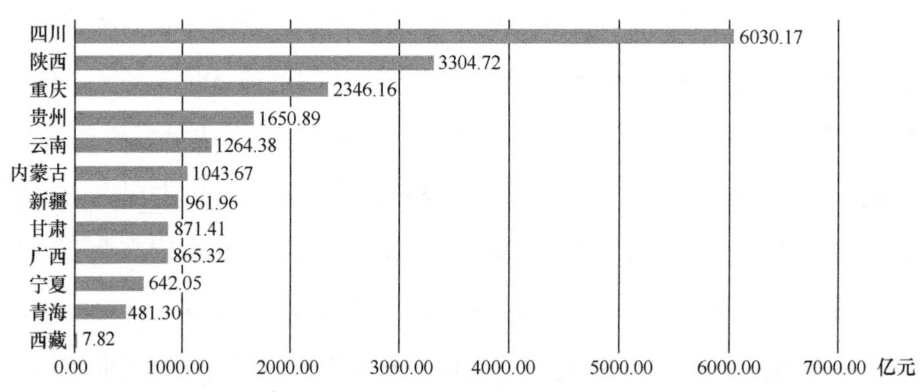

图3-3　西部地区各省（直辖市、自治区）示范基地工业增加值完成情况

（一）内蒙古

1. 总体发展情况

内蒙古自治区政府高度重视新型工业化产业示范基地创建工作，目前全区已有呼和浩特乳制品、包头稀土新材料、包头装备制造、包头钢铁及深加工、通辽农产品深加工、通辽铝及深加工、乌海化工以及和林格尔新区大数据 8 家国家新型工业化产业示范基地。2019 年，全区国家级示范基地实现销售收入 5459.3 亿元，主导产业销售收入 5175.48 亿元，占示范基地销售收入的 94.8%；完成工业总产值 4574.5 亿元，主导产业工业总产值占示范基地工业总产值的 87.3%；完成税金总额 158.7 亿元，利润总额 285.2 亿元。全区示范基地共创建国家级研发机构 48 个，省级研发机构 190 个；公共服务平台 64 个，其中国家级公共服务平台 17 个。

2. 典型做法和经验

推动产业集聚和企业集群。根据园区发展基础、比较优势、要素保障及国家产业政策、市场趋势等，科学确定园区的产业定位，延伸产业链条，引导大企业、大项目向园区集中，培育特色产业集群。分别制定了《内蒙古自治区人民政府关于深化“互联网+先进制造业”发展工业互联网的实施意见（征求意见稿）》《钢铁行业“僵尸企业”处置工作方案》《内蒙古自治区新兴产业高质量发展实施方案（2018—2020 年）》等政策措施和办法。推动产业集聚和企业集群，鼓励重点工业园区整合同一行政区域的其他工业园区。对布局不合理、集聚效应差、项目引进少、经济贡献低、难以形成投入产出良性循环的“低、小、散”工业园区，结合实际，采取放缓建设、改变用途、综合整治等办法进行处置。

增加功能性基础设施建设投入力度。按照“开发一片、建成一片、滚动发展”的原则，科学、高效、有序推进园区基础设施和项目建设，提高土地利用效率和投入产出效益。不断加大重点工业园区道路、给排水、供电、供气、供热、污水处理、固体废弃物处理、消防、绿化等功能性基础设施建设投入力度，提高园区的产业发展配套能力。

构建完善智能化公共服务体系。为贯彻落实《内蒙古自治区人民政府关于推进数字经济发展的意见》，内蒙古深入实施“互联网+”发展战略，加快建立“互联网+工业”公共服务体系，推动云计算、大数据、物联网等的应用，建设智慧园区，逐步实现产业发展智慧化、运行管理智慧化和公共服务智慧化。内蒙古和林格尔新区大数据产业示范基地紧紧围绕加快推进新区大数据产业发展，共签约落地涉及大数据产业项目 41 个，协议投资额总计 500 多亿元。

推动建立各种协同创新平台。支持工业园区建设研发中心、创业中心、孵化器、生产力促进中心等各类创新创业载体和平台，大力发展研究开发、技术转移、创业孵化、知识产权、科技咨询、技术推广等科技服务。支持工业园区与科研院所、高等院校等建立各种形式的协同创新平台。支持工业园区大力培育国家高新技术企业，鼓励工业园区创建高新技术产业园区。引导园区内的企业与国际、国内大型企业建立技术战略联盟。

不断拓宽招商引资渠道。落实支持工业园区发展的土地供应、电力交易、水资源配置、环保指标等要素支持政策，优化招商引资环境。加强与俄罗斯、蒙古及国内省（直辖市、自治区）及京津冀、京蒙地区产业合作，大力承接产业转移。营造良好的营商环境，实施“一对一、点对点”的首席服务官制度，对工业园区企业经济运行、项目审批、政策未落实、承诺未兑现情况开展“一对一、点对点”办理，积极为企业排忧解难。

3. 发展成效

产业集聚效应愈加明显。内蒙古示范基地建设，代表了全区产业集聚区发展的先进水平。全区基地形成了以大型骨干企业为龙头、主导产业为支撑的产业格局。以伊利、蒙牛为核心的乳制品加工业，包头稀土新材料研发和应用，包头装备制造，通辽农产品深加工，和林格尔新区大数据等一些产业集聚效应明显，产业集中度高，已成为地区品牌，带动了一大批相关配套企业的发展。

节能减排效果持续向好。全区 8 家示范基地始终坚持科技优先、环保优先的发展道路，产业集群构建企业之间的“物质代谢”和“共生关系”，使生产过程的物资流、能量流充分循环利用。示范基地的强制清洁生产审核实施率均达到 100%，骨干企业成为节能环保型清洁生产示范企业。

技术创新水平不断提升。全区基地以市场为主导，以企业战略性调整和优化升级为抓手，基地内企业的自主创新能力显著增强。伊利集团开发的“金典有机奶”开创了我国有机奶的先河，“营养舒化奶”解决了我国乳糖酶缺失人群的饮奶问题。基地内骨干企业的宽带接入率都已达到 100%，企业财务、销售及技术管理都已实现信息化管理，企业自动化运用水平已超过全国平均水平。

（二）广西

1. 总体发展情况

截至 2019 年底，广西壮族自治区共有 5 家国家新型工业化产业示范基地。2019 年，广西各级政府部门共安排资金 28 100 万元支持各基地园区建设发展，5 家国家新型工业化产业示范基地共实现销售收入 2895 亿元，其中主导产业销售收入 2127 亿元；实现工业总产值 2563 亿元，其中主导产业工业总产值 1764 亿元；实现所有产业增加值 1081 亿元，其中工业增加值 865 亿元；实现税收 98.8

亿元，利润 196.3 亿元。共有各类公共服务平台 70 个，其中国家级公共服务平台 8 个。

2. 典型做法和经验

改善园区管理服务工作。根据《广西县域工业园区规划调整实施方案》，指导、督促各市工业和信息化局制定细化县域工业园区规划调整工作实施方案。召开全区县域园区规划调整工作推进会，听取各市工作推进进展，摸底清查园区情况，统筹提出园区清理规范优化提升的意见建议，推动规划建设一批空间布局合理、管理水平高、经济效益好、主导产业突出、土地集约利用、基础设施和公共服务平台配套完善的重点县域园区。发挥县域工业园区在工业经济发展中的示范、辐射和带动作用，为全区工业经济可持续发展拓展新的空间。

推动产业链精准招商。围绕 12 大产业集群和 23 条产业链发展方案，制定自治区工业和信息化厅推动重点产业集群及产业链发展工作推进方案，实施"一对一"负责重点产业集群及产业链发展工作推进机制（即一位厅领导负责推动一个产业集群，一个处室负责推动一条产业链），由厅领导担任对应产业集群群长，处长担任对应产业链链长，具体负责产业集群、产业链市场开拓、项目建设、政策落实等工作。制定一批产业链建链、补链、强链的实施方案，开展精准招商，补足缺失产业链，将产业树全景图的编制成果落到实处。广西桂林电子信息产业示范基地以"一核三园"的发展思路，实施精准招商。桂林市主要领导亲自担任"工业振兴"领导小组成员，会见华为、坤宏量子、格力等企业高层，带队到深圳比亚迪、深科技对接洽谈。其他市领导及部门领导也主动出击，赴上海、安徽、四川、杭州等地考察对接。

建设工业园区公共服务平台。组织编拟《关于加快全区工业园区公共服务平台建设的指导意见》（待批），围绕工业园区建设及产业发展需求，推进建设一批研发、检测、设计、融资、展销、物流等各种类型的专业产业公共服务平台，加快建设工业园区政务服务平台及中小企业服务平台、工业互联网平台等综合性服务平台。建立一批专业水平高、服务能力强、产业支撑力大的产业公共服务平台，形成支撑产业发展的公共服务体系，促进工业高质量发展。

加快推进"互联网+政务服务"。打造"24 小时不打烊"网上政府，推行企业和群众办事“网上申报、智能审批、电子结果、智能监管、审管协同”的新型网上办事及监管模式，推进事前审批和事中事后监管各种信息互联互通，缩减审批时限，提高审批效率，减少企业、群众“跑腿”次数。广西柳州柳南区装备制造（工程机械）产业示范基地完善网格化服务模式，实施精准服务。根据人员变动和规模以上企业变动情况，进一步完善领导挂点联系企业、企业网格化管理、区长企业接待日等制度，建立“划片包干、定人定岗、定位定责”的网格化服务体系，为企业提供精准服务，努力构建“亲”“清”新型政商关系。认真组织开展大调研活动，对企业进行调研摸底，对每个企业的经济运行情况认真进行研究分析，分门别类梳理企业情况，及时做好各重点企业产值完成情况汇总、分析，对比月初目标分解情况，合理调整目标任务，以便精准施策，有针对性地做好扶持和服务工作。

不断深化区域合作。广西百色工业园区有色金属（铝）产业示范基地围绕“交通用铝、工业用铝、包装用铝、建筑用铝、电子家电用铝”五条关键产业链，推进百色铝精深加工核心集聚区建设，成功签约投资 25 亿元的百矿润泰项目、投资 25 亿元的深圳立雅信铝镁合金及研磨材料等项目。百色市政府与吉利科技集团于 2019 年 5 月 21 日签订合作协议，引进吉利科技集团对百矿集团实施全面混改，混改后新建 1000 万只汽车铝轮毂项目、80 万吨铝板带箔项目及铝产业研究院项目等已开工。玉柴集团进一步加强与国际供应商和国内供应商的合作，与博世、银轮股份、威孚力达等著名企业建立良好的合作关系，不断优化供应商体系建设，开展 SQE（供应商质量工程师）前移到供应商现场进行质量问题跟踪，通过 PPAP（生产件批准程序）现场审核方式提高供应商质量水平。

3. 发展成效

创新环境不断优化，基地实力进一步提升。广西柳州市汽车产业示范基地先后出台了一系列产业扶持政策，鼓励和引导园区企业加大科技投入，做大做强，提升自主创新能力。通过精心培育与扶持，帮助和指导企业通过技术创新实现产业升级，企业研发能力稳步提高。2019 年新区高新技术企业总数达到 55 家，国家级企业技术中心 1 家，自治区级企业技术中心 23 家，市级企业技术中心 16 家，自治区级研发中心 8 家，自治区级工程技术研究中心 9 家，园区拥有中国驰名商标2件、广西著名商标35件、广西名牌产品19件。广西桂林电子信息产业示范基地采取有力措施提升基地创新能力，技术水平不断增强。桂林光隆光学科技有限公司拥有的隔离器芯光学系统封装技术达到国内领先水平，已供货中兴、华为、海信等企业，并出口海外市场，海外市场占有率在全球行业排名前三；桂林电力电容有限责任公司生产的新型特高压电力电容器，国内市场占有率达到了95%，技术水平处于国内领先地位；桂林智神信息技术股份有限公司和桂林飞宇科技股份有限公司生产的手持云台国内市场占有率超过了75%，技术水平达到了国际先进。玉州区装备制造示范基地内的玉柴集团在发动机研究领域始终占据着制高点，领先同行推出首台满足国一至国六排放法规的发动机，引领了发动机行业的绿色革命。

产业链精准招商有序推进，产业集聚效应日益凸显。广西百色工业园区有色金属（铝）产业示范基地组织开展铝产业（新制造）、新材料产业专题大招商，实施精准招商，推动一批铝产业延链补链招商项目落地百色。先后建成投产平果巨昌铝业公司年产50万平方米铝单板幕墙、广西卓强投资有限公司年产20万平方米铝合金建筑模板、彩虹铝业公司年产10万吨大截面铝合金型材及高精度铝合金棒材等项目。百矿润泰公司年产50万吨高性能铝板带箔2020年已投产，吉利百矿1000万只铝轮毂、80万吨铝板带箔项目已举行开工仪式，正在加快建设，一大批补齐铝精深加工项目链条项目正在加快推进。示范基地已形成的铝材加工产能约为320万吨。

重大项目陆续落地，工业高质量发展基础不断夯实。广西百色工业园区有色金属（铝）产业示范基地的煤电铝一体化项目建设加快推进。通过建立完善市县两级联动推进重大项目建设工作机制，推进天桂铝业、百矿铝业二期等重大项目竣工投产。已建成电解铝年产能186.8万吨，在建电解铝年产能47.5万吨，2020年已全部实现竣工投产。广西柳州柳南区装备制造（工程机械）产业示范基地扎实推进“项目建设提速年”工作，建立了支撑工业高质量发展的动态项目库，全面推进产业项目建设27个，全年新开工项目12个、续建项目6个、竣工项目9个。广西桂林电子信息产业示范基地完成数据中心建设。桂林华为云计算数据中心一期工程已完成建设，1000个机柜投入使用，开始逐步构建云计算、大数据、存储备份、技术开发、业务运用等产业生态，并引入了中软国际“云上软件园”等软件平台，合作完成了华为信息产业联合创新中心创建工作，为人工智能创新中心、软件服务中心、鲲鹏联合创新中心的建设打下了坚实的基础。云计算数据中心二期工程已动工，预计再安装 6000 个机柜。

（三）重庆

1. 总体发展情况

2019 年，重庆市坚持把国家新型工业化产业示范基地建设作为推进新时期工业园区高质量发展的重要抓手，加大力度培育发展特色产业，着力构建产业集群，实施创新驱动战略，注重提升质量效益，加强绿色安全监管，深化两化融合发展，营造优良发展环境，有效发挥了示范基地的引领带动作用。目前重庆市分 9 批次、获批 13 家国家新型工业化产业示范基地。2019 年，全市国家新型工业化产业示范基地实现销售收入达 10 281.1 亿元，主导产业销售收入 5891.3 亿元，占基地总销售收入的 57.3%；实现工业总产值 9338.56 亿元，其中主导产业总产值达 5474.75 亿元；拥有公共服务平台 159 个，国家级公共服务平台 42 个。

2. 典型做法和经验

秉承绿色发展理念，实现集约安全生产。始终把绿色集约安全发展作为推动示范基地高质量发展的主要目标，引导盘活存量用地，提高土地利用效率，加强节能改造，发展循环经济，强化环保安全监管，建设绿色集约安全发展的示范区和引领区，可持续发展能力不断提升。2019 年，全市累计建成国家级和市级绿色工厂 72 家、绿色园区 5 个。各基地全年均未发生较大以上安全生产事故，未发生Ⅰ级至Ⅳ级环境事件。其中，重庆西彭工业园区有色金属（铝）产业示范基地致力于工艺优化及产能瓶颈破除，多领域节能降耗，实现产能最优化：一是优化 7075 等合金均热制度，对均热保温时间进行缩减，效率提升了 15%～30%；二是采用包铝产品直轧工艺，减少了一次加热和轧制，将包铝产品生产周期缩短了 1 周以上；三是实现挤压机主机速度增效，在 2018 年提高了 65%的基础上再提高了 20%，由最开始的每秒 1.8 毫米提高到现在的每秒 3.6 毫米，实现了挤压速度翻一番，挤压净产出突破 1400 吨/月大关，保持了行业领先水平，打出了节能降耗、绿色发展的基地样板。

推动两化融合发展，提高信息化应用水平。始终把两化深度融合作为推动示范基地高质量发展的关键环节，发挥信息化对示范产业发展的倍增作用，不断提升示范基地信息化、智能化应用程度。2019年，全市实施1280个智能改造项目，认定115个数字化车间和25个智能工厂；出台5G行动计划，建成5G基站1万余个；智慧园区公共服务平台上线，48个工业园区全面启动智慧园区建设。13家示范基地的宽带接入企业和光纤入户企业达到3万余家，应用数字化研发设计工具的规模以上企业1660家，规模以上工业企业关键工序数控化率达到79%以上，两化融合贯标企业118家，有效推进制造业与互联网融合发展、工业互联网发展。

做强平台建设工作，提升公共服务水平。始终把公共服务平台建设作为示范基地高质量发展的重要支撑，通过搭建技术创新、研发设计、检验检测、技术服务等公共服务平台，完善企业入园发展的产业承载能力和公共服务功能。2019年底，13家示范基地拥有公共服务平台159个，国家级公共服务平台42个，所在地政府每年安排专项资金49.92亿元，服务基地产业发展。其中，重庆璧山工业园高技术转化应用产业示范基地创新成立重庆高新技术产业研究院、重庆军民融合协同创新研究院、康佳光电技术研究院等25个专业研究院，为高新企业发展提供强有力的平台支持；开放现有的红宇、青山等国家级检验检测实验室，打造检验检测共享服务平台，为中小企业提供检验检测技术服务。

3. 发展成效

产业集聚发挥示范效应。始终把产业集群发展作为推动示范基地高质量发展的重要抓手，坚持以示范产业为龙头，以打造产业生态为目标，不断完善产业链条，产业发展集聚示范效应不断凸显。重庆南岸区电子信息（物联网）产业示范基地依托现有平台集聚了物联网、大数据运营平台及相关企业300多家，覆盖物联网芯片、传感器、通信模组、终端产品、专网运营、软件研发、系统集成、平台运营、数据挖掘等产业链环节，产业实现销售收入686.61亿元，同比增长8.5%，持续保持西部地区第一，其物联网示范应用涵盖了RFID智能交通监控管理和服务系统、远程医疗示范应用、城市地下管网检测预警管理系统、森林防火预警监控管理系统和煤炭安全监测监控平台等 50 多项应用成果，在应用种类、应用规模、覆盖行业等指标上位居全国前列。

招商引资增强发展后劲。始终把补链延链强链作为推动示范基地高质量发展的重要手段，聚力聚焦国内外产业发展动向，立足产业发展基础，强力推进产业链招商，让老树开新花，不断延伸高附加值产业链。其中，重庆长寿经济技术开发区化工产业示范基地成功培育和引进川维化工有限公司投资 17 亿元建设 1800 万平方米/年 PVA（聚乙烯醇）光学膜、4.8 万吨/年 EVOH（乙烯—乙烯醇共聚物）树脂及高阻隔膜和 6 万吨/年 VAE 升级改造项目，美国欧文斯康宁投资 9 亿元建设高模量复合材料项目，复星医药投资 9.37 亿元、福安药业投资 15 亿元分别建设国际化原料药及制剂研发产业基地项目，推动基地综合化工向下游高附加值产业链延伸，实现传统产业“二次创业”。目前，该基地已累计引进德国巴斯夫、英国 BP、中石化集团、LG 化学、云天化、化医集团等 552 家企业，其中世界 500 强企业 23 家、上市公司 55 家、外资企业 54 家，持续不断为基地创新发展提供新动能。

创新驱动提高核心竞争力。始终把创新水平提升作为推动示范基地高质量发展的重要支撑。2019 年，全市 2135 家企业建立研发准备金 440 亿元，同比增长 16.7%。英特尔 FPGA 等高端研究机构纷纷落户重庆，建成集成电路特色工艺及封装测试和工业大数据市级制造业创新中心 2 家，建成投用国内首个 5G 自动驾驶服务平台；国家级工业设计中心累计达 6 家，数量居中西部地区前列；国家级单项冠军产品累计达 4 种，为全市各个产业示范基地发展提供强大动力。其中，两江新区（原北部新区）汽车产业示范基地不断提升本地研发能力，于 2019 年集中建成投用中西部首座汽车风洞、长安汽车全球研发中心、大陆集团研发中心、康明斯技术中心等 5 家研发机构，中国汽研碰撞安全试验室成为中国首家欧盟认可的联合实验室，两江新区成为全国智能汽车与智慧交通应用试点示范。2019 年两江新区完成汽车产量 86.5 万辆（直管区 61.7 万辆），产值 1465 亿元（直管区 1116 亿元），产量和产值规模占全市的 60%以上。目前，两江新区正代表重庆市全力争创国家级车联网先导区，力争在车路协同标准制定和车联网产业发展上走在前列。

（四）四川

1. 总体发展情况

截至 2019 年底，四川省已获批国家新型工业化产业示范基地 23 家，实现销售收入 2.86 万亿元，其中主导产业销售收入达 1.55 万亿元，同比增长 10.9%；实现工业总产值 2.01 万亿元，工业增加值达 6030 亿元。基地内现有规模以上企业 10 859 家，其中规模以上工业企业 4598 家。全年实现利润 2075 亿元，占全省的 71.5%。从地区分布来看，23 家国家级示范基地在 13 个市辖区落地，分布率达 62%。

2. 典型做法和经验

抓规划引领，促进基地布局优化。积极落实省委、省政府“一干多支、五区协同”的部署，持续优化区域产业布局。区域协同发展扎实推进，支持市（州）间产业联动协作，优化政策、资金、要素等资源配置，推动区域板块实力整体跃升。成都与德阳、绵阳、乐山等 11 个市（州）建立产业协作推进机制。推进产业园区提档升级，深入实施产业园区创新改革发展规划，截至 2019 年底，19 个市州出台了配套规划（方案）或实施意见，初步形成了全省合力推进园区创新改革发展的格局，工业在园区的集中度达到 70%以上。

抓重点园区，推动特色产业集聚集群发展。扎实推动先进制造强省建设，围绕“5+1”现代产业体系以及 16 个重点领域，加快园区向特色化、专业化转型提质，谋划出台《四川省“5+1”重点特色园区培育发展三年行动计划（2021—2023 年）》。制定《关于实施“亩均论英雄”改革　开展园区及工业企业评价工作的通知》，建立以提质增效为核心的资源利用效率评价制度，提高单位产出效益。推进新型工业化产业示范基地建设成为提升自主创新能力的战略高地、发展战略性新兴产业的核心载体、转变发展方式和调整经济结构的动力平台、实现推进制造业高质量发展的先行区域。

抓环境建设，提升基地公共服务水平。始终把公共服务平台建设作为推进产业园区和新型工业化示范基地建设的重要抓手，优化发展环境，提升服务效能。落实国家“振芯铸魂”、重大短板装备、关键新材料等补短板工程，实施支持企业创新主体培育政策，推进重点企业研发活动全覆盖，新组建工业云制造、工业信息安全等省级制造业创新中心和 1178 家省级以上企业技术中心。推进互联网+中小微企业公共服务平台建设，省级以上小微企业创新创业示范基地达 136 家。组织“服务型制造进园区（企业）”主题活动，举办天府宝岛工业设计大赛，工业电子商务加快发展，生产性服务业功能示范区达 34 个，新增国家级工业设计中心 4 家。

抓两化融合，推动基地数字化建设。实施推进数字经济发展的指导意见，获批国家数字经济创新发展试验区。举办世界工业互联网大会、中国信息通信大会，“云锦天府”数字化产业城等一批新型基础设施项目加快建设。大力推进产业数字化转型，部分领域牵头制定国家智能制造关键技术标准。出台“互联网+先进制造业”发展工业互联网的实施意见，两化融合发展水平位列全国第一梯队。工业互联网平台加快培育，“企业上云”累计达 5 万余家，政务服务、健康养老、教育、医疗、交通、文旅等领域涌现出了一大批智慧应用形态。

抓区域合作，发挥共建园区辐射带动作用。抓住国家“一带一路”、长江经济带、自由贸易区设立、东西部扶贫协作产业转移及成渝地区双城经济圈建设战略部署等机遇，推动园区间合作共建。泸州高新区等 9 个园区确定为泛珠三角区域九省（区）工业和信息化合作创新发展示范试点园区。首个川桂“两地双园”产业合作示范园挂牌，两省区间陆海通道产业支撑合作取得积极进展。川粤、川黔、川渝、川滇等区域合作进一步深化。形成了以四川邻水经济开发区产业转移合作产业示范基地、四川南部经济开发区产业转移合作产业示范基地为代表的川渝合作、东西部协作示范基地。

3. 发展成效

规模效益显著提升。以基地为核心的园区主导产业发展较快，特色更加鲜明、突出，大项目、大企业集聚度较高。四川绵阳科技城高技术转化应用产业示范基地 2019 年度销售收入达 2683 亿元、同比增长 9.2%，工业总产值达 2326 亿元、同比增长 10.6%。成都高新技术产业开发区聚焦电子信息 2019 年规模以上工业企业实现产值 3361.2 亿元、同比增长 11.7%，实现工业增加值 770.04 亿元、同比增长 9.06%。

品牌培育多向突破。四川宜宾食品（国优名酒）产业示范基地的“浓香型白酒单粮与多粮固态发酵酒醅微生物结构和代谢特征解析”项目技术，经认证已达到国际领先水平，其主导产业品牌在“2020年品牌价值全球500强”榜单中入围百强。成都新都工业园装备制造（航空动力与轨道交通）产业示范基地依托西南交通大学轨道交通质量认证中心成功获得中国合格评定国家认可委员会（CNAS）认证，将逐步实现“成都标准”全球互认。

绿色发展质量提升。全省示范基地的平均单位增加值能耗为0.69吨标准煤/万元，同比下降4.12%，平均单位工业增加值用水量同比下降5.65%，平均工业固体废弃物综合利用率达92.3%，同比增长2.29%，基地企业实施清洁生产审核比率逐步提升。深入推进“十大节能工程”建设，持续落实资源综合利用，大力发展循环经济。工业“三废”排放达标情况良好。四川攀枝花市钢铁（钒钛）产业示范基地提高转炉提钒回收率、钒资源全工艺流程回收率，钒产品开发技术达到世界领先水平，在全球钒产品生产中具有成本比较优势，进一步提高了企业经济效益。

融合水平大幅提升。示范基地光纤入户企业数达到11.5万家，同比增长54.67%，应用数字化研发设计工具的规模以上企业数达3061家，同比增长24.5%；规模以上工业企业关键工序数控化率均值为62%，两化融合贯标企业数达167家，纳入智能制造试点示范企业数达44家，同比增长62.96%，基地智能化、智慧化融合建设稳步提升。成都新都工业园装备制造（航空动力与轨道交通）产业示范基地按照“数字化、柔性化”的现代航空产业生产线理念，全面提升数字化生产水平，90%的高端机床设备采用数字化理念搭建，与成飞共有云平台有效衔接，实现研发、生产、监测等数据的实时采集和高效反馈。

营商环境持续优化。成都经济技术开发区汽车产业示范基地加快推进国际化营商环境建设，抓实推进企业“承诺制”“一网一门一次”改革，开展“送服务、帮企业”活动，落实减税降费31亿元，民营经济对经济增长贡献率达37.3%，荣获“国际营商环境建设十佳产业园区”、国家外贸转型升级基地，吸引利用外资考核位列国家级经开区第9名。成都青白江区绿色建材产业示范基地设立中小企业信用担保平台，建立银政企担信息沟通机制，拓宽企业融资渠道，截至2019年底，中小企业信用担保平台累计融资 400 亿元，切实减轻了中小企业的融资压力。

（五）贵州

1. 总体发展情况

截至 2019 年底，贵州省共成功创建国家新型工业化产业示范基地 14 家。各示范基地在产业升级、两化融合、技术改造、自主创新、节能减排和区域品牌等方面都走在全省乃至全国前列，在各领域都起到了良好的示范带动作用。

2. 典型做法和经验

科学规划引领，推动转型跨越发展。为实现工业园区健康、持续、稳定发展，贵州省人民政府出台了《关于推进工业园区健康发展的指导意见》（以下简称《指导意见》），推动园区规划布局、产业发展、基础设施建设和管理服务提档升级，以“转型促升级、整合增动力、调整提质量”为目标，因地制宜、实事求是、“一园一策”推进全省园区实现高质量发展。贵州省第三批示范基地贵阳高新技术产业开发区新材料产业示范基地经过多年发展，主导产业发生变化，2019 年重新申报并被获批为贵阳高新技术产业开发区大数据产业示范基地。

开展园区考评，助推园区做大做强。为贯彻落实《指导意见》精神，贵州省工业和信息化厅配套出台了《推进产业园区工业高质量发展综合考评办法》，结合各产业园区目标完成和工作落实情况，委托第三方机构开展全省产业园区年度综合考评和单项工作考评。根据考评结果，2019 年、2020 年共支持园区 3.29 亿元，强化政策和资金支持，充分调动示范基地的发展积极性，引导园区加快转型升级、改革创新、提质增效，推动园区做大做强。召开了 2019 年全省工业园区发展现场推进会，通报年度考评结果，宣传推广工作成效较为突出的园区建设发展成功经验，发挥示范基地的引领带动作用。

扎实推进环保督查整改工作，引导园区绿色发展。一方面，贵州省工业和信息化厅持续调度涉及园区的中央巡视环保整改有关工作情况，跟踪园区集中式污水处理设施、管网建设完善及运行情况，深入各地各园区开展现场督查，协调解决有关问题，督促各地各园区不折不扣地落实整改责任，指导有序推进整改工作。另一方面，牵头会同省生态环境厅、省商务厅、省科技厅，根据中央环保督查指出的问题制定整改方案，不定期开展产业园区环保专项督查，推动园区污水整治工作，加强监督管理。截至2020年底，贵州省共创建了6个国家级绿色园区，其中贵阳高新技术产业开发区大数据产业示范基地、贵阳经济技术开发区高技术转化应用产业示范基地为国家级示范基地。示范基地坚持“生态优先、绿色发展”，全力打造高效、清洁、低碳、循环的贵州绿色制造体系。

精准定位调研，引领园区外出招商。进一步优化园区规划布局，推动错位发展，突出工业园区的产业和功能定位，指导基地和企业分类、分层、分批开展各类招商专项对接活动，加快强链、补链、延链、增链。一是组织国家级示范基地赴江苏、浙江考察学习，借鉴先进园区管理模式，学习调研公共服务平台搭建、智慧园区建设和强化招商引资条件等方面的经验；二是组织部分示范基地赴广州参加贵州省工业和信息化厅主办的“2019贵州·广州对口帮扶招商对接会”，加强与广州企业的联系，推进两地交流合作；三是组织先进装备制造业招商分队赴重庆、成都等地开展招商对接，主动融入成渝经济圈，扩大与重庆市和四川省的对外开放交流合作，推动区域合作发展。

3. 发展成效

大数据产业不断壮大，两化融合持续深入。示范基地以国家大数据综合试验区和“数字贵州”建设为契机，以应用为核心，以融合发展为导向，将大数据产业作为战略性支撑产业，推动以大数据为代表的新一代信息技术与实体经济创新融合，持续改造提升传统产业，不断培育壮大新业态。贵阳高新技术产业开发区大数据产业示范基地紧紧围绕“一品一业、百业富贵”的发展愿景，大力发展小型、中型、大规模IC设计、封装和测试，带动键合线、塑封料、靶材等半导体材料、设备制造，推动电子元器件、显示触屏等电子产品制造。深入推进实体经济高质量发展，发布了全国首个5G实验网综合应用示范项目，带动191家企业开展大数据与实体经济深度融合。

坚持产学研合作发展，科技成果转换率不断提升。示范基地始终坚持科技创新，强化高技术转化应用，重视科技人才引进和培养，大力培育科技型企业，搭建创新平台，推动产学研合作。贵阳经济技术开发区高技术转化应用产业示范基地紧紧围绕“4+1”主导产业，以实体经济为基础，以创新驱动为引领，以目标任务为抓手，扎实推进科技创新工作，重点围绕提升创新发展平台、促进科技成果转化、提高产业质量等方面实现新突破。通过政策引导，不断加大创新平台、创业平台建设，加大高层次人才及科技团队引进工作，积极推进产学研合作。2019 年，新增高新技术企业 30 家，累计达到 95 家，总量同比增幅达 28.37%；新增 1 家省级研发中心，累计达到 59 家；2019 年 1～10 月专利申请量 1149 件，同比增长 24.22%，其中发明专利 411 件；专利授权量 556 件，同比增长 1.09%。

自主创新能力持续提升，质量品牌建设成效显著。示范基地扎实推进创新驱动发展战略，以“千企改造”工程为主要抓手，以提高自主创新能力、加强质量品牌建设为目标，促进园区各主导产业提质增效、转型升级。贵州福泉市化工（磷化工）产业示范基地依托国家、省级 12 个技术研发平台及科技服务平台，研发磷及磷化工循环产业 30 余项核心技术，多项技术创新成果处于国际领先水平。截至 2019 年底，基地内累计拥有专利授权 579 件，其中发明专利授权累计 155 件。2019 年度发明专利授权 58 件，万人发明专利授权量达 0.27 件，财政支出中科技支出占公共财政支出的比重为 3.16%，在黔南布依族苗族自治州 12 个县市中均排第一，自主创新能力持续提升。截至 2019 年底，基地内拥有注册商标 430 余件，其中：中国驰名商标 2 件，贵州省著名商标 7 件，贵州省名牌产品 14 个。

坚持生态优先、绿色发展，生态文明建设持续向好。示范基地认真学习贯彻落实习近平生态文明思想，始终坚持生态优先、绿色发展的理念，坚守发展和生态两条底线，加强环境保护、污水整治，进一步巩固生态文明建设成果。贵州仁怀食品（国优名酒）产业示范基地先后印发工作方案对 2019 年水污染防治、土壤污染防治、大气污染防治工作做出安排部署，明确了部门责任；开展石坝河流域等赤水河主要支流的白酒企业排污专项整治，有效遏制白酒企业的违法排污行为；推进白酒企业连片治理工作，对苍龙等四座已建成白酒企业连片治理污水处理厂，委托多家第三方进行调试，形成竞争模式；扎实推进废弃矿井治理，对流入茅台镇区的桂花煤矿、富强煤矿废水进行有效处理，全力推进水污染防治攻坚行动、土壤污染防治攻坚行动、大气污染防治攻坚行动。

（六）云南

1. 总体发展情况

2019年，云南省将国家新型工业化产业示范基地创建培育和省级新型工业化产业示范基地提质发展，作为推动云南省工业跨越发展的重要抓手和转变发展方式的重要举措，积极调整产业布局，持续优化产业结构，深入推进新材料、先进装备制造、生物医药、信息产业等重点产业高质量发展，不断壮大国家级示范基地的主导产业规模，推动产业集群融通、协同、联动发展。截至2019年底，云南省9家国家级示范基地实现工业总产值4569.9亿元，工业增加值1264.38亿元，其中主导产业总产值2634.8亿元；研发经费投入104.87亿元，有效发明专利数2636件；主导产业国家级研发机构36个，省级研发机构129个。国家级示范基地的总体发展水平、经济效益和科技创新能力进一步提升，示范效应进一步扩大，工业经济支撑作用进一步凸显，为云南省加快构建现代化产业体系提供了重要支撑。

2. 典型做法和经验

优化提升工业园区。作为新型工业化产业示范基地主要载体的工业园区已经成为云南省工业和信息化发展的主阵地、产业集聚发展的主平台、转型升级的主战场。2019年，云南省以改革创新为动力，全面深化工业园区体制机制改革和政策制度创新，推动园区优化提升和高质量发展。一是优化产业园区布局，实施园区优化整合，创新园区开发模式，合理确定园区建设规模；二是加快园区转型升级，积极壮大园区主导产业，加快推进园区创新发展，大力提升园区的产业承载能力，努力推动园区绿色低碳发展；三是提升园区要素保障，优先保障园区土地供应，优化园区土地开发利用，加大园区产业发展支持力度；四是加快园区体制机制创新，健全园区运行管理体制，加快园区投融资机制创新，强化环境、资源、安全监督管理。为进一步优化提升全省各类开发区，2020年4月20日，云南省委、省政府印发了《云南省各类开发区优化提升总体方案》（云发〔2020〕287号），将原全省131个工业园区优化整合为53个（含国家级经开区5个、高新区3个，省级工业园区45个）。

注重产业集聚化发展。省级基地作为云南省园区经济发展的核心区域，是推进全省产业集聚、集群、集约、创新、绿色发展的领跑者，是全省产业转型升级的动力源。云南省在加快做大经济规模的同时，也更加注重产业结构的优化和升级。2019 年，对原有 31 家省级基地进行了重新申报和复核认定，并公布授牌了云南省第一批 21 家省级基地。进一步强化省级基地管理、突出省级基地在该产业细分领域的全省“示范性”、更好发挥模范带动作用，助推全省产业集群集聚化发展，逐步建立产业链条完整、产业组织结构合理、各环节协同发展的产业生态体系。

加大资金支持力度。逐步转变以往支持单个项目的资金扶持模式，更加注重产业链水平提升、产业集群培育的扶持。2019 年，对 36 家工业园区 42 个项目给予 19 500 万元资金支持，其中涵盖了园区基础设施、污水处理及标准厂房建设等。对第一批 21 家省级基地按 100 万元/家标准，给予共计 2100 万元的资金奖补，同时对 3 家申报创建第九批国家级示范基地的省级基地给予申报创建经费 240 万元，对 4 家后续培育国家级示范基地给予 200 万元资金扶持。

3. 发展成效

国家级示范基地规模不断扩大。及时组织开展国家级示范基地申报工作，推荐 3 家省级基地申报 2019 年国家级示范基地，其中“昆明高新技术产业开发区生物医药产业示范基地”“云南富源工业园区有色金属（铝加工）产业示范基地”两家省级基地成功创建为第九批国家级示范基地。截至 2020 年 4 月，云南省国家级示范基地达到 9 家，其中昆明 4 家、曲靖 2 家、玉溪 1 家、红河 1 家、大理 1 家，涵盖了生物医药、稀贵金属新材料、有色金属加工、化工、高技术转化应用及循环经济等多个领域。

节能环保成效持续向好。2019 年在资源节约利用、节能降耗、节水节地、减排减污、环境友好等方面取得实质性进展。国家级示范基地均建立了循环经济发展工作体系和运行机制，国家级示范基地重点用能企业完成节能目标企业占比达 100%，未发生过Ⅰ、Ⅱ、Ⅲ、Ⅳ级突发环境污染事件。

两化融合水平不断提升。国家级示范基地建立了较为完善的通信网络，建成了集基础设施服务、集成平台服务、应用软件服务于一体的工业云平台。国家级示范基地内规模以上企业普遍实现了办公管理、财务管理信息化，骨干企业普遍建立了智能制造系统，云南植物药业、龙津药业、昆药集团、昊邦药业等多家领军企业被认定为智能制造、服务型制造示范单位。

公共服务体系不断完善。昆明、玉溪等地的国家级示范基地建立了产业发展促进会，形成了由重点企业主导、中小企业广泛参与、高校及科研院所提供技术支撑、服务机构提供公共服务、投融资机构提供金融支持的产业合作框架。国家级示范基地建立有公共服务窗口平台，形成了集“创业辅导、创新支持、科技研发服务、专业技术服务”等功能于一体的创新创业公共服务体系。

（七）西藏

1. 总体发展情况

近年来，西藏自治区党委、政府高度重视产业园区建设，各地市积极推进产业集聚发展。截至2019年底，西藏自治区共有国家级示范基地1家，即拉萨经济技术开发区高原绿色食品产业示范基地，示范基地建设发展初见成效。2019年实现销售收入452.31亿元，工业总产值27.48亿元，主导产业总产值19.12亿元。

2. 典型做法和经验

出台管理办法，做实制度保障。2019年出台发布了《西藏自治区工业园区管理暂行办法（试行）》，规范工业园区设立、扩区和升级管理；完善工业园区认定标准、审批程序和公告制度；明确工业园区各级组织部门职责；强化工业园区环境、资源、安全监督和管理——为工业园区规范、科学发展提供制度保障。

加强规划设计，优化谋篇布局。组织编制《西藏自治区“十四五”工业高质量发展规划》《西藏自治区国家级有色金属产业基地发展规划》及《西藏自治区高原生物产业聂当、森布日“一区两园”产业发展规划》等；指导《藏青工业园区总体规划》修编工作。

优化产业布局，推进集聚发展。以园区为载体，持续优化产业布局，突出园区产业集聚特色和差异化发展。明确拉萨经开区重点发展绿色健康产业、藏药和生物医药产业及现代物流业，藏青工业园区重点发展绿色矿产资源精深加工、清洁能源装备制造，聂当、森布日“一区两园”高原生物产业园区重点发展农畜产品加工业、民族手工业、藏药业等高原生物产业，达孜工业园区重点发展净土健康产业、民族手工业、清洁能源，综合保税区重点发展出口加工业，拉萨高新园区重点开展工业研发。

深化审批改革，激发园区活力。加快园区发展的体制机制创新，取消开发区内企业投资经营预审环节，直接向审批部门申报。对于具有公共属性的审批事项，由区内企业分别申报调整为以开发区为单位进行整体申报或转报。精简投资项目准入手续，下放自治区、市级经济管理审批权限，实施先建后验管理新模式。深化投资项目审批全流程改革，推行容缺审批、告知承诺制等管理方式。

3. 发展成效

产业园区服务功能不断完善。成功建设“互联网+政务服务”平台，开通运行 OA 系统和网上办事大厅，形成“一个中心、三个平台、一个门户”的政务服务格局，实现政企、政民的良性互动。深化“多证合一”制度改革，持续推进商事制度改革，做到应减尽减、应放尽放、应快尽快，形成高效的服务环境。

产业园区服务质量不断提升。全面落实国务院 6 项减免税收政策，全面推行“营改增”工作，做到纳税征管与优质服务有机统一，受到了市场的高度赞誉。特别是在窗口服务工作中，“资料齐全当场办、资料不齐区别办、紧急项目加班办、重点项目指导办、特殊项目灵活办”，赢得了园区企业和广大群众的一致好评。

（八）陕西

1. 总体发展情况

截至 2019 年底，陕西省共有国家新型工业化产业示范基地 14 家，其中，五星级基地 1 家，四星级基地 10 家，三星级基地 3 家，涉及软件和电子信息、装备制造、汽车、有色金属、能源化工、食品深加工六大产业。2019 年，国家级示范基地已开发建设面积 4.5 万公顷，完成工业总产值 11 013.58 亿元，工业增加值 3304.72 亿元，税金总额 770.51 亿元；吸纳就业 205.9 万人。示范基地的发展规模和水平居全省同行业前列，在引领和带动全省工业发展上发挥了重要的支撑作用。

2. 典型做法和经验

坚持规划引领，促进产业集聚集群化发展。围绕汽车、新一代信息技术、现代化工、航空航天与高端装备制造、新材料和生物医药六大支柱产业，坚持高质量规划引领，突出特色主导产业，进一步优化空间布局，科学定位基地发展，积极引导龙头企业、重大项目向基地集中，形成了产业集聚和企业集群。陕西安康高新技术产业开发区富硒食品产业示范基地完善了“总规+控规+城市设计+土地利用规划”等多规融合体系，加快推进了富硒食品产业由农产品初级加工向高新技术深加工转型升级。西安高级技术产业开发区电子信息产业示范基地结合创新驱动、制造强国、网络强国、“互联网+”、硬科技等重大战略部署和高新区发展实际，编制了西安高新技术产业开发区电子信息产业集群发展行动方案，着力推动电子信息产业集群发展，打造全球知名电子信息产业创新高地。

增强创新驱动能力，促进示范基地实现创新发展。加强各示范基地创新体系建设，全方位推动产业创新、平台创新、科技创新、人才创新等，大力推动以企业为主体的产学研用深度合作，强化自主创新能力提升。陕西蔡家坡经济技术开发区汽车产业（专用车及零部件）产业示范基地围绕汽车及零部件主导产业发展，促进区内企业与高校院所、科研机构建立产学研合作基地，联合共建创新实验室，推进产业协同创新。陕西安康高新技术产业开发区富硒食品产业示范基地协助企业与 31 家高等院校、科研院所合作共建专家工作站，先后建成 10 个“国字号”科研平台、5 家院士工作站和一批省级重点研究机构，精准指导企业有效转化 1400 余项科技成果，搭建了创新创业的大阵地、大平台。陕西汉中航空产业园先后与西北工业大学、中航工业陕西飞机工业（集团）有限公司、汉中市政府合作成立了航空产业研究院，围绕航空产业发展开展交流合作，促进“产学研”一体化平台建设。

推进工业用地节约集约利用，提高资源利用效率。2019 年，全省示范基地土地平均投资强度为 1057.4 万元/公顷，单位土地平均工业总产值达到 2712.84 万元/公顷。示范基地坚持“优增量、促存量、提质量”的土地利用工作方针，推进工业用地节约集约利用。一是通过严把项目准入关，用好增量土地。二是加快盘活存量土地，提高土地利用率。三是充分发挥规模优势和聚集优势，有效促进土地、能源、劳动力等要素的集约、节约、高效利用。四是注重工业的低碳绿色发展，加大节能降耗、减排治污工作力度，平均能耗指标不断降低。安康高新区全面推行“轻资产入驻”招商模式，加速推进战略性新兴厂房、功能用房及附属设施建设，富硒食品产业园、生物医药产业园、智能终端电子信息产业园、小巨人产业园等 100 余万平方米的标准化厂房及配套用房建成投入使用。陕西榆林榆神工业区将工业用地分为三类，价格分别为 7 万元、8 万元、9 万元，对于投资强度大、项目带动性强、技术含量高的项目，园区采用一事一议的方式给予奖励。

加快配套功能建设，提升示范基地投资环境。在生产性服务业、两化融合、产业融合、产城融合、人才建设等方面，进一步完善园区配套功能，深化放管服改革，营造良好的投资环境。西安兵器工业科技产业基地设立了军工资质受理窗口，破解军工资质办理过程中存在的流程衔接不畅、审批程序烦琐、审批周期长、准入门槛高等问题。西安经开区陕汽集团积极推进制造与服务融合发展，开展了融资租赁、经营性租赁、商业保理等一系列增值服务业务，打造了国内最大的商用车全生命周期服务平台，带动了商用汽车行业由制造型向服务型制造的转变。渭南高新区与中信等商业银行建立担保互信机制，为企业引入担保扶持资金扶持企业创新发展。同时用好陕西省 3D 打印创业投资基金，积极筹划设立渭南 3D 打印天使基金。

3. 发展成效

科技水平和创新能力不断增强，成为产业创新的重要策源地。全省示范基地把创新放在核心位置，创新投入力度不断加大，创新产出水平明显提升。2019 年，陕西省新型工业化产业示范基地的研发经费投入为 1025.53 亿元，研发人员达 51.91 万人，占 2019 年从业人员的 25.2%。在创新投入不断加大和创新平台持续完善的作用下，2019 年示范基地规模以上企业有效发明专利数量达到 10 004 件，示范基地主导产业国家级研发机构数量达到 109 个，主/参编国家标准 564 个、主/参编国际标准 30 个。示范基地充分发挥创新资源聚集、产业配套体系完善的优势，在加快产业创新方面发挥了重要作用，策源地功能日益显现。

领军企业发展壮大，产业链协同配套取得新进展。基地内聚集了一批行业领军企业，在行业发展中的龙头地位进一步凸显，提升了示范基地的竞争优势和影响力。2019 年示范基地上市挂牌企业数达 336 家，规模以上工业企业达到 2285 家。2019 年西安软件园紧盯行业龙头企业，特别是世界 500 强企业和国内软件百强企业，引进了世界 500 强 1 家，制造业 500 强、服务业 500 强、软件百强 5 家，人工智能、无人机、机器人 2 家，高端制造 1 家，互联网百强 7 家，独角兽百强 3 家，云计算百强 2 家，电子竞技 4 家。

公共服务平台建设取得明显进展，公共服务体系日趋完善。2019 年示范基地建成各类公共服务平台 429 个，其中国家级公共服务平台 81 个。公共服务平台在推动企业健康成长、提升产业创新能力、培育发展战略性新兴产业、树立和提升区域产业品牌等方面发挥了重要作用，已经成为产业高质量发展的支撑。西安高新技术开发区积极培育引进知识产权运营机构 20 家，培育知识产权示范、优势企业 118 家，为园区内的中小微企业提供知识产权管理、知识产权运营、知识产权转移转化、知识产权金融服务等一系列服务。

（九）甘肃

1. 总体发展情况

截至 2019 年底，甘肃省已创建 7 家国家新型工业化产业示范基地。各示范基地主动适应经济发展新常态，围绕创新驱动和提质增效，着力推进供给侧结构性改革，加快改造提升传统产业、培育壮大新兴产业，加快新旧动能转换，促进企业转型升级，持续提升示范基地的经济发展质量和效益。2019 年，全省国家级示范基地完成销售收入 6586.02 亿元，其中主导产业销售收入达 4919.41 亿元；完成工业增加值 871.41 亿元。

2. 典型做法和经验

持续推进体制机制改革，提升发展活力。进一步理顺示范基地管理体制和运行机制，破解制约全省示范基地发展的制度性障碍，为推动全省示范基地加快发展提供体制动力和保障。兰州高新技术产业开发区生物医药产业示范基地实现投资项目在线审批平台，投资项目从立项、建设到竣工全流程“一网办”，投资项目在线办结率达 100%。全面推行“多证合一”“证照分离”改革；全面开展减税降费工作，落实六大类 121 项“最多跑一次”清单；深入推进工程建设项目审批制度改革，对项目审批实行“多评合一”“多审合一”和“多验合一”。甘肃嘉峪关工业园区钢铁（特种钢材）产业示范基地制定了高效服务管理包抓产业组团清单、工业园区项目跟踪服务管理办法等一系列措施，不断创新工作机制，实现企业服务网格化管理，积极推进区域化评估。甘肃兰州新区大数据产业示范基地为入驻的大数据产业企业提供持续性、普惠制、全方位的产业发展扶持奖励政策。

增强创新能力，提升核心竞争力。围绕示范基地主导产业链关键技术研发，搭建创新平台，完善研政产合作机制，加快建立以企业为主体的技术创新体系，完善有利于技术创新与产品开发的新机制。一是通过服务平台建设支持科技创新。兰州经济技术开发区高技术转化应用产业示范基地有省级以上研发机构 156 家，形成了全方位多层次的研发服务体系。二是通过政策引导支持科技创新。甘肃嘉峪关工业园区钢铁（特种钢材）产业示范基地先后出台了《深入推进大众创业万众创新实施方案》《推动科技创新促进科技成果转化若干措施》等一系列政策，建立了科技公共服务平台，整合资源，优化服务方式，为园区创新创业发展注入新鲜动力。三是通过持续深化产学研支持科技创新。兰州高新技术产业开发区生物医药产业示范基地充分发挥兰州市科研院所集中、科技人才集聚的优势，协同各类资源，加快创新发展，依托王珠银研发团队新成立了肽谷研究院有限公司，依托孙辉博士组建了兰州华帜天成生物科技有限公司。四是通过科技孵化支持科技创新。甘肃金昌经济技术开发区金属新材料产业示范基地建成省级科技孵化器 1 个，入孵企业达到 95 家，并与甘肃科投公司、西安蒜泥众创空间公司达成合作意向，建设创新创业示范园（加速器）。五是通过引进创新人才支持科技创新。甘肃白银高新技术产业园区新材料产业示范基地每年预算 500 万元人才工作资金，专项用于“十百千万”人才引育计划和服务保障建设，已柔性引进 10 名院士并全部建立了院士工作站，引进硕士研究生及以上学历高层次人才 58 名。

扩大招商引资，推动重点项目建设。各示范基地充分发挥资源禀赋和产业基础优势，支持示范基地按照“因地制宜、一园一策、一企一策”原则，以各类平台和重大项目为载体，进一步加大承接中东部产业转移力度，依托产业链精准招商，依托龙头企业以商招商，壮大园区市场新主体。甘肃金昌经济技术开发区金属新材料产业示范基地整合产业资源，优化产业链条；引进中国制造500强企业龙蟒佰利联集团公司与金川集团公司合作，集聚钛产业链优势；引进华电集团，发展清洁能源，实现风、光、火电项目配套；引进新希望集团发展新材料。2019年实施项目 44 项，重点项目稳步推进。兰州经济技术开发区加快推进高技术转化应用重点项目建设，重点推进实施 7 个项目、总投资 17 亿元。兰州高新技术产业开发区生物医药产业示范基地突出培育生物医药首位产业，开发了一批科技成果完善的生物医药产业链条，培育了一批具有优势的企业。2019年底，示范基地内生物医药及相关产业实现营业收入212.9亿元，同比增长11.93%；实现税收6.1亿元；从业人员约2.7万人。

发展循环经济，推进绿色发展。一是探索企业循环经济发展模式。甘肃金昌经济技术开发区构建了工艺相互依存、物料近距离转运、“三废”集中处理、资源循环利用、产业横向耦合的有色金属及深加工、氯碱化工等十大产业链，促进产业结构由单一有色金属产业向多产业集聚发展转变。二是资源综合利用水平显著提高。甘肃金昌经济技术开发区积极引进固体废弃物综合利用项目，提高固体废弃物利用率，2019年建成项目4个，2020年在建3个，累计达到14个；每年可综合利用、处理各种弃渣500万吨。金川集团二氧化硫全部回收率达97.5%以上，二氧化硫已经转换为发展化工产业的基础产品；对工业废水利用进行改造升级，金川集团公司实现了零排放。三是循环经济成为新的经济增长点。甘肃白银高新技术产业园区有色产业以白银公司、华鹭铝业为龙头，为长通电缆、西北铜、中瑞铝业等5家下游企业就近提供原材料。化工新材料依托银光公司的多种异氰酸酯原料，引导和支持园区企业发展脂肪族异氰酸酯、聚氨酯树脂基复合材料等产品。循环经济产业“吃干榨尽”资源，使 23 种有价金属得到回收利用，年产值突破50亿元。

发展信息产业集群，提高智能化水平。兰州新区持续推进“千兆城市”“百兆乡村”等工程，提升固定宽带家庭覆盖率，推进eLTE、4G、5G基站建设，加大新区核心区域无线网络覆盖面积，新区重点区域优先实现5G基站及网络全覆盖。为实现信息产业集群发展，兰州新区大力整合甘肃省数据中心资源，以新区为中心载体，逐步形成了物理分散、逻辑统一的甘肃省“丝绸之路信息港”数据中心集群，形成发展合力，有效提升了甘肃省数据信息产业的竞争力。依托兰州新区九大生态产业基础，以“5G+绿色化工”智慧园区、“5G+制造业”智慧园区、“5G+物流”智慧园区、“5G+农业”智慧园区形成示范效应带动其他产业形成智慧园区，将兰州新区打造成为甘肃省 5G+互联网智慧示范区。

3. 发展成效

经济保持健康平稳运行。2019 年，全省示范基地主动适应经济发展新常态，围绕创新驱动和提质增效，加快改造提升传统产业、培育壮大新兴产业，促进企业转型升级，持续提升示范基地的经济发展质量和效益。其中，兰州高新技术产业开发区生物医药产业示范基地的生物医药及相关产业实现营业收入 212.9 亿元，同比增长 11.93%；兰州经济技术开发区高技术转化应用产业示范基地实现进出口额 12.5 亿元，同比增长 26.9%；甘肃金昌经济技术开发区金属新材料产业示范基地完成规模以上工业总产值 47.2 亿元，同比增长 38.24%；甘肃嘉峪关工业园区钢铁（特种钢材）产业示范基地实现工业总产值 405.7 亿元，工业增加值 65.5 亿元。示范基地经济继续保持了较好增长势头，对全省经济的支撑和带动作用稳步提升。

主导产业链条不断完善。各示范基地深入落实省委、省政府《关于构建生态产业体系推动绿色发展崛起的决定》和《甘肃省推进绿色生态产业发展规划》，围绕“十大绿色生态产业”，充分依托地方资源禀赋和产业基础，不断优化产业空间布局，有针对性地推动主导产业延伸产业链条，加快特色优势产业提升发展。兰州经济技术开发区依托特色产业，积极打造航空航天产业链、生物医药产业链、有色冶金产业链和“城市矿产”产业链。兰州高新技术产业开发区聚焦生物医药、智能制造、新材料三大新兴主导产业，打造“兰州肽谷”、军民融合产业园、生物医药产业园、纳米新材料产业园和新能源产业园。嘉峪关工业园区充分发挥钢铝产业优势和固体废弃物量大的特点，大力支持企业发展，园区钢、铝产业链不断延伸，装备制造、新型有色金属规模不断扩大，逐步形成了有色冶金、冶金新材料、装备制造等特色优势主导产业。示范基地主导产业链条不断完善，核心企业的带动辐射能力不断加强。

关键技术取得重大突破。各示范基地围绕科技创新驱动，注重研究成果转化，推动企业高质量发展。甘肃白银高新技术产业园区新材料产业示范基地内的甘肃东方钛业有限公司依靠专有技术和专利建成国内第一条全自动、单体最大钛白粉生产线；甘肃华隆芯材料科技有限公司研发的集成电路（芯片）产业光刻胶及配套材料，可有效加速国家集成电路产业关键技术本土化，打破国外对光刻胶技术的封锁；白银图微新材料科技有限公司研发的新型绿色高性能材料聚合硫酸酯（PSE），打破了国外巨头对工程聚酯制造技术和工艺工程化技术的垄断与封锁。甘肃酒泉经济技术开发区装备制造（能源装备）产业示范基地内的京城新能源公司建成了国内首个国家级风电产品电气检测试验中心，缩短了检测周期，提高了数据的可靠性，降低了检测成本；建成了甘肃省唯一的大型增安型防爆电机生产基地，取得了国内第三个该类产品的《全国工业产品生产许可证》，填补了西北地区同类产品的空白；中材科技“大型复合材料结构件真空导入成型关键技术”，解决了复合材料真空导入工艺中快速流道与真空导入系统的设计技术等难点。

两化融合提升先进制造能力。各示范基地紧紧围绕两化融合，大力提升企业的工业自动化和信息化水平。兰州经济技术开发区高技术转化应用产业示范基地内的兰州万里航空公司首台工业机器人上线应用、首台双主轴加工中心正式列装一线、首条六工位柔性生产线正式启用，加速了公司从传统制造向智能制造的步伐。甘肃酒泉经济技术开发区装备制造（能源装备）产业示范基地内的奥凯种机成功建立了三维数字化设计平台、企业智能制造大数据及应用云平台，突破了MES 和产品生命周期管理（PLM）、企业资源计划（ERP）系统在种机制造过程中的集成应用等 5 项关键技术，实现了数控光纤激光切割机、焊接机器人、数控折弯中心等 17 种核心技术装备的创新应用，对推动我国种子精细加工及高效育种装备智能制造转型升级具有示范引领作用；大禹节水成功开发了精量滴灌关键技术与系列产品，构建起区域化、工程化、系列化的智慧农业灌溉装备技术模式，形成了全过程、全流程、全方位的科学、便捷、高效一站式服务体系，生产效率提高了 25%、生产速率提升了 31%、产品不良品率降低了 36%。

深化合作拓展发展空间。各示范基地不断深化开放合作，整合产业资源，积极拓展国内国际市场。兰州高新技术产业开发区生物医药产业示范基地组织北美地区、俄罗斯、上海张江高新区企业代表“兰州行”活动。加快推进“一带一路”

知识产权港建设，吸引国际国内知名产权服务机构入驻。甘肃白银高新技术产业园区新材料产业示范基地强化与张江、西安、济南等高新区的合作，吸引 100 多家客商和 10 多家创新研发机构前来考察洽谈合作，已与中国石墨烯产业技术创新战略联盟（CGIA）、中国有色金属产业技术创新战略联盟、北京协同创新研究院、清华大学材料学院达成合作意向。以贵金属资源和循环经济技术输出为两大战略方向，稳步“走出去”打造三大业务板块。将国内选矿设备、备品备件、选矿耗材、药剂等优势产品输入秘鲁，将秘鲁丰富的矿产品输入国内。开展南非隆明公司矿产权益投资项目、菲律宾环球镍业的项目，通过贸易了解行业和资源，择机进行战略整合。

数据中心集群效应初步显现。兰州新区按照丝绸之路信息港“一主中心、一副中心、五大支点”的总体框架和“一港、两基地”的大数据产业空间布局，加快建设全省数据中心产业集群。目前，累计落地数据信息项目 27 个、总投资 310 亿元，总装配机架规模 10 万个、可服务云计算终端 150 万个。5G 基站建设超 90 个，5G 商用全面启动，初步实现数字化全覆盖。华为、电信、移动数据中心、科文旅大数据产业园一期等 13 个项目建成运营，形成了良好的发展势头。已建成兰州新区大数据产业园、丝绸之路西北大数据产业中心、西北云计算大数据中心、金昌紫金云大数据中心 4 个数据中心。新型智慧城市建设卓有成效，规划了 22 个子项目，分三期进行建设。已启动项目 17 个，一期 9 个项目已建成，二期 8 个项目正在实施。全产业链智慧产业园区初步构建，以工业互联网标识解析二级节点为依托，建成兰州新区离散型产业云平台，实现新区所有产业链供需信息共享、产业协同发展。

（十）青海

1. 总体发展情况

截至 2019 年底，青海省共有两家国家新型工业化产业示范基地。经过多年发展，示范基地已经成为全省实施创新驱动发展战略的重要载体，为促进青海省工业经济高质量发展发挥了示范引领和辐射带动作用。2019 年，两家示范基地实现销售收入 748.39 亿元，其中，主导产业实现销售收入 596.56 亿元；主导产业总产值 722.86 亿元；实现工业增加值 481.3 亿元，工业固定资产投资额为 327.65 亿元，全年实现进出口总额 7.13 亿元。

2. 典型做法和经验

加强顶层指导，全力以赴稳投资。积极应对全国经济下行压力，出台《青海省人民政府办公厅关于进一步抓项目稳投资的若干意见》（青政办〔2019〕69 号），重点围绕“抓责任促落实、抓项目促投资、抓前期促生成”提出了 22 条具体措施，为打好主动仗、下好先手棋、确保全年投资目标任务的完成奠定了基础。

多渠道发力，积极破解融资难题。健全民营企业贷款风险补偿制度；定期召开银企对接会，按季度向各类金融机构集中推介一批重大项目，打通社会资本流向实体经济的通道；不断完善地方政府债券项目安排协调机制，落实债券资金用于支持重大项目建设；梳理政府引导基金投放情况及符合投向的项目，尽可能多地投放资金用于支持项目建设；加快省级资金下达节奏，明确下达比率。

深入推进“审批破冰”工程，全面提升审批效率。深入推进“审批破冰”工程，分领域、分行业、分阶段开展全口径、全流程、全覆盖的审批事项“清简放并”行动，将审批流程时限压缩至 100～120 个工作日，在“清简放并”的基础上，对保留的审批事项，形成全口径审批事项清单和流程再造，向全社会公布。推进在线审批监管平台迭代升级，开发移动端手机 App，搭建全口径投资项目可视化管理平台，实现并联审批事项“随时看、随时办、随时督”。

实施“双百”工程，形成纵横推动力。每年组织实施“百项创新攻坚、百项改造提升”工程，明晰工作思路，抓好项目布局，理顺推进机制，提高效率水平，集全省之力，以重大项目为突破口，按照任务分工及时限要求，全省各部门协同、上下联动，形成纵横推动力，深入实地解决困难和问题，逐项衔接协调，确保示范基地经济稳步发展。

坚持创新驱动发展，不断提升创新水平。以创新驱动发展为根本路径，支持园区加快构建以企业为主体、市场为导向、产学研用相结合的创新发展体系，扶持创新企业发展，积极参与国内国际标准制定，塑造具有鲜明特征的主导产业经济。2019 年，两家示范基地规模以上企业有效发明专利数 364 项，主导产业省级研发机构数量 36 家，主导产业国家级研发机构数量 8 家，主/参编国家标准 11

项，建成光伏产业技术中心、集成电路硅材料联合研发中心，以及园区创新创业基地。

积极推动促转型工作，落实高质量发展要求。坚持新发展理念，落实高质量发展要求，加强园区平台支撑体系，提升高效集约节约利用水平，构建特色鲜明、竞争力强的现代产业基地。2019 年，两家示范基地单位工业增加值能耗下降，尤其是青海柴达木循环经济试验区盐湖化工及金属新材料产业示范基地的可再生能源比例达到 66.9%；建筑容积率大幅提升，尤其是西宁东川工业园区有色金属精深加工产业示范基地的建筑容积率达到 1.78，较上年增长 154.29%。

3. 发展成效

多项技术达到世界领先水平。单晶硅电池平均转换效率达到国际先进水平，组件光电转换效率达到国家光伏领跑者计划要求；48 对棒还原炉研发及规模化应用被评定为国际领先水平；自主创新突破的反浮选—冷结晶钾肥生产技术是国际盐湖卤水法生产氯化钾最先进的工艺，荣获世界知识产权组织中国专利金奖，各项指标均达到国际先进水平；解决了尾盐钾资源综合利用难题和高钠光卤石矿的冷结晶难题，柴达木盐湖固体钾开采技术达到世界领先水平；柴达木盐湖水氯镁石制取高纯镁砂生产技术解决了国内盐湖镁资源开发生产高纯镁砂多项关键性技术难题，技术水平国际领先；有效解决了从高镁锂比盐湖中提取高纯锂的世界性难题，盐湖卤水提锂技术水平处于世界领先地位。

多项技术成功填补国内产业空白。颗粒硅生产技术填补了我国低消耗多晶硅生产技术空白；诺德微孔铜箔成为全球首创；黄河水电新能源突破电子级多晶硅生产核心技术，成功打破国外长期垄断，实现自主国产化，填补了国内半导体应用材料产业空白；聚能钛业实现 EB 炉自主国产化，且总装功率、设计年最大产能、单锭最大重量三项指标位居全国 EB 炉熔铸行业之首。破解低品位固体钾矿的浸泡式溶解转化开发技术，世界上首次实现低品位固体钾盐溶解转化技术的产业化，实现了“再造一个察尔汗盐湖”的创举；彻底攻克了氢氧化镁过滤和洗涤性能关键技术，氢氧化镁的纯度达到 98%以上，弥补了国家高纯度氢氧化镁产品不足的缺口。

多产业融合发展模式逐渐形成。青海中利光纤技术有限公司利用亚洲硅业技术突破后提纯的超高纯四氯化硅及其他三种气体，建立了全球首例多晶硅厂和光纤厂循环经济合作项目，填补了青海省在光通信材料行业的产业空白，目前企业产能约占市场总额的 4%，待建成产能完全释放后，预计可占市场总额的 10%以上，届时该企业将位居国内光通信材料行业前五强。通过产业间的互联互通，构建多产业横向联通、耦合发展的“察尔汗”模式，形成了以盐湖化工为核心，油气化工、煤炭综合利用、金属冶金、新能源、新材料等多个产业融合发展的循环经济产业，物质和能源在集群中有效流通增值，整体效益和竞争力得到大幅提升，形成了高技术、深层次、多领域、可持续发展的动力。

资源综合利用发展模式日益成熟。综合利用方面，以盐湖钾、钠、镁、锂、硼、溴等资源的梯级开发和综合利用为核心，以副产氯气、氯化氢气体平衡为前提，推动资源从单一矿产开发向多种矿产资源综合利用转变，实现盐湖资源梯级开发和综合利用的“盐湖”模式，构建起了硝酸钾、金属镁、金属锂、电池级碳酸锂、高纯氢氧化镁及镁砂、高纯氯化锂配套精硼酸等系列化、高附加值产品体系。

（十一）宁夏

1. 总体发展情况

近年来，宁夏回族自治区新型工业化示范基地在培育具有竞争优势和发展前景的产业、促进优势产业集聚集约、优化产业结构上成效突出，已经成为承载自治区工业经济平稳较快发展的主要平台。截至 2019 年底，自治区已有 7 家国家新型工业化产业示范基地。2019 年，7 家示范基地实现销售收入 2031.77 亿元，其中，主导产业实现销售收入 1229.1 亿元；主导产业总产值 1203.54 亿元；实现工业增加值 642.05 亿元，工业固定资产投资额为 383.95 亿元，全年实现进出口总额 87.82 亿元。

2. 典型做法和经验

明确工作计划，奠定发展基础。宁夏回族自治区充分考量了各家园区的自然禀赋、产业基础、市场情况、大企业布局等现实因素，统筹规划考虑未来工作计划，确定产业发展方向，适当给予支持鼓励。同时，着力开展全区工业园区总体规划的起草工作，进一步明确各园区的功能定位，集聚发展，为创建示范基地打好基础。

遴选重点园区，进行重点培育。从产业聚集、产业特色、规划编制、大企业带动等方面展开遴选，确定产业特色鲜明、基础较好、集聚效应已经显现的重点园区进行重点培育，组织专家团队调研、指导，准确定位产业发展方向。

调动园区积极性，创建国家级示范基地。创建示范基地工作与园区发展要求高度一致，从而有效调动了园区争创的积极性。各园区认真准备发展规划、申报资料，补充完善相关制度，提高园区管理水平，积极开展国家和自治区新型工业化产业示范基地的创建工作。

3. 发展成效

园区改革转型提速，营商环境不断优化。自治区为改变开发区“小散乱”、管理体制不顺、办事效率低等问题，从整合优化、体制机制、行政审批等方面对开发区开展了一轮改革工作。全区开发区由 33 家整合优化为 23 家，地级市分管领导或县区主要领导兼任园区党工委书记，实现县区统筹规划、一体化发展。积极推进开发区改革转型，宁东、银川经开区等开发区设立了一级财政，成立了园区投资公司、建设公司、担保公司等法人主体，下放 37 项市县级经济管理权限到园区，建立了一站式行政审批服务大厅，招商引资项目落地审批建立领办代办制度，部分园区的项目落地从立项到拿到施工许可证时限由改革前的 159 天缩短至 89 天，重点项目通过绿色通道可缩短至 48 天，开发区行政服务效能显著提升。

产业集中度显著提高，带动作用日渐明显。通过几年的建设，宁夏的产业集中度明显提高，对全区产业发展的带动作用日益明显，园区专业化、集约化水平不断提高。围绕新型煤化工、装备制造、现代纺织、新能源、新材料和特色食品、葡萄酿酒等优势产业，形成了较为完整的工业园区产业体系。其中，宁东能源化工基地煤炭、电力、新型煤化工三大主导产业初具规模，煤气化、煤液化、煤焦化、乙炔化工四大产业链条基本形成。新材料、新能源、装备制造、电子信息等行业为主的战略性新兴产业占全区工业的比重约为 13%。装备制造业以仪器仪表、铸件铸造、数控机床、电工电气、矿山机械为主，培育了一批全国“单打冠军”，吴忠仪表是全国智能制造试点示范企业，共享铸钢 3D 打印技术引领行业标准、智能工厂达到国际先进水平，天地奔牛综合机械化回采工作面成套输送装备填补了国内空白。

基础设施配套完善，服务功能不断健全。工业园区基础设施不断完善，成为招商引资、承接产业转移和促进产业集聚、要素集聚的主战场。工业园区给水、排水、电、通信、路、天然气及场地平整等“九通一平”基本能够满足企业需求。通过实施开发区低成本化改造，降低企业运营成本，实现能源梯级利用、企业间废物交换利用、土地节约集约利用。宁夏吴忠金积工业园区食品（清真）产业示范基地的“一园区一热源”项目建成后，入园企业工业蒸汽价格由每蒸吨 220 元降低至 150 元，关停小型燃煤锅炉 73 座，碳排放降低 50%，节约土地 3650 亩，生态效益和经济效益显著。

（十二）新疆

1. 总体发展情况

近年来，新疆维吾尔自治区坚持新发展理念，加快推进全区工业经济转型升级，推动工业经济高质量发展，充分发挥示范基地的引领示范带动作用，成效进一步展现。截至 2019 年底，自治区已有 9 家国家新型工业化产业示范基地。2019 年，9 家示范基地实现销售收入 4953.37 亿元，其中，主导产业实现销售收入 2202.08 亿元；主导产业总产值 2020.5 亿元；实现工业增加值 961.96 亿元，工业固定资产投资额为 327.47 亿元，全年实现进出口总额 402.31 亿元。

2. 典型做法和经验

完善工作机制，加强统筹指导。自治区工信厅党组高度重视示范基地建设、创建和评价工作，建立了自治区工信部门、各地州市工信部门、示范基地管理部门三级联动工作体系，及时了解和掌握自治区示范基地建设情况，充分利用工业和信息化部公布的 2019 年国家新型工业化产业示范基地发展质量评价结果，全面分析自治区示范基地的优势与不足，指导各地州市工信部门和各示范基地对照评价结果中的各项指标，找差距、补短板、促整改，不断加强自治区示范基地建设，为年度评价工作奠定基础。

发挥规划引领作用，强化基地示范功能。在充分调研的基础上，启动《自治区产业园区“十四五”发展规划》编制工作，规划将结合各示范基地的资源禀赋、产业基础和区域特色，统筹全区产业空间布局，优化产业结构，指导各示范基地调整和完善产业发展规划，以新型工业化为抓手，依托基地龙头企业，加快资源优势向产业优势、经济优势的转化进程，推进自治区石油化工、天然气化工、光伏电子、纺织等优势产业规模逐步壮大，重点支持国家级示范基地优势产业和重大项目建设，强化基地示范功能，切实发挥规划的统领作用。

提升绿色发展水平，推进产业高质量发展。坚持绿色发展理念，持续推进示范基地加大技术改造及自主创新力度，鼓励支持各示范基地积极创建国家级绿色园区，构建绿色生产体系，以绿色制造体系创建作为引领企业绿色发展的原动力，推进产业高质量发展。2019 年，9 家示范基地技术改造投资达 48.88 亿元，工业增加值用水量为 276.18 立方米/万元，研发经费投入 89.93 亿元。支持示范基地加强与高校、专业性服务机构的合作，不断提升产业竞争力，以智能制造为主攻方向深入推动两化融合，以科技创新为支撑不断加快产业转型升级步伐，产学研深度融合作用明显，输变电装备、风电装备、能源装备、太阳能光伏等优势特色产业发展质量稳步提升。

完善基础设施建设，进一步优化营商环境。鼓励支持示范基地加大基础设施建设投入，加大生产基础配套设施的建设力度，提升产业项目承载力。同时不断完善生活性配套设施，推进外来人才公寓等服务性设施建设，提升园区吸引力和服务水平。2019 年度示范基地固定资产投资额达 1121.64 亿元，基地公共基础设施和服务体系进一步完善，道路、通信、管网及污水集中处理和固体废弃物处理处置等配套设施不断健全，示范基地的综合竞争力和可持续发展能力持续提高，营商环境进一步优化，示范基地已成为企业发展和产业聚集的重要支撑。积极引导示范基地加快推进体制机制改革，进一步优化营商环境，不断激发示范基地的内生动力和发展活力，夯实基地高质量发展的坚实基础。

3. 发展成效

创新发展能力进一步增强。示范基地不断加强对科技创新和双创的重视程度，加强科技创新平台和双创示范基地建设，支持和鼓励企业加大研发投入和产学研合作力度，进一步提高创新发展能力。乌鲁木齐高新技术产业开发区电子信息（太阳能光伏）产业示范基地新增高新技术企业 28 家，拥有重点实验室 19 家、工程技术研究中心 25 家、企业技术中心 32 家，建成众创空间 16 家，科技孵化器 10 家，累计孵化企业 2945 家，在孵企业 1669 家。乌鲁木齐经济技术开发区装备制造（能源装备）产业示范基地初步形成“众创空间－孵化器－加速器－产业园”的创新创业支撑体系。新疆昌吉高新技术产业园区装备制造（能源装备）产业示范基地成功获批国家自主创新示范区，成为全国第 20 个国家自主创新示范区。

产业集聚效应进一步凸显。示范基地紧密结合区域发展优势和自身产业特点，围绕主导产业，不断延伸和完善产业链条，上下游配套企业进一步发展壮大，逐步形成功能完备、特色鲜明、优势突出的产业集群效应。2019 年底，有 7 家国家级新型工业化产业示范基地的主导产业工业总产值占园区工业总产值的比重超过 55%，其中 3 家示范基地主导产业工业总产值占比超过 85%。新疆奎屯—独山子经济技术开发区石油化工产业示范基地 2019 年石化产业占开发区工业总产值、增加值的比例分别由 2018 年的 60.8%和 57.9%，增加到 68.3%和 65.47%。新疆库尔勒经济技术开发区纺织产业示范基地 2019 年规模以上纺织企业实现产值 95.85 亿元，占工业总产值的 53.42%。新疆库车石油化工产业示范基地 2019 年主导产业工业总产值为 200.9 亿元，同比增长 20.49%；实现招商引资签约项目 53 个，签约金额 100 亿元。其中签约能源化工项目 7 个，签约金额 68.5 亿元，占总签约金额的 68.5%。

深化改革步伐进一步加快。示范基地深化重点领域改革，持续优化政务服务平台，缩短审批流程，减少审批事项，创新服务方式，优化营商环境，激发创新创业活力。乌鲁木齐高新技术产业开发区电子信息（太阳能光伏）产业示范基地出台自创区政策黄金“16 条”及多项配套政策，加快“丝绸之路”经济带创新驱动发展试验区建设。推行“互联网+政务服务”、“多证合一”、“先证后照”、全程电子化登记等系列改革，实行“容缺受理”制度、“妈妈式”服务模式，企业注册登记前置审批由原来的 286 项削减为 32 项，精简率高达 88.9%，企业开办全流程压缩至 2.5 个工作日，招商引资、重点项目类企业落户可实现“一日办结”。新疆库尔勒经济技术开发区纺织产业示范基地成立“一站式”行政服务大厅，优化营商环境，吸引中、农、工、建等金融机构入驻，设立产业引导资金和产业股权投资基金提供金融服务，聚集新疆财经大学商学院等 5 所高等职业院校夯实人才资源。

对外开放稳步推进。示范基地紧抓“丝绸之路”经济带核心区建设契机，加大对外合作力度，积极吸引利用外资，加快推进乌鲁木齐国际陆港区、临空经济区和跨境电子商务综合试验区建设，有序推动西行班列运行。乌鲁木齐经济技术开发区装备制造（能源装备）产业示范基地外贸进出口总额 206 亿元（30 亿美元），同比增长 16.3%；实际利用外资 1091 万美元，占乌鲁木齐市的 99%。中欧班列——新疆西行货运班列全年开行 1002 列，“集拼集运”模式被国务院在全国推广，“和田－喀什－乌鲁木齐”集拼集运班列常态化开行。集结中心建成并投入使用，铁路口岸商务商贸区、北站资源整合等重点项目稳步实施。多式联运中心保税库获批并投入使用，中国（新疆）自由贸易试验区、汽车整车、粮食进境指定口岸和保税物流中心（B 型）申报工作扎实推进。国际陆港区铁路口岸服务楼引进企业 65 家，跨境电商与保税物流协同发展，引进复制 O2O 跨境新零售业态、“秒通关”模式，丝路西大门跨境电商项目成功落地。

四、东北地区

截至 2019 年底，东北地区共有示范基地 40 家，占全国示范基地总数的 9.6%，主要覆盖了电子信息产业、软件和信息服务业、消费品工业、原材料工业、装备制造业等领域。2019 年，东北地区示范基地完成销售收入 3.0 万亿元、工业总产值 2.6 万亿元，分别同比增长 4.5%、2.58%，其中，主导产业销售收入和主导产业工业总产值分别占比 69.1%、68.6%；实现工业增加值 7057.24 亿元（如图 3-4 所示），同比增长近 6.7%；利润总额达到 2334.57 亿元，其中，规模以上工业企业利润总额占比达 88.2%。东北地区的示范基地推动两化融合纵深发展，公共服务水平持续提升，主导产业带动效应显著，促进产业集聚协同发展。两化融合贯标企业数同比增长近 32.35%。创建公共服务平台 372 个，其中包括国家级公共服务平台 53 个，同比增长 23.26%。

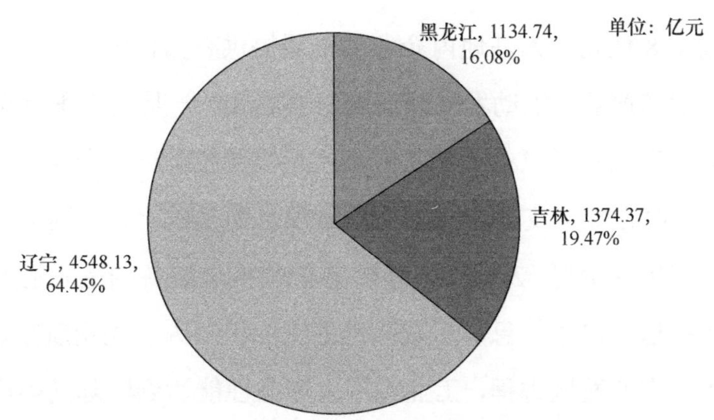

图3-4 东北地区各省示范基地工业增加值完成情况

（一）辽宁

1. 总体发展情况

截至 2019 年底，辽宁省共有 19 家国家新型工业化产业示范基地。2019 年，19 家示范基地实现销售收入 18 323.18 亿元，实现工业总产值 15 457.92 亿元，实现工业增加值 4548.13 亿元，实现固定资产投资 2164.47 亿元，实现利润总额 1403.84 亿元，实现税金 1006.31 亿元。规模以上企业数量达到 8078 家，上市及挂牌企业数量 255 家；示范基地研发经费投入 340.55 亿元，国家级研发机构有 72 个，省级研发机构 583 个。全省示范基地的发展质量和规模稳步提升。

2. 典型做法和经验

不断加大扶持力度，保障基地平稳健康发展。一是加大项目保障力度。开展项目专项拉练，强化跟踪服务，全力解决基地项目要素、技术、融资等难题，其中为辽宁盘锦辽滨沿海经济区石油化工产业示范基地的盘锦宝来轻烃综合利用项目落实贷款 108 亿元，推动项目顺利实施。同时，组织实施企业技术创新重点项目 773 项，推进企业创新发展。二是大力争取政策和资金支持。围绕工业强基、首台（套）、智能制造、绿色制造等 13 个专项，争取国家计划安排资金 11.1 亿元。特别是强基工程资金占全国的 5.3%，首台（套）补助资金同比增长 44.6%，占全国的 5.8%，智能制造、绿色制造后补助资金占全国的 5.4%。三是深入推进“三方联动”。作为“三方联动”5 个试点省份之一，协调 9 家银行实地推动项目 70

个，落实贷款 148 亿元，为基地内企业的发展提供有力保障。

聚力基地优势产业，推动发展新动能持续壮大。一是确定重点支持质量产品和项目。先后两批编制了《辽宁省工业高质量发展推荐产品目录》，包括 532 个高质量产品；同时在加大支持 110 个高质量项目的基础上，编制了《辽宁省工业高质量发展重点项目手册（2020 版）》。二是加快推进装备制造业基地优势产业建设。加速装备制造、电子信息等示范基地的工业机器人、民用航空、燃气轮机、高端医疗装备等产业发展进程，工业机器人产品性能达到国际同类产品水平；辽宁通用航空研究院自主研制的四座电动飞机实现全国首飞；中国航发燃气轮机有限公司总部落户沈阳。三是加快推进国家新型原材料基地建设。建立了全省新材料企业库和项目库，包括 259 家企业 133 个项目，加快推动新材料发展。中触媒特种分子筛催化材料、抚顺科诺碳纤维等新材料项目进展顺利，PBT 工程塑料、高牌号聚酯等化工新材料已实现规模化生产。

做好企业培育工作，推动基地民营经济发展壮大。一是加强政策支持。认真落实加快民营经济发展 23 条措施，制定了《辽宁省企业权益保护条例》，搭建了省民营经济（中小企业）跨部门政策信息发布平台，为基地中小企业的发展提供有力保障。二是把示范基地打造成大中小企业融通发展的特色载体。基地的天意石油等企业获评国家专精特新“小巨人”企业，认定了省级中小企业“专精特新”产品 200 个、“专精特新”中小企业 100 家。三是持续深化企业精准服务。以企业为中心，开展 4 次全系统调研，组成工作专班，组建银团，实施精准帮扶，为企业解决难题。举办两场重点钢铁企业与省内供应商配套协作交流会，500 余家企业参会，签订合作协议 54 份，建立了深化合作的长效机制，推动省内企业高效配套，降低采购成本。

狠抓新动能培育，有力促进基地产业转型升级。一是制定“六个工程”实施方案。提出了产业基础能力提升、产业链发展、5G 产业发展、工业高质量产品培育、中小企业“专精特新”、智能制造“六个工程”实施方案，打造基地产业结构调整、新旧动能转换的“指南针”。二是加快发展数字经济。印发了《辽宁省工业互联网创新发展三年行动计划（2020—2022 年）》，27 个项目入选国家工业互联网领域试点示范和典型案例，鞍钢检测平台获首届中国工业互联网大赛三等奖。三是深入推进两化融合。抢抓5G机遇，开通5G基站近3000个；基地内的企业华晨宝马建成全球首个5G汽车生产基地，重点区域实现5G网络覆盖。全省上云企业超过3万家，其中工业企业近7000家；全省数字化研发工具普及率达75%，关键工序数控化率达51.8%。四是深入推进智能制造、绿色制造。全力推进100个智能制造重点项目，总投资达286亿元，其中28个项目建设完成，为63家企业77个项目提供技术支持及诊断服务；组织省内智能制造供应商与100余家企业开展供需对接。

加强基地管理，加强示范基地建设的统筹协调。一是开展质量评价工作。按照《国家新型工业化产业示范基地发展质量评价工作方案》（工信厅规〔2017〕107号），组织开展示范基地发展质量评价工作。根据国家评价结果，督促示范基地加快补齐发展短板，推动示范基地提质增效、高质量发展。二是组织基地加强对外合作。组织中国国际数字和软件服务交易会、华为·锦州云高峰论坛等活动，宣传推介我省重点产品，助力企业开拓市场。成功举办“苏企辽宁行”活动，引导有关基地企业与江苏企业开展深入对接，加强基地产业合作。

3. 发展成效

扶持主导产业发展，提升区域品牌竞争力。鼓励示范基地结合自身优势特色，积极探索有利于区域质量品牌培育成长发展的制度体系，促进主导产业发展壮大，形成龙头带动、链式集聚、集群化发展态势，基地主导产业在国内外的影响力和竞争力持续增强。辽宁辽阳高新技术产业开发区石油化工（芳烃及精细化工）产业示范基地产业链条清晰，以中石油辽化公司的芳烃原料精深加工为主线，重点以苯和对二甲苯为原料向下游延伸产业链，做大做强五大产业链，推动主导产业迅猛发展。沈阳高新技术产业开发区电子信息产业示范基地依托东软集团、新松机器人、沈阳国际软件园等骨干企业，重点打造电子信息产业特色园区；依托东软医疗等企业，重点发展具有中国自主知识产权的CT、磁共振等医疗设备及医学影像技术，建成有区域特色的数字医疗设备产业园，加速集群建设，推进主导产业迅猛发展。

推进创新体系建设，提高自主创新能力。坚决落实习近平总书记在考察辽宁时提出的“培育壮大新动能，以创新驱动为内生动力”的指示精神，引导示范基地加快创新体系建设，积极探索企业主导、院校协作、多元投资、军民融合、成果分享的创新模式，全力培育隐形冠军、“专精特新”小巨人企业、瞪羚企业、高新技术企业，促进基地内企业转型发展。辽宁营口大石桥有色金属（镁）产业示范基地全力打造科技创新的样板区，为基地内的企业争取相关高新技术扶持政策，推进政产学研结合，为企业打造对接平台。辽宁铁岭经济开发区高技术转化应用产业示范基地大力实施创新驱动发展战略，推动军民协同创新能力逐步提升。2019 年，产业园区研发经费投入 2.92 亿元，占总销售收入的比重为 4.1%；拥有省级企业研发机构 19 家，拥有发明专利产品 107 件；拥有区域品牌 5 个；参与制定国家及行业标准数量 34 个；辽宁专用车基地研发中心与 10 余家科研机构和高校签订合作协议，并设立了院士专家工作站。

深化两化融合，推动信息化与工业化协同发展。大力发展基于“互联网+”的新产业新业态，着力提升企业“互联网+”的思维能力，引导企业加快推进“互联网+”建设。推进企业管理信息系统的综合集成，加快建立现代经营管理体系，进一步推进新一代信息技术与工业高质量融合创新、相互促进。辽宁盘锦经济开发区装备制造（石油装备）产业示范基地全面打造基地信息化服务环境，推动 20 余家工业企业实施 ERP 和 MES 等生产管理系统。加速 5G 布局，与省移动公司达成合作协议优先布局 5G 基站并联合中国移动产业研究院共建盘锦 5G 分院。辽宁抚顺经济开发区装备制造产业示范基地引进了一批高水平的国家级智能装备科研院所和企业技术中心，带动企业技术创新和升级换代。

推进重大项目建设，拉动基地经济平稳增长。示范基地以项目为王，加强开放合作，把握市场导向，创新招商体系，力促项目开工，形成了“大项目顶天立地，小项目铺天盖地”的良好局面。沈阳经济技术开发区装备制造产业示范基地实施项目服务专员制、重大项目专班制，实行问题销号管理，促进项目快速落地。全年 200 个亿元以上项目开复工，总投资达 2085 亿元，完成年度投资 357 亿元，同比增长 34%。投资 360 亿元的恒大新能源电池、投资 50 亿元的德生生物医药产业园等重大项目实现开工建设。辽宁辽阳高新技术产业开发区石油化工（芳烃及精细化工）产业示范基地开展“走出去”招商活动 19 次、“请进来”招商活动 16 次，与世界 500 强德国朗盛等大型企业达成合作意向，与新疆特变风力发电项目、厦门罗普特公司等签订协议，储备了一批项目。

（二）吉林

1. 总体发展情况

截至2019年底，吉林省共有10家单位成功创建为国家级示范基地，其中包括8家优势产业示范基地和2家特色产业示范基地，涉及汽车、石化、装备、医药、食品、纺织等产业，均属吉林省支柱优势产业。通过基地创建工作，全省示范基地在多个方面的建设中都取得了较好发展。2019年，10家国家示范基地完成工业增加值1374.37亿元，完成工业总产值6667.8亿元，进出口总额336.31亿元。示范基地完成固定资产投资281.9亿元，完成技术改造投资达121.86亿元，累计固定资产投资额达5720.5亿元。

2. 典型做法和经验

突出龙头企业辐射带动作用。在推动新型工业化产业示范基地建设的工作中，始终坚持做大做强行业龙头企业，充分发挥其核心带动作用，保障产业稳定增长。依托一汽集团、吉化集团、长客股份、辽源袜业等龙头企业，不断延伸其产业链条，提高产业附加值，逐步形成产业集聚效应，提升示范基地的整体竞争力。一汽集团整车在国内市场份额排名第三位，区内共入驻汽车零部件企业300余家（配套产品各类5000余个），产值510亿元，占长春市总产值的40.5%。吉林化工园区集聚化工企业170余家，形成了较完整的化工产业体系，在国内外市场占有一定份额的主要化工产品有60余种，有7套装置生产规模居全国前三名；年原油加工能力1000万吨、乙烯生产能力85万吨，主要炼化产品115种，具有国际先进水平的化工生产装置11套。以中车长春轨道客车股份有限公司为龙头企业，配套企业53家，年产1500辆动车组、2000辆城轨客车、500辆普通铁路客车，国内市场占有率在40%以上，国际市场占有率达10%。

推动项目建设投资拉动作用。始终把项目建设放在首位，实行目标管理、定期调度，做到“成熟一个、开工一个”，以开工保建设、以建设保竣工、以竣工保投产、以投产保达效，保证了示范基地项目建设的有序推进。汽车产业发挥集聚优势对外招商，积极引进、聚集一批汽车整车、零部件工业企业项目100余个，总投资1500多亿元。吉化园区推进中研股份1万吨聚醚醚酮等5000万元以上项目38个（其中亿元以上项目27个）；江苏远景能源风电项目等23个亿元以上项目实现签约落地，招商引资项目到位资金18.2亿元；中国石油25万吨航空煤油加氢装置等11个项目开工建设，新开工工业项目占地25公顷。通化医药高新区依托大企业载体和平台项目相继开工建设并投入使用，投资50亿元、占地1547亩的东宝生物医药产业园项目2016年启动，建成后计划成立5家分公司和2个研究中心，并引进一批关联性强的中小企业及服务机构。

坚持科技创新引领驱动作用。在创建新型工业化产业示范基地的过程中，全方位推进科技创新、产业创新、品牌创新，实现创新能力、服务水平的全面提升，坚持走科学发展、自主创新之路，逐步建成自主研发、孵化与生产相结合的科技创新体系，不断推动示范基地产业转型升级。汽车产业区内有省级以上工业技术企业技术中心20家，高新技术企业43家；其中一汽技术中心在国内处于领先水平，技术体系的先进性和完整性不断增强，连续承担国家863重大专项研究，承担了国家和一汽集团关键技术开发、依靠技术进步推进产品创新发展的重任。中石油公司吉林石化研究院先后承担了科研项目680多项，取得成果460多项。轨道交通基地拥有2个国家级技术中心，每年研发30多个新产品，公司搭建了200～250km/h和300～350km/h两个高速动车组产品平台，相继开发了CRH5A型动车组等车型，是中车唯一能生产每小时350公里的高寒动车组的主机厂。

完善公共平台服务保障作用。全省高度重视公共服务平台建设，以企业为中心，以服务为导向，引导资源向平台集聚、要素向服务流动，搭建设施完善、功能齐全、配套完善的服务保障体系，补齐示范基地企业创新能力不足、人才支撑能力不强、资金要素短缺等短板，为提升产业发展提供支撑，全面增强示范基地的整体综合实力。一汽集团技术中心为争夺国际汽车技术领域的制高点，率先提出并实践技术平台发展战略，搭建了节能环保、可靠耐久、电子智能、工艺材料、安全舒适“五大技术”平台，积极推进基础技术领域不断深化发展；有效承接了国家和企业的自主创新，从造型设计逐步扩展到整车技术、智能化、品牌国际化等方面，推动一汽乃至汽开区走向世界。

3. 发展成效

质量效益持续攀升。全省示范基地实现利润总额741.1亿元，同比增长32.9%，实现税金267.4亿元，同比下降22.6%。全省示范基地单位工业增加值能耗、单位工业增加值用水量均呈现5降3平2增态势；用电99.2亿千瓦时，同比下降1.1%；工业固体废弃物综合利用率达80%以上，示范基地内企业实施清洁生产审核的比例超过90%，全年10家示范基地均未出现1～4级环境事件。全省示范基地通过质量管理体系认证的企业达到553家，同比增长16.7%，参编国家标准数量28个，同比下降15.2%，但参编的国际标准还是2个。

创新能力继续提升。示范基地主导产业拥有省级研发机构78个，同比增长4%，其中：国家级研发机构20个；拥有研发人员21 590人，同比增长5.3%。示范基地完成研发经费投入171.5亿元，示范基地规模以上企业有效发明专利达953个，同比增加215个、增长29.1%。

发展环境明显改善。全省各地政府安排专项资金7.6亿元支持国家示范基地建设，同比增长6.8%；10家示范基地拥有公共服务平台82个，同比持平；其中国家级公共服务平台8个，同比增长14.3%；拥有职业教育或专业培训机构79个，同比持平。全省示范基地内应用数字化研发设计工具的规模以上企业321家，同比增长9.9%；两化融合贯标企业23家，同比增长21.1%。同时，安全生产措施得到落实，区域内未发生较大的安全生产事故。

（三）黑龙江

1. 总体发展情况

截至2019年底，黑龙江省共有11家国家级新型工业化产业示范基地。2019年，11家国家级示范基地实现销售收入4408.69亿元，其中主导产业实现销售收入3330.13亿元，累计固定资产投资额8347.58亿元，实现工业增加值1134.74亿元，1032家规模以上企业中有84家企业实现上市或挂牌，示范基地成为拉动全省工业增长的重要支撑。

2. 典型做法和经验

加强规划引领。注重发挥规划的引领作用，着眼全省工业基础、产业现状和承担的国家任务，制定了《黑龙江省工业强省建设规划（2019—2025 年）》，聚焦全省工业发展阶段、现实基础、资源优势和发展潜力，对各地资源配置及重点产业发展方向进行统筹协调与调整优化，着力打造“创新引领区、工业支撑带、产业转型带、各地特色产业基地”为支撑的“一区两带多基地”的工业区域协同发展新格局，其中各类特色产业基地，主要包括以国家级新型工业化产业示范基地，引导各地级坚持突出优势、错位发展、壮大规模、促进集聚，结合各地区位条件、资源特色、产业基础、发展潜力、资源环境承载力，做强做大主导产业。同时，在全省大力实施的“百千万”工程中，将示范基地建设与打造千亿级产业园区相结合，促进示范基地发展水平提升。

加大政策扶持。利用省级财政资金，扶持基地主体园区基础设施建设，自 2009 年以来累计投入支持示范基地及基地重点项目资金约 9 亿元。黑龙江哈尔滨市食品产业示范基地优化支持政策，积极落实《哈尔滨市促进生物医药产业健康发展的若干政策》，为三联药业、康隆药业等 8 家企业兑现扶持奖励资金 1.08 亿元。2019 年 7 月，哈尔滨新区管委会出台《哈尔滨新区（江北一体发展区）“惠民聚才”优惠政策（试行）》，在创业贷款贴息、人才公寓租住补贴、高端人才子女入学等方面，对人才给予政策支持。2019 年 11 月，哈尔滨新区管委会出台了《哈尔滨新区暨黑龙江自由贸易试验区哈尔滨片区关于鼓励产业集聚推动高质量发展的若干政策措施实施细则（试行）》，在推动先进制造业加快发展、鼓励对俄及开放型产业集聚、加大对科技创新的扶持力度等方面，对生物医药产业发展给予政策支持。

强化服务给予。在创建阶段，针对各主体园区主导产业和资源、技术优势，有针对性地给予辅导。在推进发展阶段，建立省、市、基地联动工作机制和示范基地年度报告制度，对示范基地内的企业和项目存在的问题，积极与金融、电力、铁路等相关部门沟通，帮助协调解决。黑龙江哈尔滨市食品产业示范基地一方面充分发挥企业发展服务中心的作用，专门面对企业，制定相关配套政策，形成服务工作机制，向企业发放便企联系卡，为企业提供“零距离”服务；另一方面，定期深入企业排忧解难，组织班子成员定期深入企业中去摸情况、听意见，每名干部包保 1～2 家入区企业，每半月听取一次包保工作汇报，及时了解企业生产经营过程中遇到的困难和问题，协调相关部门认真解决。此外，加强安全生产监督检查。组织开展各类安全生产大检查活动 5 次，共检查企业 285 家（次），利用手机短信、微信发送安全生产宣传常识，组织大型企业开展安全生产应急救援演练，全面提高企业应对突发事件的能力和员工自救意识。

3. 发展成效

创新驱动作用不断增强。2019 年 11 家国家级示范基地拥有主导产业国家级研发机构 32 个，省级研发机构 211 家。研发经费投入 116.95 亿元，有效发明专利 4100 项。示范基地涌现出了一批具有高技术水平、创新驱动的大企业、大集团，为示范基地转型升级增添了后劲。哈尔滨经济技术开发区高技术转化应用（装备制造）产业示范基地内的哈工大机器人集团国内首个工业机器人云诊断开放平台获得 2019 世界机器人大会智能服务和方案类创新产品金奖，“HRG 哈工海渡”项目获第三届“航天云网杯”工业 App 创新大赛一等奖。东轻公司国产大型客机 C919 用 7055 板材、7150 型材工业化成套制备技术获得中国商飞工程批准书，标志着我国具备民用飞机关键铝合金材料的自主保障能力；东安汽发 4J15T 发动机、A6F5-SBW 型六速自动变速器通过省级新品鉴定。

产业集群效应加速形成。依托示范基地吸收外部资源要素，以合资合作等方式，整合产业链上下游资源，提高产业聚集度，提升产品竞争力。哈尔滨经济技术开发区装备制造产业示范基地以哈工大机器人集团、哈工大焊接集团为龙头，集聚了 90 余家机器人本体、核心零部件制造企业及系统应用集成企业，成功引进首个工业和信息化部批准建设的国家级机器人创新中心，机器人产业园创建规划也获得批准。黑龙江肇东经济开发区食品产业示范基地初步形成了绿色食品饮品、畜产品深加工、石油化工、粮食深加工、医药、新材料产业六大产业集群，集群规模不断扩张，产业特色鲜明，聚集效应明显，配套能力不断增强。

质量标准化再上台阶。东安汽发自主研发的清洁、高效的涡轮增压发动机，填补了国内汽车市场对国六发动机需求的空白，申请实用新型专利 12 项，修订并形成企业标准 3 项。中航哈飞参与制定 2019 年中国民航局 CCAR23、CCAR27 和 CCAR29 部适航审定手册出版工作。中航哈飞是在通勤类飞机和运输类旋翼航空器适航取证方面具有成熟经验的工业方，为局方审查人员开展适航审查活动提供技术指导，协助完成 CCAR23、CCAR27 和 CCAR29 部 539 个条款的编写及全部条款的校对、排版工作，开创了工业方参与适航审定手册编写的先河。

两化融合水平不断提高。示范基地积极构筑现代产业体系，信息化和工业化深度融合、军工产业与区域经济融合、制造业和生产性服务业融合水平明显提高。2019 年示范基地中两化融合贯标企业 69 家，应用数字化研发设计企业数量达到 712 家。

04

典型案例篇

一、创新创业发展典型案例

（一）建设“陆网”结合的开放创新丝绸之路——装备制造・郑州经济技术开发区

郑州经济技术开发区装备制造产业示范基地于 2010 年正式批复成立。示范基地着力推进开放创新工作，通过高水平建设“陆上丝绸之路”、高标准打造“网上丝绸之路”，助推基地实现高水平、高质量发展。

1. 主要做法

（1）搭建创新服务平台，提升企业发展内生动力

依托全国双创示范基地建设，围绕主导产业，加强基础研究和技术创新，加快推动企业技术中心、工程技术研究中心、重点实验室等各类研发机构和创新服务平台建设，全力推进中铁装备国家技术创新中心、大连理工大学重大装备设计与制造郑州研究院、工业装备国家重点实验室郑州分实验室等建设，支持国家、省、市三级制造业研发中心建设，2019 年，认定航天信息等 8 家企业为市级企业技术中心；认定宇通重工、嘉晨为河南省质量标杆企业；大信家居获批第四批国家级工业设计中心，属全市首家；郑煤机被评为国家级制造业单项冠军示范企业；四方达、郑钻两家企业被认定为河南省技术创新示范企业。

（2）强化政策引导激励，营造良好创新创业环境

进一步精简审批环节，拓宽投融资政策，研究出台了《关于加快发展创新创业载体与培育创新创业主体的实施意见》等 10 余项创业扶持政策，完善鼓励创新、引导投资和消费等政策，财政投入比上年增加 5 个百分点。同时，积极完善各类双创孵化载体建设用地政策，在土地、规划、产权等手续办理方面开辟绿色通道。以“经济适用型”理念制定创新创业综合体集群政策，对综合体用于建设众创空间、孵化器、加速器和公共支撑服务用房，减半征收配套费，并给予一定额度的建设补贴。

2. 发展成效

（1）“陆上丝绸之路”越跑越快

依托铁路集装箱中心站，省、市谋划建设郑州国际陆港，规划面积 5.78 平方

公里，已基本建成。2019年中欧班列（郑州）开行1000班，同比增长33%；货值33.63亿美元，同比增长3.7%；货重54.1万吨，同比增长56.1%。郑州国际陆港（汽车、粮食、邮政三大功能性口岸）加速发展，汽车整车进口口岸进口整车322辆；粮食口岸一期投入运营，完成粮食进口10 000吨；邮政口岸打造第四经转口岸，业务全年实现6000万件。

（2）“网上丝绸之路”越来越便捷

2019年跨境电商业务走货量1.01亿包，进出口货值110.15亿元，出口交易额首次超过进口交易额。自贸区建设快速推进，河南自贸区郑州片区经开区块面积41.22平方公里，占郑州片区面积的56.3%，累计注册企业10 647家。跨境电商正面监管模式案例、上汽整车出口创新案例在全国复制推广，上汽通过班列出口整车2万辆，开放、制造实现融合发展。

（3）科技创新亮点纷呈

中铁装备荣获“中国机械工业科学技术奖”一等奖，中铁研制的大直径土压平衡盾构机出口意大利，郑煤机研发的8.8米超大液压支架多项关键技术为世界首创，大连理工大学程耿东院士工作站正式揭牌，安图生物荣获河南省科技进步一等奖，旭飞光电荣获国家第21届专利金奖。

（二）突破高速磁悬浮系列关键核心技术——装备制造（轨道交通装备）· 青岛城阳区

青岛城阳区装备制造（轨道交通装备）产业示范基地于2013年正式批复成立。示范基地持续强化创新能力，搭建起了一系列科研服务平台，不断提高创新要素融通效果，成功突破高速磁悬浮系列关键核心技术。

1. 主要做法

（1）加强源头创新能力建设

充分发挥以中车四方车辆有限公司为代表的龙头企业的主导作用，大力推进产业链上下游企业协同创新。基地目前拥有包括轨道交通车辆系统集成国家工程实验室、国家高速动车组总成工程技术研究中心、高速列车系统集成国家工程实验室、高速磁浮试制中心、国家级计量理化检测中心等17个高铁试验验证平台、

19 个高铁仿真平台在内的最完整的高速列车创新研发平台，为基地创新发展打下坚实基础。

（2）集聚公共科研服务平台

示范基地集聚起了一批国家级公共服务示范平台（建有青岛市新材料公共技术创新服务平台），打造了一批创业平台与人力资源服务平台。此外，基地拥有国家检验检测认证公共服务平台以及 5 家检验检测机构（中铁检验认证（青岛）车辆检验站有限公司、青岛轨道交通装备检验检测中心、青岛海检集团有限公司、青岛苏试海测检测技术有限公司和青岛市产品质量监督检验研究院），在轨道交通装备零部件的试验检测、产品设计、仿真计算、可靠性分析等领域提供服务。

（3）提升创新要素融通效果

依托国家海洋技术转移中心网、科技大数据平台、蓝海网、微信公众号等网络平台，打造“网上技术交易市场”，常态化发布、展示高校院所的科技成果信息和企业的技术需求信息，实现科技成果网上挂牌交易，举办“互联网+”成果拍卖，定期组织线上产学研对接沙龙活动，畅通技术转移渠道，降低技术交易成本，为基地创新发展提供良好氛围。

2. 发展成效

（1）产业综合实力显著增强

2019 年，轨道交通产业规模进一步壮大，全产业链产值突破 1000 亿元，完成规模以上工业总产值 711 亿元。新引进内外资大项目 26 个，总投资 350 亿元，其中，引进世界 500 强项目 1 个，国内 500 强项目 3 个。示范基地获批国家外贸转型升级基地（铁路机车），完成全国首批国家装备制造业标准化试点验收，入选了国家首批战略性新兴产业集群和首批山东省“十强”产业“雁阵形”集群库，每小时 600 公里的高速磁浮试验样车青岛下线获评“青岛市 2019 年度十大科技事件”。

（2）突破关键技术，高速磁悬浮列车研究取得阶段性进展

由中国中车股份有限公司组织，中车四方车辆有限公司联合 30 余家企业、高校、科研院所联合攻关的高速磁悬浮课题研究取得阶段性成果，成功突破高速磁悬浮系列关键核心技术及车辆、牵引、运行控制及通信等核心子系统。2019

年 5 月 23 日，国内首台速度达每小时 600 公里的高速磁浮试验样车在示范基地成功下线，意味着我国已打破了技术垄断，建立了具有国际适应性的高速磁悬浮系统核心技术和标准规范体系，具备高速磁悬浮交通系统完全自主化与产业化能力，标志着我国高速磁悬浮领域技术已达到世界领先水平。

（三）完成全球首例无创胚胎染色体筛查试管婴儿技术——医药·江苏泰州医药高新技术产业开发区

江苏泰州医药高新技术产业开发区医药产业示范基地于 2012 年正式批复成立。示范基地始终将创新作为高质量发展的不竭动力，聚焦主导优势产业，多措并举助力关键技术攻关，顺利完成全球首例无创胚胎染色体筛查试管婴儿技术。

1. 主要做法

（1）打造双创孵化服务平台

聚焦疫苗、生物药、化学药高端制剂、新型医疗器械等重点优势领域，深化与新型创业服务机构的合作，紧扣产业链各个环节打造创新创业服务链，推动“互联网+创新资源/创新要素”的服务模式，重点打造双创孵化服务平台，有针对性地开展合作对接，鼓励知名孵化器在泰州新建、参股、合作或受托运营管理，扶持创新创业离岸孵化，促进离岸孵化项目的落地转化和产业化。

（2）借力大院大所，推动产学研合作

紧盯产业前沿，聚力技术突破，分别与中国科学院大连化学物理研究所、中国药科大学、北京大学药学院等 11 家国内外知名院所开展合作，共建生物医药创新研究院、医学实验动物基地、高端医疗器械研究院等创新载体，北京大学药学专业学位研究生培养基地成功落户，南京中医药大学泰州校区启动建设。打造药物安全性评价中心和动物实验基地等重大公共技术服务平台，以及公共技术服务平台 19 个，建立国家兽药产业技术联盟创新基地。

（3）持续完善人才体系，打造人才特区

始终把人才作为推动创新的第一资源，完善搭建人才大数据平台，全面贯彻落实“人才生态 36 条”，推动人才与项目的高效精准对接；加速聚集高端人才，实施“113 医药人才特别计划”，制定出台产业人才政策“一号文件”；强化用工服务，建立重点企业用工服务常态化工作机制，全面落实《关于加强重点企业用工服务工作的意见》八项措施；优化队伍建设，出台《关于加强中国医药城专业化高层次人才队伍建设的实施意见》等文件，从职级激励、生活津贴等方面加大激励力度，组织党政青年人才公开选聘，引进北京大学、南京大学等“双一流”高校人才，调优基地管理队伍的源头活水。

（4）积极破解企业信贷融资难题

发布生物医药版“泰信保”金融创新产品，支持药品生产企业流动资金贷款、药品生产企业项目贷款、医疗器械生产企业贷款和医疗器械注册阶段企业贷款。积极组织银企对接活动，辅导企业入驻产融综合服务平台，2019 年全年举办 4 场银企对接会，解决单笔 1000 万元以下融资需求 4.2 亿元。

2. 发展成效

江苏泰州医药高新技术产业开发区医药产业示范基地技术水平领先，创新成果丰硕。无锡市妇幼保健院、南京军区总医院、中国医药城江苏亿康基因科技有限公司联合宣布，全球首个接受无创胚胎染色体筛查（NICS）的试管婴儿诞生，标志着我国胚胎植入前遗传学筛查技术已处于世界最领先水平。基地内拥有前沿医疗技术企业和研究机构 11 家，主要集中在细胞免疫治疗、干细胞治疗、基因测序诊断、医疗数据库建设等领域，部分技术具有国际先进水平，填补了多项国内空白；医药园区内各类研发机构超过 60 家；进区企业与国内外 100 多家高校院所建立了产学研合作关系。

（四）创新研发“非常规油气田实时智能钻井系统”——装备制造（石油装备）·辽宁盘锦经济开发区

辽宁盘锦经济开发区装备制造（石油装备）产业示范基地于 2013 年正式批复成立。示范基地大力推进科技创新，引领产业提质升级，研发的“非常规油气田实时智能钻井系统”等多项技术填补国内空白。

1. 主要做法

（1）深化产学研合作

围绕主导产业开展协同创新合作模式，与盘锦市科技局共建中国科学院沈阳国家技术转移中心盘锦中心，引入石化检验检测中心等一批高端创新平台，探索科技成果转化新模式，科技成果转移转化效率不断提高。加快引入大连理工大学盘锦产业技术研究院等新型研发主体，用好用足中国科学院沈阳分院成果转移转化中心、盘锦科技大市场平台资源，引导支持企业与高校院所探索产学研深度结合的有效模式和长效机制，推动重大科技创新和产业化项目落地。

（2）落实人才发展战略

研究制定《盘锦高新区加快高层次人才集聚若干政策（试行）》等系列政策，推荐园区 3 个团队 6 名专家申报"辽宁省兴辽英才计划"，有针对性地组织企业参加海外学子盘锦创业行、"归巢计划"、各级各类创新创业大赛、院士专家盘锦行等活动，以优势环境吸引优秀人才，以优秀人才加速园区发展。中蓝电子等 4 家企业成为清华大学博士生社会实践盘锦基地备选企业。

（3）打造创新创业高地

建立瞪羚独角兽企业、高新技术企业梯度培育库，定期组织企业进行瞪羚独角兽企业、高新技术企业研发经费投入加计扣除和知识产权专业培训；出台一系列科技政策并给予资金扶持，提高企业在科技成果转化方面的积极性。持续优化创新创业发展环境，探索"孵化器+加速器+创投基金+创业辅导"的立体孵化模式。盘锦科技孵化器吸引了清华启迪之星等专业化管理运营团队入驻，成为盘锦市第一家国家科技企业孵化器。高新区创新创业基地可入驻企业 100 家，建设成为东北地区面积最大、服务最优的创新创业孵化基地。

2. 发展成效

（1）科技创新成果亮点纷呈

2019 年，基地内的两个项目获得省科技重大专项支持。天意石油研制开发的"非常规油气田实时智能钻井系统"已经攻克了旋转伽马测量系统的研制、旋转电阻率测量系统的研制、应用导向的快速钻进 3 项技术难题，研制成功后将打破国外技术垄断；瑞邦石油的"智能采油系统的研发及生产"项目获发明专利 1 项、实用新型专利授权 1 项，公司获批 2019 年国家知识产权优势企业。陆海研究院"超大型海洋石油钻井机器人"、长城钻探钻井技术服务公司"钢体 PDC 钻头智能制造技术与规模化应用"、道博尔"特种油开采系统伴生气资源化利用技术应用”、海兴科技“高韧聚丙烯材料制造关键技术及其新产品”获省科技奖励。

（2）创新创业体系不断完善

2019 年，中蓝电子获批辽宁省首批瞪羚企业，国强石油、派普图博可特获批潜在瞪羚企业，天意石油获批全国首批专精特新小巨人企业。高新技术企业持续增长，2019 年新增 15 家，总数达到 73 家。企业的科技创新体系逐步完善，研发能力稳步提升。2019 年，中录油气、润华热能获批省级工程研究中心和省级企业技术中心；北方沥青、海兴科技等 13 家企业经省技术创新中心优化整合后获批“省专业技术创新中心”，数量占全市总量的 57%；新增国家级知识产权优势企业 2 家，省级知识产权优势企业 5 家。目前，园区拥有院士工作站 4 家，市级以上企业研发平台 101 家（国家级研发平台 3 家），盘锦科技孵化器先后获批国家小型微型企业创业创新示范基地、国家科技企业孵化器，成为全市唯一一家国字号孵化器。

（五）开展前沿技术创新工作，推动人工智能技术取得变革性、颠覆性突破——软件和信息服务 · 北京中关村科技园区海淀园

北京中关村科技园区海淀园软件和信息服务产业示范基地于 2012 年正式批复成立。示范基地重点加强基础前沿布局，围绕软件和信息服务业关键领域，推进前沿技术突破，加快示范应用推广，全力推动人工智能技术发展迈上新台阶。

1. 主要做法

（1）强化组织保障

组建工作专班，深化市区协同，出台相关配套政策措施，整合相关资源，着重在关键核心技术突破、企业培育、产业集聚发展、项目落地保障、产业生态完善等方面开展工作，促进更多人工智能领域领先原创成果在京落地，服务企业可持续发展。

（2）优化产业生态

以未来科技大厦为代表的北京大学西门片区、以蓝润大厦为代表的清华科技园片区承接顶尖科学家的思想和成果，打造人工智能标志性聚集区。聚焦中关村壹号节点，延伸北清路沿线，与智源人工智能模型训练平台形成紧密联动，在中关村科学城北部形成未来城市示范的人工智能园区，推进人工智能在自动驾驶、智慧城市、科技防疫等领域的深化应用。

（3）增强创新能力

支持在类脑芯片、存算一体芯片、可重构芯片、可敏捷定制芯片等新型架构研发和工艺创新的基础上，率先实现规模化商用；支持在深度学习模型与算法、新型强化学习、小样本学习等方向，争取核心算法理论形成突破；支持在操作系统及基础软件方面加强布局，在功能完备性、易用性、分布式扩展性等方面取得突破，逐步建立生态，实现自主可控；支持开源开放平台建设，持续推进国家新一代人工智能开放创新平台建设，支持建设共性技术平台，为人工智能研发应用提供支撑。

（4）加强资本支撑

引导社会资本聚焦人工智能培育，持续保持“耐心资本”心态并开展连续投资。成立科学家基金，围绕创业孵化、科技成果转化、超前布局前沿核心技术等多维度引导社会资本聚焦人工智能培育。

（5）强化人才教育

支持北京智源人工智能研究院、中关村海华信息技术前沿研究院等新型研发机构和重点项目建设，引进、培养世界级科学家研究团队，放眼全球打造人工智能人才高地，支持科学家围绕重大方向开展基础前沿研究和探索性研究，创办选培结合、就业导向、产教融合可满足人工智能企业对高级人才的需求的新型学院，为人工智能产业发展提供专业的人才支撑。

2. 发展成效

（1）人工智能产业综合实力显著提升

园区人工智能企业集聚，北京市人工智能企业约占全国的26.5%，海淀区人工智能企业约占全市的62%。在人工智能产业基础层、技术层、应用层各环节均有布局，拥有百度、小米、字节跳动、好未来等千亿、百亿规模企业；产生了寒武纪“思元”、地平线“征程”、灵汐“天机芯”等国产芯片，百度飞桨、旷视天元等自主开源框架，旷视、第四范式等核心算法达到世界一流水平。百度、旷视、小米、好未来、京东等获批国家新一代人工智能开放创新平台，彰显海淀区在自动驾驶、智能家居、智慧教育、智能供应链等细分领域的创新引领地位。

（2）创新资源加速聚集

现拥有普通高校27所，国家重点实验室106个，国家工程技术研究中心31

个。清华大学、北京大学、中国科学院等世界一流的高校院所集聚，为深入开展人工智能研究打下基础。海淀区的顶尖科学家和产业人才集聚，拥有两院院士 605 人；姚期智、张钹、张宏江、朱松纯等人工智能领域的顶尖科学家和陆奇、沈向洋等产业领军人才集聚效应突出。

（3）人工智能技术创新配套体系不断完善

率先出台了《关于加快中关村科学城人工智能创新引领发展的十五条措施》，从源头创新、关键核心技术突破、开源开放平台建设、示范应用、集聚区打造、人才培养、耐心资本等方面为人工智能产业提供全方位支撑。

（4）人工智能领域创新成果亮点纷呈

清华大学类脑计算研究中心成功研制出世界首款异构融合类脑计算芯片“天机芯”，寒武纪连续发布基于云端和边缘端的 AI 芯片思元 270 和思元 220，百度飞桨、旷视天元、商汤科技训练框架 Sense Parrots、第四范式“先知”平台、小米 MACE、中科创达 TurboX 智能大脑平台、一流科技 OneFlow 等智能系统框架陆续推出；百度发布的国内首款 AI 输入法实现了全感官交互，语音技术实现了世界级突破，流式多级的截断注意力模型（SMLTA）将在线语音识别精度提升了 15%，并在世界范围内首次实现了基于 Attention 技术的在线语音识别服务大规模上线应用；中国领先的专注于计算机视觉和视频大数据分析的人工智能企业——银河水滴，成功研发了全球首款步态边缘计算机芯，可广泛应用于智能家居、智慧医疗及智能安防等诸多领域。

（六）创新跨区产业转移合作模式——产业转移合作 · 中新天津生态城

中新天津生态城产业转移合作产业示范基地于 2018 年正式批复成立。示范基地不断创新突破跨国、跨区合作机制，推动产业合作规模壮大，创新要素创新驱动能效进一步增强。

1. 主要做法

（1）探索共建共享模式，引进特色产业领域高端资源

探索共建共享模式，主动承接北京教育资源外溢，联合北京一流的中小学，共享北京在基础教育领域的课程资源、办学理念和师资队伍，包括联合北京师

范大学附属中学，共享北京师范大学附属中学的基础教育资源，联合北京海嘉国际双语学校建设了生态城分校。此外，基地还与中国科学院洽谈合作事宜，围绕人工智能、生态环保、大健康等领域，探索引进中科院系统的科技和教育资源。在金融方面，引进了一批大健康领域的高端产业基金，包括国投创新生物创新药基金、阿里巴巴健康产业基金、海河凯莱英生物医药产业创新投资基金等。

（2）依托高能级合作平台，导流新产业、新业态、新动能

在中新产业转移合作方面，发挥“中新联合协调理事会”和“中新联合工作委员会”的作用，强化与新加坡的沟通协作，共同打造基地“产业转移合作”品牌，承接国际高端资源。在京津产业转移合作方面，强化与文化部、朝阳国家文化产业创新实验区、中关村等地的对接合作，不断提升动漫园、科技园等产业园区的承载能力。此外，通过世界智能大会、国际机器人大会、2019 生态城精英企业论坛等高规格、多领域的招商活动，吸引一系列新经济企业。

（3）坚持“管家+专家”式营商环境服务，不断提升区域软实力

对产业转移资源的承接能力和承接效率，基地始终坚持以企业需求为导向，提供完善配套支持，提升产业发展环境和亲商氛围。强化“双万双服促发展”的效果，通过实地走访、宣讲座谈等活动，将标准化服务渗透、扩散到企业落户全过程；聚焦重点企业、潜力企业，通过深入调研，实现具有针对性的工作配合；主张场景式的服务方法，为企业提供证件办理、资质审核等制度上的便利，努力实现全年经济社会发展预期目标。

2. 发展成效

（1）科研院所产业化成效显著

清华大学天津电子信息研究院建设完成电子综合检测中心、高端光电子芯片创新中心、人工智能大数据中心、多模态 AI 数据平台，累计引进高端科技人才 241 人，开展成果转化 102 项，注册企业 35 家，培育了一批“清华系”雏鹰、瞪羚企业。其中，深鉴科技被美国赛灵思公司以 3 亿美元收购，华慧芯完成 4 亿元 A 轮融资，湃方科技（天津）有限责任公司获得 3000 万元融资。2019 年，清华大学天津电子信息研究院已成功通过天津市产业技术研究院认定。

（2）科技创新载体提质增效

2019 年，随着《中新天津生态城科技创新载体发展规划》和《中新天津生态城科技创新载体管理办法》编制出台，科技创新载体的创业培训、创业周末等特色化双创活动有序开展，科技创新载体建设加速实现了从量的积累迈向质的飞越。基地基本形成了“众创空间—孵化器—加速器”的完整创业孵化链条，众创空间、孵化器、加速器各达到 4 家，在孵企业数量超 700 家，同比增长近 50%。

（3）创新型企业队伍不断壮大

伴随国家科技型中小企业、国家高新技术企业、雏鹰、瞪羚等科技型企业政策培训及申报辅导工作的有序推进，全年新增国家高新技术企业 23 家，同比增长 42%，累计达到 78 家；新增科技型中小企业 136 家，累计达到 537 家；雏鹰企业 596 家，瞪羚企业 4 家。全年新增新三板挂牌企业 1 家，累计 6 家；累计主板上市企业 1 家；加快推动国有企业改革，完成国资公司混改，持续激发内生动力。

（七）超导材料领域实现多项重大原创性突破——新材料 · 上海宝山

上海宝山新材料产业示范基地于 2016 年正式批复成立。示范基地聚焦前沿新材料产业链高端核心领域，深耕超导材料领域，持续完善超导产业链，拓展技术、产品应用场景，推动超导材料领域实现了一系列重大原创性突破。

1. 主要做法

（1）构建完善超导产业链，推动超导产业集群化发展

示范基地围绕超导电力装备领域构建超导产业链及产业集群，2019 年成立上海市高温超导产业基地，基地集聚了上海国际超导科技有限公司、上海国缆检测中心有限公司等一批行业内龙头骨干企业，并承担了上海市战略性新兴产业项目“国产化公里级超导电缆示范工程”的建设。以示范应用带动产业化为发展路径，通过示范应用加速实现产业化，从而带动产业集聚，增加产业规模。

（2）探索超导应用新方法与新技术，不断拓宽超导应用场景

采取上下游多单位协同推进的方式，大力推进超导材料技术、超导应用技术和相关配套技术的研究，拓宽超导应用的发展方向，推进高温超导材料和应用功能平台建设，推进高温超导产业基地建设。探索服务于未来电网、新能源、大数

据中心、医疗装备等领域的超导应用新方法与新技术，因地制宜、统筹开展试点示范，实现以超导电缆为基础传输网架构的城市超安全智能电网，不断推动核心产品打入国际市场。

2. 发展成效

（1）国内首条公里级高温超导电缆示范工程顺利推进

2019年中国首条公里级高温超导电缆示范工程正式启动，上海市高温超导产业基地在宝山城市工业园区正式挂牌，在国产超导材料、电缆及附件、制冷系统、监控系统、机械制造以及工程施工技术六大研究方向都取得了实质性的进展，申报发明专利14项，发表核心期刊论文5篇，其中SCI收录3篇。

（2）首次研发成功国产化三相同芯超导电缆

首次研发成功国产化三相同芯超导电缆，掌握了具有完全自主知识产权的超导电缆完整的设计及制备技术，固化了工程用超导电缆的生产工艺；首次研发成功三相统包超导电缆接头及超导电缆终端，解决了真空密封、低温环氧、超导焊接等国际上的“卡脖子”技术。

（3）首次通过了超导电缆系统的型式试验并参与国际标准制定

首次通过了超导电缆系统的型式试验，掌握了超导系统运行的一手数据及超导测试的关键技术，国际超导公司联合国缆检测公司成为国内首家具备开展此项检测技术的团队；成功试制外径达180毫米的400米不锈钢绝热管，掌握了大长度绝热管在线连续化生产的关键工艺，填补了国内空白；参与全球首个超导电缆国际标准《额定电压6～500kV高温超导电力电缆及附件—测试方法和要求》的制定工作。

（八）打造专业化、社会化的创新服务体系——装备制造（轨道交通装备）· 江苏常州

江苏常州装备制造（轨道交通装备）产业示范基地于2013年正式批复成立。示范基地围绕创新载体、创新平台、产业联盟、科技金融等重点领域发展建设，大力发展了以龙头企业为重点的服务性制造业，形成了专业化、社会化的创新服务体系。

1. 主要做法

（1）打造创新载体

构架了轨道交通牵引动力与关键核心部件创新型产业集群发展的产业载体，以基地内的国家重点支持的产业领域为指引，较快建成了一批轨道交通创新园、产业园、科技服务园、大学科技园，为经开区的合理产业布局、科学升级发展提供重要载体。

（2）建设并完善公共技术服务平台

积极建设科技企业孵化器、技术转移中心、检测中心、认证中心、工程中心或研究中心等各类科技研发平台，建立国家级企业技术中心和博士后科研工作站共 5 家，省级研发平台 21 个，省级示范智能车间 8 个，投融资服务机构 31 家；法律、财务、专利、人才等各类中介服务机构 18 家。此外，经开区企业与中国科学院、清华大学、同济大学、西南交通大学等 40 余所高校院所建立合作关系。建设了“轨道交通产业高新技术分析测试认证中心”“轨道交通产业高新技术系统设计中心”。加强与国内、国际科研院所的产学研合作，以信息网络的形式，形成资源共享的、具有国际水平的轨道交通产业高新技术公共技术平台，发挥其对轨道交通产业的支撑作用。

（3）设立资源共享平台

资源共享平台以信息网络的形式，依托轨道交通高技术产品研发中心、轨道交通产业高新技术分析测试认证中心、轨道交通产业高新技术系统设计中心、科技情报机构、标准研究机构、高等院校和图书馆，形成较为丰富的资源共享平台，对轨道交通高新技术仪器设备、技术数据、图书文献、标准、情报和研发力量等多项要素进行整合，并与外部技术资源形成互联互通。

（4）搭建成果转化平台

以转化创新成果为目的，建设技术交易机构等技术推广平台，孵化器、加速器等创业支撑平台以及科创中心、风险投资机构等产业服务平台。以中车戚墅堰机车车辆工艺研究所有限公司为核心基础的高科技成果产业化平台，通过承接集群内轨道交通领域的前沿核心技术和关键课题攻关，与各大交通院校开展密切的产学研合作，并对外开展广泛的国际尖端技术交流和学术探讨，为全国轨道交通领域的前沿技术命题提供自主创新的解决思路，并实现从自主研发到自主生产制造及国内项目产业化应用的新型创新模式，进一步加速轨道交通领域整体的成果转化。

（5）以企业为主体着力发展服务型制造产业

以中车戚墅堰机车车辆工艺研究所有限公司为代表，依托原铁道部产品质量监督检验中心机车车辆配件检验站的历史优势，通过与中铁检验认证中心有限公司（CRCC）、德国莱茵 TüV 合作授权的形式，建立无损检测与焊接培训认证中心、中铁检验认证（常州）机车车辆配件检验站有限公司两大服务平台，逐步围绕装备制造产业建立完善集专业认证、产品认证、试验检测与个性化定制于一体的轨道交通装备服务认证中心；积极探索创新发展模式，推动服务层次由传统检验检测向研发诊断服务深度转变。

2. 发展成效

基地轨道交通产业集群优势显著，在轨道交通装备制造方面具有独特的优势和实力，于 2007 年被国家商务部、科技部联合认定为“国家科技兴贸创新基地”。基地坚持创新驱动发展，培育出了一批具有强大创新能力的重点企业，催生出了一批亮点纷呈的科技成果。

2018 年，江苏戚墅堰轨道交通产业园高端装备制造业（轨道交通装备）入选国家标准化管理委员会与工业和信息化部正式立项的国家高端装备制造业标准化试点项目，试点期间发挥了试点项目的辐射带动作用，其中中车戚墅堰机车有限公司和中车戚墅堰机车车辆工艺研究所有限公司积极参与和主持各类标准的制修订工作，2017—2019 年涉及国际标准 7 项、国家标准 6 项、行业标准 14 项，开展与欧盟的轨道交通互联互通标准研究，开展“一带一路”目标市场的标准体系和国内外先进标准对标分析研究等。

中车戚墅堰机车车辆工艺研究所有限公司是我国轨道交通装备材料及制造工艺的专业研究机构、国家高新技术企业，该公司研制的齿轮传动系统成功应用于 CRH380A 型动车组，世界最大功率 6 轴 9600 千瓦交流传动电力机车，和谐 5 型大功率内燃机车以及各型城市轨道交通车辆；自主研发的 CRH6 型城际动车组用齿轮传动系统成功应用于我国首列城际动车；研制的移动式焊轨车在京津、武广、郑西、京沪等高速铁路钢轨铺设中广泛使用，完全替代进口设备。

今创集团是一家以轨道交通车辆装备研发、生产为主，多元化经营的大型企业集团，拥有轨道交通车辆内装复合材料、不锈钢薄板箱盖与箱体的焊接加工工艺等 100 多项发明专利和实用新型专利。

信承瑞技术有限公司研发的手推式接触网检测小车，能够对路网几何参数、磨损等状态进行非接触式连续检测，极大地提高了检测的效率和精准性，成为轨道交通领域的创新，这项创新不仅有效填补了国内空白，获得了中国国家铁路集团有限公司、上海地铁的高度评价，更是赢得了国外业主的高度认可，成为轨道交通领域的创新前锋。

（九）“二次创新”打破国际对尼龙 66 盐的技术垄断——化工 · 河南平顶山高新技术产业开发区

河南平顶山高新技术产业开发区化工产业示范基地于2012年正式批复成立。示范基地坚持创新驱动发展，搭建创新服务平台，深化产学研合作，并不断完善产业创新发展服务保障体系，通过“二次创新”一举打破了国际对尼龙 66 盐的技术垄断。

1. 主要做法

（1）深化产学研合作

不断加强与欧美同学会、复旦大学校友会、上海交通大学等智库联盟机构的合作，邀请科技创新杰出人才、项目负责人到高新区考察调研。与北京航空航天大学国家大学科技园合作共建总建筑面积 11 万平方米的高新火炬园项目；与西安交通大学合作共建西交大国家技术转移孵化空间和金属材料强度国家重点实验室。

（2）搭建平台，激发创新活力

一是构建国际人才交流合作平台，建立柔性引才机制，引进人才共享平台。成立河南省首家“人才共享”服务平台——芯联智库平顶山创新人才共享服务中心，采取“智库+园区+平台+资源”模式，致力于打造集高端人才引育和战略性新兴产业培育于一体的国家级孵化平台。二是引进猪八戒网“互联网+”产业共享服务中心、芯联智库创新人才共享服务中心等一批科技创新服务平台，形成了

“平台—市场—服务”一体的现代服务体系。三是鼓励帮助企业建立企业创新中心、研发中心，形成专业化创新机构、企业自有创新机构共同发展的良好格局。

（3）构建五大运营服务体系，提供创新保障

生产服务：建立尼龙新材料检测中心、模具中心、设备维护维修中心。物流贸易服务：以沙河码头、铁路站场为中心的物流园区建设，根据下游深加工企业的投产进度，启动电子商务及贸易中心建设。进出口服务：海关、保税区等正在开展前期工作。生活服务：首批专家公寓、职工公寓、服务中心等配套生活设施正在施工。产城融合：围绕沙河两岸打造生态走廊和生态小镇，建设金融科教中心、产业孵化园，完善城市商业服务和居住设施，形成产城融合发展态势。

2. 发展成效

2019 年，平顶山高新区以培育引进创新引领型企业、平台、人才、机构为核心目标，不断夯实创新驱动发展基础，不断聚合新动能。激发企业科技创新的积极性和主动性，将市场需求转化为创新动力，推动创新成果市场化、产业化。河南神马尼龙化工有限责任公司的“高品质尼龙化工产品关键技术及应用”项目、河南平芝高压开关有限公司的“新一代高参数小型化环保型 252kV GIS 研制”项目、平高集团有限公司的“环境友好型中压金属封闭开关设备研制及工程应用”项目、平顶山神马帘子布发展有限公司的“高初始粘合型锦纶 66 浸胶帘子布及工艺技术开发”项目获得河南省科技进步奖；平高集团有限公司的“输电等级单断口真空断路器关键技术及应用”项目获得 2018 年度国家技术发明二等奖。

基地内的尼龙化工公司通过“二次创新”，成功突破了国外企业对尼龙 66 盐的技术垄断，开发出了超越技术提供方的新工艺，大大提高了尼龙 66 盐的生产效率和产量，形成了集尼龙 66 盐、尼龙 66 中间产品、帘子布、工程塑料和特种工业丝研发生产于一体，上下游产品配套生产的尼龙化工产业链，成为亚洲最大、世界一流的尼龙 66 盐产业基地。

（十）着力打造特色鲜明的中关村“材料创新谷”——石油化工（石化新材料）·北京房山区

北京房山区石油化工（石化新材料）产业示范基地于 2010 年正式获批成立。

按照北京市高精尖产业发展的新要求和房山区产业聚焦的新定位，基地对原有产业发展规划进行修订调整，明确了“1+3”的产业发展思路，即着力推动地区传统合成材料改性升级；进一步做大做强以石墨烯为代表的纳米材料、以新型显示材料为代表的电子新材料和以氢能为代表的新型能源材料。基地紧抓创新发展主线，积极推动科技成果落地发展，向着成为特色鲜明的中关村“材料创新谷”不断努力。

1. 主要做法

（1）明确产业定位，做好创新发展的科学引领

一是着力推动燕山石化公司转型创新发展。在服务燕山石化绿色安全发展的前提下，支持和推动燕山石化公司主动创新，通过构建“一中心多平台”的新材料创新体系，即打造北京市高分子材料创新中心，创新中心下设电子信息材料、医用卫生材料、先进膜材料、碳纤维、高性能合成树脂、3D 打印材料等创新平台，力争取得国家高分子材料制造业创新中心认定。二是强化主导产业培育，以集联光电、爱家科技为代表的高新技术企业，通过前期培育、扶持，初步具备了规模产业化能力；以石墨烯种子园、京燕奥得赛新材料孵化园、环宇京辉中关村硬科技孵化平台等新载体，集聚了一批石墨烯、前沿新材料以及氢能等新能源材料方面的种子企业，正逐渐成为园区产业升级的重要输出平台。三是建立共享机制，提升园区配套服务水平。整合燕山石化公司、新材料研究院以及北京石墨烯技术研究院等企业、科研院所的研发、检测设备资源，在石墨烯种子园搭建仪器设备共享服务平台。

（2）聚焦两个创新要素，提高产业发展潜力

一是努力把“京津冀石墨烯大会暨产业领袖峰会”打造成为北京市新材料产业创新发展的“新名片”和房山区转型升级的“新亮点”，推动“京津冀石墨烯大会暨产业领袖峰会”成为市级层面的产业大会，着力把以石墨烯为代表的新材料产业打造成为房山区创新发展的“试验田”。二是重点围绕高分子材料、以新型显示为代表的电子信息新材料、以石墨烯为代表的纳米材料和以氢能为代表的新能源材料，积极承接科技成果转化，加快新材料产业高端化、聚集化、协同化、绿色化的发展步伐，打造特色鲜明、发展环境优良、配套完善、综合竞争力领先、

具有全球影响力的中关村“材料谷”。

（3）深化产学研合作，提升创新原动力

积极与北京大学、清华大学、中国科学院、北京理工大学等科研机构对接，引导、鼓励地区企业在新材料技术研发、成果转化等方面深化合作。重点推动八亿时空、集联光电与京东方在液晶面板配套领域创新合作；支持八亿时空国家级重点工程实验室建设以及环宇京辉气体中关村氢能和燃料电池技术产业创新联盟创建发展，搭建中关村硬科技孵化平台；协调八亿时空、高盟新材、集联光电公司联合筹建房山区首个博士后工作站。

（4）抓好重点项目建设，增强创新发展后劲

一是推动氢能产业发展，服务和推动燕山和成气体有限公司与环宇京辉公司氢能源开展合作，中关村氢能和燃料电池技术产业创新联盟完成挂牌；二是利用好石墨烯创投基金，完成 5 家以上石墨烯种子企业入园发展；三是加快推进“北京航空航天新材料产业集群”建设，争取取得工业和信息化部批复并带动项目落地，逐步构建新材料产业高精尖经济结构；四是依托八亿时空和集联光电公司在新型显示材料方面的技术科研和产业化优势，争取以中芯国际为代表的电子信息新材料项目在基地落地，推动北京新型显示和电子信息材料产业集群建设。

2. 发展成效

（1）创新资源加速集聚，产业吸引力不断提升

基地成功举办四届“京津冀石墨烯大会暨产业领袖峰会”和三届新材料创新创业大赛，为石墨烯产业在新材料基地落地发展营造了浓厚的发展氛围，对新材料领域高端资源的吸引力和聚集力得到了进一步提升和释放。北京石墨烯产业创新中心石墨烯种子园建成并启动运营；第一支总规模 2.2 亿元的北京市首个石墨烯创投基金出资并完成备案；以石墨烯种子园为载体的国家级石墨烯制造业创新中心通过首次院士论证会，取得工业和信息化部批复后在新材料基地挂牌。

（2）“头部”企业示范引领效应日趋凸显，转型创新实现新突破

一是中石化明确了将燕山石化公司打造成为国际氢能产业发展和新材料产业研发领军企业的目标定位。和北京石墨烯技术研究院、环宇京辉公司在石墨烯、氢能等领域的深度合作与协同创新取得了新突破；积极参与筹办了石墨烯大会和

氢能大会；疫情防控初期，两个月内建成 4 条熔喷布生产线，缓解了周边地区熔喷布短缺问题，进一步提升了新材料基地的基础优势和综合影响力。二是八亿时空、集联光电等企业在液晶材料领域具备研发、创新、产业化的核心优势，对吸引电子信息领域领军企业集聚发展起到了关键作用，大力推动了集成电路、半导体等产业链中“卡脖子”的电子化学品材料项目落地，成为加快电子信息材料产业集群建设的重要支撑。三是环宇京辉作为冬奥气体保供单位，拥有在氢气“纯、储、运、用”等方面的核心优势以及中关村氢能硬科技孵化平台的载体优势，目前包括氢山科技、鸿力氢动、鸿基创能在内的 22 家氢能上下游企业已入驻平台。下一步，依托燕山石化公司和环宇京辉在氢能利用方面的核心优势，将陆续吸引超过 50 个以上的氢能产业项目入驻孵化，推动固态储氢材料以及燃料电池等上下游产业链核心环节的研发及成果转化。

二、新型制造典型案例

（一）实施食品产业智能制造计划——食品 · 山东荣成

山东荣成食品产业示范基地于 2015 年正式获批成立。示范基地围绕主导产业全面实施产业智能制造计划，在明确产业智能化发展方向的基础上，积极鼓励企业围绕产业链全流程进行智能化改造，推动食品产业实现高质量发展。

1. 主要做法

（1）做好“互联网+”智能制造发展规划

坚持产业智能化方向，实施“互联网+”智能制造行动计划，推动信息技术向产业领域全面渗透，促进工业化与信息化深度融合，推进工业产业转型升级。聘请相关企业咨询公司对全市工业智能化发展情况进行调研，并根据调研结果编制荣成市“互联网+制造业”总体规划和专项规划，以此为契机摸清全市制造业发展现状和智能化升级比较优势，明确智能化发展的周期目标任务、产业布局、技术路径、重点攻关领域等，为项目招商、产业平台布局、相关政策制定、专项财政扶持等工作提供有效指引。

（2）鼓励企业探索“智能化+工业”

积极鼓励重点企业在生产经营过程中应用大数据技术，广泛应用智能装备、智能软件和智能标准，提高企业管理、决策与服务水平；重点推进生产现场智能运行管控系统建设。同时，开展“机器换人”示范推广活动，率先在泰祥食品、海之宝等劳动密集型传统食品企业启动试点。重点推进泰祥集团与上银科技等公司的合作，引进机器人对部分加工车间生产线进行智能化改造。

（3）推动新一代信息技术融入产业链各环节

加快物联网、云计算、大数据在产品的研发、生产和销售等各环节的集成创新和应用。探索开展产业链协同，实现产业链整体运作效率升级。推动泰祥食品、赤山集团、鑫发控股等企业对接信息技术服务商，重点针对上游原料采购、下游物流配送、产品追溯等特定环节，搭建全生命周期系统，逐步实现部分环节产业链协同。累计实现 199 家食品企业上云，企业通过云存储、云应用等上云方案的部署，快速形成数字化管理和网络化协同能力，加速数字化转型步伐，其中，鑫发控股的“沃云及电子采购云平台”应用效果好，提高了企业的采购效率，减少了企业的投入成本，加强了企业信息安全，发挥了很好的引领带动作用，鑫发控股被评为 2018 年度山东省企业上云标杆企业。推动 6 家食品加工企业通过两化融合管理体系贯标评定，1 家食品加工企业被评为国家级两化融合管理体系贯标试点，4 家食品加工企业被评为山东省两化融合管理体系贯标试点，加快企业信息化、智能化进程，优化产业结构，转变增长方式。加快食品加工企业工业互联平台的建设和应用。一是加强智能制造基础，指导百合生物成功申报首批山东省“现代优势产业集群+人工智能”试点示范项目，提高了劳动生产率、成品合格率，降低了运营成本，增加了经营利润。二是推动工业互联网在食品加工行业的快速落地，重点推动泰祥食品与卡奥斯深度合作，利用泰祥皇朝马汉外贸综合服务平台是山东省食品行业唯一的省级外贸综合服务平台、全国同行业唯一的出口日韩食品“同线同标同质”交易平台以及跨境电商综合服务平台三大综合服务平台的优势，共建“智慧农业+健康定制”三产融合发展服务平台，共同探索在跨境电商服务、厨房数字化、国民营养健康、诚信溯源体系、食品卫生和安全问题等方面的解决途径，为“智慧农业+健康定制”的数字化管理提供行业解决方案，服务大农业、大健康。通过共建平台，赋能中小企业转型，打造农副产品加工行业的新生态，为荣成海洋生物食品产业集群的发展探索了新模式。

（4）深入开展产学研合作

组织企业积极参加荣成企业百家院所行、荣成产业技术创新战略联盟活动周、山东省产学研洽谈会等系列活动，以资产或技术成果为纽带，力促企业与国内外高等院校、科研院所，以合作开发、人才培养、共建中心、共建服务平台等多种形式开展产学研联合，引进消化吸收国内外的先进互联网技术，提升企业的智能制造技术创新和应用能力，大胆应用成熟先进的“互联网+”研究成果，促进科技成果的转化，形成强大的科研开发支撑体系。

2. 发展成效

（1）基地综合实力稳步提升

2019 年，示范基地的地区生产总值达到 930.8 亿元，同比增长 3.6%；一般公共预算收入 63.6 亿元，社会消费品零售总额增长 9.3%，外贸进出口增长 12.1%，实际利用外资增长 10.8%，城镇和农村人均可支配收入分别增长 6.7%、8.6%；工业企业营业收入过亿元企业 76 家，税收过千万元企业 72 家。新注册市场主体 1.4 万家。为山东省首批全域旅游示范区，服务业综合改革试点中期评估获全省第一。

（2）产业集群规模持续扩增

一是冷冻调理海洋食品产业，拥有冷冻调理食品加工企业 70 多处，产量约占全国同类产品总量的 13%，主攻日、韩、欧美等高端市场；二是海带食品产业，拥有海带加工企业 80 多家，产量约占全国同类产品总量的 44%；三是海产品罐头产业，拥有海产品罐头加工企业 13 家，产量约占全国同类产品总量的 35%，其中贝类罐头占全国总产量的 80%以上；四是海洋即食休闲食品产业，产量约占全国同类产品总量的 5%；五是深海鱼油等软胶囊产业，已成为亚洲主要的保健食品软胶囊生产基地之一。目前，山东荣成食品产业示范基地的加工总能力为 280 万吨以上。

（二）“互联网+”和智能制造为传统工业强势赋能——钢铁（钒钛）· 四川攀枝花市

四川攀枝花市钢铁（钒钛）产业示范基地于 2010 年正式批复成立。示范基地高度重视“互联网+”和两化融合改造工作，大力推动“互联网+”和智能制造，助推工业经济良好快速增长。

1. 主要做法

（1）建设智能工厂和数字化车间

攀钢集团在钢铁、钒钛、供应链等领域开展智能装备、工业互联网、工业大数据、工业物联网等应用，打造智能工厂和数字化车间。联合阿里巴巴实现 AI 炼钢，积极打造轨梁厂智能工厂、钒氮合金和选钛智能生产线；积极开展攀钢钒轨梁厂、西昌钢钒板材厂、积微物联等智能工厂及矿业公司选钛智能生产线、股份公司攀枝花钒制品厂钒氮合金数字化车间、股份公司重庆钛白粉生产线等数字化车间建设工作。

（2）打造智慧能源服务平台

四川川能智网实业有限公司在攀枝花市投资 1.04 亿元，采用“线上数字云平台+线下采集服务”技术，打造智慧能源服务平台，为攀枝花市工商企业提供全方位能源需求侧服务，现已与 58 家企业签订合同，覆盖化工、钢铁、建材等 13 个重点能耗行业，每年可为企业节省能源支出 6 亿元。

（3）加强本地智能制造产业体系培育

提高园区配套服务能力，建立完善产业园区技术研发、产品检验检测、线上线下营销、现代仓储和物流配送、创新创业孵化器、金融服务等公共服务平台。四川安宁铁钛股份有限公司启动两化融合建设，已搭建具有企业特色的数据中心，建设五大功能模块（质量管控、设备维护、能源管控、生产过程、决策管控）和 1 个定制应用（桌面云办公）。

2. 发展成效

2019 年，工业强市迈出坚实步伐。实现全部工业增加值 474.84 亿元，增长 6.3%，对经济增长的贡献率为 59%；规模以上工业增加值增长 6%，规模以上工业企业产销率为 98.5%；实现主营业务收入 1845.6 亿元，增长 9.8%。完成工业投资 204.8 亿元、技改投资 212.3 亿元，单位工业增加值能耗下降 7.9%。钒钛产业产值达 281 亿元、减少 25.1%，钒钛资源优势转化为产业优势、经济优势的步伐加快。其中，钢铁产业实现了稳步增长，形成了年产铁 614 万吨、钢 611 万吨、钢材 545 万吨的能力，并培育出了具有较强市场竞争力的钒钛低微合金钢、含钒钛机械零部件、钒钛合金等特色优势产业。钒钛产业实现了快速成长，总量大幅增长，钒产品产量世界第一，海绵钛、钛渣、钛精矿产能/产量全国第一，成为我国最大的钛原料生产、供应地，钛精矿、钛白粉产值多年占钛产业总量的 80%以上。同时，市场供需两旺，产品产量、出口创汇、环保投入、上缴税收及项目引进、建设等均创下了历史新纪录，产业向着做大、做强、做优和高质量发展方向快速迈进。

（三）搭建“高度自动化”超级工厂，康桥“智造”动能加速集聚——电子信息（移动智能终端）· 上海浦东康桥工业区

上海浦东康桥工业区电子信息（移动智能终端）产业示范基地于 2014 年正式批复成立。示范基地围绕实现康桥“智造”目标，不断强化国际合作，积极打造产学研高地，努力提升科研团队实力，顺利搭建起“高度自动化”超级工厂，智能制造领域不断实现新突破。

1. 主要做法

（1）完善公共服务平台，加强国际合作

基地建立起多层次的中以双边产业交流平台——组织中以两国双边科技和产业交流合作，努力配合推动张江“全球科技创新中心”目标建设，为搭建示范基地与以色列相关知名高科技园区、科技研发机构以及创新企业之间的合作平台提供服务。天慈以华在 2018 年与以色列 MAASAI 创新客户顾问签署合作建立“中以（张江）医疗科技孵化创新中心”，目前共有 22 个跨国异地孵化项目。

（2）牵头成立创新中心，打造产学研高地

示范基地牵头并成立了中国科学院量子信息与量子科技前沿卓越创新中心，依托中国科学技术大学建设，以中国量子卫星首席科学家潘建伟院士为科研带头人，中心承担了“量子科学实验卫星”、千公里光纤量子通信骨干网工程“京沪干线”等国家重大任务，将逐步投放一批在国际上具有较高显示度和影响力的重大科学项目与科技成果，打造具有国际影响力的高级管理与工程技术人才教育、科学研究创新和科技成果产业化基地。另外，示范基地的运营管理主体——上海

浦东康桥（集团）有限公司与基地的龙头骨干企业 ABB 及上海交通大学三方联合成立了机器人联合研发中心，为基地企业提供技术支持。

（3）开拓人才引进途径，优化人才发展环境

一是积极组织区内企业参加各类人才招聘会，将人才直接吸纳到工业区人才队伍中来。比如到知名高校举办康桥工业区企业专场招聘会，在工业区内提供平台组织各专业类别、各等级层次的招聘会等。二是通过项目吸引人才，和企业共同探索通过对一些技术开发项目及企业的技术难题进行招标而引进人才和智力的可行途径。同时，积极吸引区外成果到示范基地来实现转化，在引进科技成果的同时引进人才，提高人才引进的经济和社会效益。三是通过引资引才，将招商引资和引进技术、人才结合起来，引进一批高层次人才和实用型人才，促进工业区经济健康协调发展。

2. 发展成效

（1）“高度自动化”超级工厂建设顺利推进

2018 年，瑞士工业巨头 ABB 集团位于康桥的机器人新工厂和研发基地正式破土动工。这家工厂将取代现有的上海工厂，成为 ABB 机器人全球三家工厂中的最大工厂，预计将于 2021 年投入运营，总投资额 1.5 亿美元。未来工厂将实现“高度自动化”，采用包括薄酷派机器学习、数字化和协作解决方案在内的先进制造工艺，致力于打造全球机器人行业最先进、最柔性、自动化程度最高的工厂。新工厂还将设立一个强大的研发中心，采用开放式创新模式，共同开发满足客户个性化定制需求的自动化解决方案，同时帮助加快人工智能领域的创新发展。ABB 机器人已与园区内的延锋江森、上海烟草等企业开展智能化合作，改造部分生产线。

（2）多项智能制造工艺处于领先地位

昌硕科技公司采用全自动化生产设备，以智能方式对生产过程进行管控，包括：配件包装自动化（BALA），用智能自动化设备代替人工执行手机配件放入包装盒；测试自动化（OSAKA），用智能自动化设备代替人工执行测试项目；运输自动化（AGV/跨厂，跨楼层 Smart conveyor），用智能搬运设备代替人工执行重复搬运作业；E 化点名（无纸化），十万人以上工厂无纸化点名/加班/站位技能管

控系统等。目前昌硕生产智能手机产品工艺成熟，处于国内、国际领先水平。此外，基地内的骨干企业晶晨半导体位列科创板首批申请 IPO 的 9 家企业名单中，并拿下科创板 001 号受理批文。该企业是全球无晶圆半导体系统设计的领导者，为多种开放平台提供各种多媒体电子产品，在智能机顶盒芯片和智能电视芯片领域居于国内领先地位。

（四）推动装备制造业智能化、数字化转型——装备制造（工程机械）· 江苏徐州经济技术开发区

江苏徐州经济技术开发区装备制造（工程机械）产业示范基地于 2010 年正式批复成立。示范基地通过培育优势骨干企业、实施创新驱动战略、打造产业发展平台等措施，全力推动以工程机械为代表的装备制造业向自动化、数字化、网络化、智能化方向转型。

1. 主要做法

（1）突出产业，科技助力促发展

科技是第一生产力，企业发展离不开科技创新的驱动。2019 年，围绕国家火炬徐州工程机械特色产业基地薄弱环节和关键领域，深入实施产业技术创新工程，引导企业突破一批“卡脖子”的核心技术，把创新成果变成实实在在的产业活动。徐工集团“大吨位装载机技术”及“超高风电安装用起重机与大吨位装载机技术研发及产业化”等多项关键技术启动研发，部分产品将打破国外技术垄断、填补国内空白，带动上下游产业向高端发展。

（2）推动研发，政策引领见成效

牢牢跟紧国家战略发展方向，引导企业了解政策、学习政策，结合企业自身的发展情况与研发能力，择优推荐项目申报。2019 年，徐工集团工程机械股份有限公司“超高风电安装用起重机与大吨位装载机技术研发及产业化”、江苏集萃道路工程技术与装备研究所有限公司“RAP 微波加热再生技术研究及产业化”、徐州华恒机器人系统有限公司“复杂装备自适应在线设计智能焊接系统研发及应用”等一批优质企业研发项目获得省级、市级科技计划项目立项支持。

（3）整合资源，强化载体建平台

一是建强特色产业平台。实施特色园区“2030”工程，加快建设徐工大型智能矿业机械、台湾精密制造、蓝海湾工程装备等产业园，进一步推动空间集中、企业集聚、产业集群、要素集约。二是建强公共服务平台。大力建设以新型研发机构为主的产业研究中心、行业检测中心、工业设计中心等第三方服务平台，通过“政产学研检”结合，提高产品的市场竞争力和企业的影响力。建成燕山大学（徐州）电液技术研发中心、江苏徐益中智能装备研究院两家新型研发机构，推动国家工程机械产品质量监督检验中心、江苏省特种机器人产品质量监督检验中心等一批公共基础服务项目建成运营，为研究开发、产品检测等提供信息和服务支撑。三是建强技术研发平台。强化产学研合作，加快引进、共建或自建高水平研发机构，重点推进支持徐工集团创建国家级高端工程机械及核心零部件智能制造创新中心，牵头成立中国高端工程机械技术创新联盟，增强核心技术的自主可控能力。

2. 发展成效

（1）基地企业整体竞争力持续提升

拥有一批主业突出、具备核心技术优势的大型装备制造企业，企业整体竞争力持续提升。徐工集团已发展成为千亿级跨国公司，2019 年全球工程机械制造商 50 强排行榜排名第 4，连续 30 年领跑全国工程机械行业，工程起重机械、铲土运输机械、路面及压实机械、筑路及养护机械等 9 类主机及液压件等 3 类关键零部件国内市场占有率第一。卡特徐州是美国卡特彼勒在华的旗舰工厂，2017 年卡特彼勒总部将超大挖掘机的全球制造中心转移到徐州，经济技术开发区成为卡特彼勒全球超大挖掘机的唯一制造基地。海伦哲开发的 33 米、34.7 米等高空作业车系列产品国内市场占有率第一，改变了 30 米以上高空作业车产品完全依赖进口的局面。赛摩电气、世通重工、华恒机器人、威卡电子等企业已成为行业细分领域的“单项冠军”。

（2）基地智能制造发展强劲

实施智能制造升级行动，强化信息技术在企业业务全流程、产品生命全周期和产业全价值链中的广泛应用，已有通过两化融合管理体系贯标企业 15 家、国家级智能制造试点示范企业 2 家、省级示范智能车间 21 家，徐工重型获批省智能工厂建设试点。加速构筑自动控制与感知、工业云与智能服务平台、工业互联网等制造新基础，培育制造业的新模式新业态新产品，徐工信息、华恒机器人、赛摩电气入选江苏省智能制造领军服务架构，特别是徐工信息“徐工汉云工业互联网平台”、赛摩电气“淮海云协同制造服务平台”两大工业互联网平台成功入选省重点工业互联网平台名单。

（3）基地创新水平不断攀升

坚持创新驱动、高端引领，先后获批国家级企业研发机构 3 家、省级企业研发机构 64 家、市级企业研发机构 84 家、校企联盟 200 余个；2019 年度装备制造产业研发投入超 40 亿元，占全社会研发投入的比重达 80%以上。累计建成燕山大学电液技术研发中心、北京航空航天大学智能技术与机器人工程研究中心等 10 余家公共服务平台，徐工高端工程机械智能制造国家重点实验室、江苏汇智高端工程机械创新中心、省产业研究院集萃道路所等重大创新平台相继投入使用，获批建设国家工程机械产品质量监督检验中心、省特种机器人产品质量监督检验中心，自主研发 2000 吨级全球最大全地面起重机、4000 吨级履带起重机“世界第一吊”、12 吨级中国最大的大型装载机、百米级亚洲最高的高空消防车等系列新产品，打破了国外企业的全球垄断格局，先后获得国家和省、市级各类奖项 150 余项，其中国家科技进步奖 4 个、国家专利奖 5 个、首台套重大技术装备 36 个。

（五）构建产业链环环相扣、废弃物变废为宝的循环经济发展格局——金属新材料 · 甘肃金昌经济技术开发区

甘肃金昌经济技术开发区金属新材料产业示范基地于2010年正式批复成立。示范基地围绕可持续发展目标，立足优势资源，大力推进资源循环利用，构建起产业链环环相扣、废弃物变废为宝的循环经济发展格局。

1. 主要做法

（1）地企双方共同开展生态建设

通过基地和企业双方的共同努力，产品实现了从生产、流通到消费等过程中全生命周期的减量化、再利用和资源化，从而提高资源利用效率，保护和改善环境，实现可持续发展。一方面，向企业全面宣传清洁生产政策和推行清洁生产技

术，从源头上减少废物的产生，实现末端治理与污染防治和生产过程控制相结合。另一方面，发挥基地的规划引领作用，大力培育并构建规模布局合理、功能互补、废弃物循环利用的生态工业园区体系，建设公共配套设施服务体系，加大污水集中处理设施和中水回用深度处理系统的建设。大力实施“碧水蓝天净水”工程，通过回收利用二氧化硫、氯气等工业废气配套发展化工产业，将工业废气全部“吃干榨尽”，化害为利，变废为宝。千方百计管好、用好、保护好有限的水资源，实现水资源的永续利用。

（2）围绕可持续发展开展“延链补链强链”

紧紧围绕基地建设，科学筛选和确定入园企业和项目，引进“延链补链强链”项目，加快形成产业共生耦合和规范化集聚的生态网络。其中，扎实推进化工循环经济产业，坚持把发展循环经济作为转变经济发展方式、推进资源型城市可持续发展的突破口，不断延伸有色金属、冶金、化工等产业链，促进产业在接续中延伸、结构在延伸中调整。

（3）出台一揽子循环经济发展政策

贯彻落实《金昌市循环经济基地发展规划》和《金昌市创建国家循环经济示范市实施方案》，形成较为系统和科学的循环经济发展规划指导体系。同时，结合国家和省上出台的一系列政策措施，研究制定了《促进循环经济发展工作制度》《金融支持循环经济发展办法》《财税支持循环经济发展办法》《科技支撑循环经济发展办法》《循环经济发展人才保障办法》等适应基地发展的具体工作举措。

2. 发展成效

（1）全面形成循环经济发展格局

基地坚持循环经济理念，以科技创新为动力，以工业园区建设为载体，不断构建循环经济产业链，初步形成了企业小循环、产业中循环、区域大循环，产业链环环相扣、废弃物“吃干榨尽”的循环经济发展格局，走出了一条具有金昌特色的循环经济发展路子。通过主业带动、产业延伸接续，构建了工艺相互依存、物料近距离转运、“三废”集中处理、资源循环利用、产业横向耦合的有色金属及深加工、硫化工、氯碱化工、磷化工、煤化工、氟化工、冶金、建材、再生资源利用、清洁能源的十大产业链，进一步促进了产业结构由单一有色金属产业向多产业集聚发展的转变。

（2）有色冶金传统产业实现绿色转型

在打造“采矿—选矿—冶炼—精炼—精深加工”产业链的同时，围绕有色金属资源的综合开发利用，着力在镍铜钴深加工和新材料产业上下功夫，相继开发了羰化冶金、电池材料及电池、高纯金属、系列贵金属催化剂、镍基合金、银系列、镍盐、镍钴粉体材料等新产品，形成了较为完整的有色金属新材料产业链，初步实现了有色冶金传统产业的绿色转型。

（六）打造“再”“智”融合的高端智能再制造发展模式——资源循环利用（再制造）· 湖南浏阳高新技术产业开发区

湖南浏阳高新技术产业开发区资源循环利用（再制造）产业示范基地于 2019 年正式批复成立。示范基地抢抓发展重大机遇，不断探索“再制造”与“智能制造”的深度融合，初步形成了以“平台+产业链+联盟”的再制造“浏阳发展模式”，推进再制造产业实现高质量发展。

1. 主要做法

（1）加强政策引导与专项支持

一是政策引导，包括企业引进培育、基础平台支撑、共性技术攻关、本地采购（租赁）补贴、政府购买服务、融资租赁、人才引进、项目孵化等多个方面，出台具体支持政策，构建多层次的产业政策体系；二是专项支持，不断扩展财政融资渠道，不断创新财政资金分配方式，积极响应“互联网+”等国家战略，整合专项财政资金，采取分阶段限额补贴的方式，对再制造产品转型升级、智能再制造产线改造及智能再制造云平台等方面进行支持。

（2）围绕再制造建链强链补链

依托园区现有产业，整合周边产业，着重构建以工程机械、汽车零部件及数控机床再制造为特色的产业链；围绕特色产业链不断引进再制造企业，推进企业向高端再制造和智能再制造方向发展；不断拓展园区企业制造业务向再制造业务延伸，形成以新产品设计、生产制造、租赁/销售，旧件回收、再制造等为核心的再制造业务链条，推进“制造—再制造”全产业链协同发展。园区 50%以上的传统制造企业全部拓展再制造业务，中大机械、鹏翔星通、中铁五新等制造企业形成了“制造—销售（租赁）—回收—再制造—销售（租赁）”的模式。

（3）围绕产业链整合搭建大平台

通过“政府主导、社会参与、市场为导向、应用为核心”的模式，以智能再制造研究院为载体，以再制造云平台为支撑，统筹再制造旧件回收物流、拆解清洗、表面处理、检测检验、展示交易、信息服务、生产配套等平台，打造“研究院+云平台”线下线上相结合的大平台体系，形成完善的再制造服务链。2019 年园区引进湘冶检测、浏阳方圆智造、永智机械分别运行检测中心、展示交易中心、表面处理中心，形成了完善的再制造医院。

（4）依托大平台推进大合作

依托“研究院+云平台”线下线上相结合的大平台体系，推进再制造联合会、技术创新联盟建设，围绕再制造关键共性技术与相关标准建设，整合政府、企业、科研院所等创新资源，不断深化再制造业务创新链，提升发展质量。2019 年园区再制造企业深入开展校企合作，法泽尔和湖南大学成立了奔腾实验室，重点对再制造发动机进行性能测试和研究，轩辕春秋、法泽尔和湖南大学合作共建了湖南省工程机械绿色制造研究中心，着力研究再制造液压系统、绿色拆解等方面的共性技术问题。

2. 发展成效

（1）高端智能再制造产业规划体系不断完善

编制了园区《再制造产业发展规划（2019—2021 年）》，对推进再制造产业向高质量发展进行全面规划和科学布局；出台了《再制造产业链三年行动计划》及《智能制造产业链三年行动计划》，成立了以管委会书记为组长的高端智能再制造产业发展领导小组，组建了智能制造及再制造专家库。通过长远布局与快速推进相结合，“高端再制造”“智能再制造”相融合，强力推进再制造产业快速发展。

（2）高端智能再制造产业推进体系逐步形成

一是政企合作共建推进载体，与长沙智能制造研究总院共建浏阳智能再制造研究院，为园区再制造企业开展免费咨询、问题诊断、改造方案设计等服务工作，统筹推进园区再制造产业向高端智能再制造转型升级。2019 年完成了园区 40 家再制造企业的走访调研，为 15 家再制造示范企业开展改造升级；法泽尔的两大系列产品入选国家再制造产品目录，宇环数控的数控机床被评为国家绿色产品，华恒和安靠被评为省级智能制造示范车间；二是企业协同引进支撑平台，依托园区再制造信息服务中心、再制造检测检验中心、再制造展示交易中心等公共服务平台，采取政府建设、企业运营的模式，对再制造企业的资源进行大整合，解决旧件逆向物流、网上交易以及诊断、检测等问题，实现全产业链的追溯。初步形成了以旧件回收、拆解清洗、检测检验、研发生产、表面处理、展示交易、信息服务为一体的再制造全生命周期循环体系。

（3）高端制造产业集聚效应日益凸显

2019 年新引进了湖南福懋汽车零部件再制造有限公司和湖南永智机械科技有限公司等 6 个再制造项目，新培育了鹏翔星通、奥斯凯和准力 3 家企业开展再制造业务。中大机械将无人驾驶、智能压实系统等融入再制造产品中，真正实现了高端再制造。同时，充分发挥企业抱团发展合力，以园区再制造企业为主体发起成立的“湖南省工程机械再制造产业联合会”和“长沙市工程机械再制造产业技术创新战略联盟”，推动法泽尔、轩辕春秋等四家企业的再制造产品产品认证、标准制定等；2019 年法泽尔的“可再制造汽车零部件旧件分级标准”已通过了中国物资再生协会的审核；方圆液压的“液压油缸再制造产品生产检验标准”已通过了三家再制造企业的试验。

（七）实现产业“智能绿色”升级——化工新材料·山东聊城高新技术产业开发区

山东聊城高新技术产业开发区化工新材料产业示范基地于 2015 年正式获批成立。示范基地紧密围绕“一体化、集约化、园区化、智能化”的原则开展项目建设，推动实现产业的“智能绿色”升级。

1. 主要做法

（1）打造智慧园区

在园区建设过程中，积极推进两化深度融合，建设“化肥生产智能工厂”和“智慧化工园区”。自主开发建设了智慧化工园区管控平台，实现了安全、环保、能源、应急等方面的智能化管控。自主开发了系统当家工程，产品销售、物资采购、物流管理全部让“系统当家”，实现了公平、公正、廉洁、高效。在全国化工行业首家实现全部产品网上销售，危险化学品运输车辆全部采用卫星 GPS 系统实时、在线监控，及时消除安全隐患，确保危险化学品运输安全。电子商务平台与产品服务有机结合，集成二维码质量追溯系统；以上系统均与 ERP、CRM、SRM 等有效整合，在国家新型工业化产业示范基地内打造智慧园区。

（2）保证生产安全性

为确保装置本质安全，对园区涉及的重点监管危险化工工艺、重点监管危险化学品、重大危险源实行实时监控和实时预警；对重点指标设置阈值，自动监测指标数据，按照不同的等级分类（A、B、C 三类），一旦超标，立即大屏报警显示并短信通知相关负责人，并由相关负责人对报警进行分析处理后予以消除。将实时数据库与地理信息系统、设备管理系统、三维建模技术进行有机融合，在三维场景中展示实时数据库动态数据。

应急事件发生时自动显示天气、危险源、相关人员及消防设施信息，启动应急预案后，与实时数据库、火灾报警系统、视频监控系统、接警系统联动；用短信的方式将气象信息和消防设施等信息自动发送给相关人员，应急救援中心与企业调度中心、园区运行指挥中心等多方通过专用应急频率联动，利用地理信息系统完成应急物资调用、路径规划、人员疏散。无线专网实现车载、单兵作战移动视频回传和对讲。事故发生时，3 分钟内消防车即可到达。

（3）保证生产环保性

大力发展循环经济，按照“3R”（减量化 Reduce，再利用 Reuse，再循环 Recycle）原则，构建循环经济体系，打造循环经济示范园区。烟气排放达到超低排放标准，废水实现零排放。自主研发废水零排放技术，采用集化学除硬、电渗析、反渗透于一体的废水处理技术，以及纳滤分盐、MVR 蒸发结晶提纯氯化钠、冷冻结晶提取芒硝等分盐技术，整个园区实现了废水零排放。

全面辨识、排查，确定管控重点，研究挥发性有机化合物（VOCs）治理技术，学习借鉴同行业经验，策划实施专项治理；设置污染物排放信息公示栏，对外公示污水外排信息和烟气外排信息，对社会公开、对公众负责，接受社会的监督；倡导企业采用新工艺、新技术、先进设备，推行清洁生产、资源和能源的综合利用，生产能耗低、物耗低、污染低、高附加值的产品；敦促企业认真落实《中华人民共和国清洁生产促进法》，并开展清洁生产审核工作，严格贯彻执行“宁可停产、决不污染”的环保理念。

2. 发展成效

（1）实现生产的集约化、一体化

目前，园区共有化工生产装置 70 余套，形成了以煤化工、盐化工为主链，氟硅化工为支链的相互交织的产业链，产业链优势明显。上游装置产品作为下游装置的原料，通过管道输送，规避了危化品运输过程中的安全环保风险，降低了物流成本；公用工程配套齐全，蒸汽、电力、循环水集中供应；园区热电联产装置锅炉烟气全部达到超低排放标准，污水集中处理 100%、中水回用 70%以上，集聚建设初见成效。

（2）实现产业的绿色发展、循环发展

一是在煤、盐、氟、硅产业间实现了较好的上下游衔接和平衡配套。工业过程副产的盐酸转化为精细化工产品氯磺酸；尾气中的氯化氢经深度处理后生产出一氯甲烷，成为硅产业原料。此外，合成氨中副产的硫化氢气体转化为硫化钠，过程清洁、能耗少；甲烷氯化物中副产的四氯化碳通过资源化利用裂解为四氯乙烯。二是通过使用固体废弃物综合处理装置、污水处理中水回用装置等，工业固体废弃物综合利用达标率、污水集中处理率均达到 100%，中水回用 70%以上，主要污染物排放指标均低于当地控制水平，环境容量满足基地发展需要。

（八）构建“绿色+服务+智能”三位一体的商用汽车产业发展新面貌——汽车产业 · 西安经济技术开发区

西安经济技术开发区汽车产业示范基地于 2010 年正式获批成立。示范基地聚焦商用汽车产业，积极推进绿色制造、服务型制造、智能制造等新型制造，全面构建起“绿色+服务+智能”三位一体的商用汽车产业发展新面貌。

1. 主要做法

（1）带动商用汽车产业绿色发展

示范基地内的龙头企业陕汽集团是中国汽车产业绿色、低碳环保转型发展的积极倡导者和有力推动者，推动了汽车产业的可持续发展，在清洁能源与新能源、智能网联商用车领域处于行业领先地位，拥有220余项专利技术，承担了国家863新能源商用车开发项目，并成功开发出国内第一辆L4级智能重卡和燃料电池整车产品，具备新能源商用车系统集成及核心零部件开发能力，从产品设计、研发、制造全过程及客户经营全过程，为客户提供行业领先的绿色环保产品和解决方案，有力地带动了商用汽车产业及相关配套企业向绿色发展转型。

（2）带动商用汽车产业由制造型向服务型制造转变

陕汽集团是我国服务型制造的先驱和典范，始终以提升人们的生活质量与福祉为己任，积极推进制造与服务融合发展。关注“产品全生命周期”和“客户经营全过程”，创新开展了融资租赁、经营性租赁、商业保理、保险经纪、二手车置换、车联网数据服务（天行健）、TCO托管服务、电子商务等一系列增值服务业务，为客户提供一体化服务解决方案，打造了国内最大的商用车全生命周期服务平台，有力地带动了商用汽车产业由制造型向服务型制造转变。

（3）打造商用汽车产业智能制造工厂

通过全方位、多角度研究与分析商用汽车产线升级的新变化、新方向以及新途径，坚持“高端、融合、生态、创新”的方针，以工业4.0为制造标准，以新能源汽车产业为核心，以项目为载体，以智能化为特色，着力打造商用汽车产业智能制造工厂，推动企业实现转型升级。

2. 发展成效

（1）综合实力显著增强

2019年，经济技术开发区汽车产业共实现工业总产值1000.3亿元，同比增长12.3%，其中，龙头企业——陕汽集团产销各类汽车18.4万辆；实现工业总产值756亿元，同比增长8%；产品已出口到欧洲、非洲、中东等90多个国家和地区，实现了重卡出口主流市场的全覆盖，2019年全年出口2.3万辆，同比增长41.2%。

（2）产品品质不断提升

陕汽集团自主完成了纯电动及燃料电池、整车控制核心技术开发，1801长头车项目、HD项目进展明显，L4级智能重卡引领发展，三代军车顺利通过鉴定试验。先后被授予“全国质量诚信标杆典型企业”“全国汽车行业质量领先品牌”“国家高端装备制造标准化试点企业”等荣誉称号。特别是“国家高端装备制造标准化试点企业”，是智能网联汽车领域的唯一一家车企，也是陕西省唯一一家获批试点企业。

（九）探索人工智能与传统电力行业的跨界融合——装备制造（智能电网装备）· 南京江宁区

南京江宁区装备制造（智能电网装备）产业示范基地于 2013 年正式获批成立。示范基地深入推进电力结构改革，积极探索人工智能与传统电力行业的跨界融合转型，推动电力行业传统生态革新，智能电网行业实现跨越式发展。

1. 主要做法

（1）坚持目标导向，推动智能电网产业地标建设走深向实

按照《江宁区打造智能电网产业地标行动计划》明确的七个方面的目标和五项保障措施，进一步加强规划认证和顶层设计，完善空间布局，加强“五大中心”建设，进一步拓展智能电网及相关产品的标准研究制定、产品质量研究检测、新工艺及高端设备的研发、规模化加工改造、信息交流服务、物流交易、人才培养等活动，提升智能电网装备的自主化、智能化、绿色化、服务化水平，打造规模大、水平高、核心竞争力强、产业结构优、环境品质高、配套齐全的现代化智能电网产业基地。

（2）加强创新引领，加快推进智能电网产业优化升级

江宁区的智能电网产业充分利用区内科教、研发资源丰富的优势，加快构建智能电网和新一代信息技术企业强强联合的技术创新体系，紧盯新型电力市场需求，进一步畅通科技成果应用渠道，推动电力二次领域共性关键技术攻关，推进核心零部件研制及国产化替代，通过原始创新、集成创新和引进消化吸收再创新，在关键技术和高端产品开发上取得突破。

（3）搭平台引项目，增强智能电网产业的发展动能

深入实施“去低端、提中端、创高端”的发展战略，构建开放、协同、高效的共性技术研发平台和公共服务平台，加快形成核心技术突破。面向物联网、轨道交通、节能环保等新兴市场，开展智能电网特色化、高端化专题招商和推介活

动，引进供应链配套项目。加大招商引资力度，吸引行业龙头或综合竞争力处于国内外同行前列的企业到江宁区设立研发、生产基地，通过提升科技附加值、形成规模效应，解决中低端产品同质竞争和产能过剩问题。

2. 发展成效

（1）龙头企业引领作用更加突出，科技创新成果不断涌现

2019 年，智能电网的 4 家龙头企业（产值超 50 亿元）完成产值 340 亿元，占规模以上企业产值的 44.1%，同比增长 12.1%，在保持大体量、高增速的同时，在带动产业共同发展方面发挥了重要作用。南瑞集团作为支撑服务国家电网公司“三型两网、世界一流”建设的领军企业，8 月成功举办了第四届“紫金论电”——智能电网保护和运行控制国际学术研讨会。南京南瑞继保电气有限公司开发的国内最大规模集群式 SVG 协调控制系统成功应用；研究基于 5G 的保护通信技术，实现百毫秒级配网故障隔离与供电恢复并率先投入使用；承接世界首个 F 级燃机“黑启动”储能项目，支撑大型燃气机组孤网运行。国电南京自动化股份有限公司研发的“PS-640U 系列保护测控装置”“NPS-6100 系列电动汽车充电设备”通过省部级鉴定，总体处于国际领先水平，并已顺利投产。南京高速齿轮制造有限公司自主开发的“MP 系列辊压机齿轮箱”荣获建材机械行业科技进步三等奖，自主研制的 GK500E 双输入分功率大型密炼机齿轮箱顺利通过客户验收；9 月成功举办“2019 中国风电供应链论坛”。龙头企业立足现有优势和资源，更加注重创新引领，不断强化核心技术研发，进一步奠定领先优势，在全区工业经济发展中发挥了重要的支撑作用。

（2）产业规模质量不断提升，国内外影响力不断增强

江宁区的智能电网产业规模连年保持高速增长，掌握了全国智能电网自动化继电保护领域 90%以上的技术标准，成为南京市首个“全国知名品牌创建示范区”。南京南瑞继保电气有限公司参与建设的上临、巴西美丽山 II 期、吉泉三大特高压直流工程先后成功投入运行，基于国产芯片的保护装置实现 10 至 500 千伏全面挂网，苏通 GIL 综合管廊、北京大兴机场等重点工程顺利投入运行。南京南瑞继保工程技术有限公的司电力保护与控制设备的核心产品连续多年在全国的占有率超过 40%，高居行业首位，产品和解决方案已进入全球 100 多个国家和

地区。南京国电南自电网自动化有限公司通过多样化的营销模式，成功签约越南、阿拉伯联合酋长国、津巴布韦、约旦、印度尼西亚、菲律宾、乌干达、老挝等多个国家的重点项目，国际业务已覆盖 60 个国家和地区。南京高速齿轮生产的风力发电传动齿轮箱产品技术水平达到国际先进水平，在国际市场的占有率达到 30%，国内市场占据 50%。

（十）形成循环经济的“霍林河模式”——有色金属（铝及深加工）· 内蒙古霍林郭勒工业园区

内蒙古霍林郭勒工业园区有色金属（铝及深加工）产业示范基地于 2015 年正式获批成立。示范基地积极践行绿色发展目标，促进资源综合循环利用，形成了“利用低热值褐煤发电—构建多能互补、多点支撑、多网运行、多元消纳的电力格局—以直供铝水加工高端铝材产品—循环利用废弃资源”的“煤电网铝加”循环经济“霍林河模式”，推动五大产业实现高质量发展。

1. 主要做法

（1）坚持绿色理念，建设绿色园区

坚持把最严格的环保理念贯穿于基地建设全过程，深入践行“绿水青山就是金山银山”的发展理念。研制了 8 个方面的无组织排放治理工艺包，并陆续投入生产应用，降低电解铝车间的污染物无组织排放；强力推进电厂超低排放改造；6 家碳素和铝电企业全部实施在线、工况、视频“三位一体”的 24 小时自动监控管理。此外，积极推进“绿色工厂”创建工作，因地制宜地高标准实施花园式工厂建设，推动形成节约资源与保护环境相辅相成的产业结构、生产方式，积极打造更高标准的“生态宜业园区”。

（2）落实供给侧结构性改革，促进传统产业绿色转型

坚持把落实供给侧结构性改革任务作为推动发展的有力抓手，扎实推进“破”“立”“降”，促进发展方式转型。“破”就是坚决打好去产能攻坚战，注重运用市场机制和经济手段去除无效低效产能，严格禁止违规产能建设生产。重组盘活停产、半停产企业，有针对性地制定“一企一策”的盘活措施，找准症结、对症下药，对盘活无望的“僵尸企业”依法依规处置。“立”就是积极培育新动能，加

快促进生产要素从低质低效领域向优质高效领域流动，狠抓有效供给，调优存量、做优增量、创优质量，把重点放在发展轨道交通、再生铝应用、汽车零配件及轻量化、电力设备等装备制造产业上，全面提升产业发展的层次和水平。“降”就是多措并举降低企业用能、用地、用网、用工以及融资和物流成本。为煤炭企业与用煤企业牵线搭桥，促成双方长期合作，保障煤炭持续稳定供给。加快建设电力市场化改革的先行区，积极推进多能互补集成优化示范项目，形成电力低成本优势。

（3）发挥重大项目的牵引作用，促进资源循环高效利用

坚持引进来与走出去并举，积极主动融入国家“一带一路”建设，全力对接新一轮东北振兴战略，灵活运用以商招商、网络招商、顾问招商等方式，拿着政策找项目、跑项目、引项目，着力引进一批发展前景好、带动效应强、科技含量高的优质项目。引入国家电投、杭州锦江集团、山东创新集团、杭州鼎胜集团、安徽旭阳集团等一批实力企业到园区投资发展，带动产业下游形成联晟板带箔、恒大铝粉、立峰铝业、晟源铝业等一大批铝及深加工项目。进一步推动基地原铝转化能力、工业固体废弃物循环利用能力、煤炭就地转化率、电力就地消纳率等系列指标数据实现跨越式增长，工业对煤炭的依赖度大幅下降。

2. 发展成效

示范基地以新发展理念为引领，提振实体经济、聚焦高端发展、延伸产业链条、集聚产业优势，大力推进循环经济发展，“煤电网铝加”五大产业综合实力进一步提升。煤炭方面，已形成 3325 万吨煤炭产能，70%以上的原煤供向发电企业本地消化。电力方面，已形成电力装机 509.48 万千瓦，主要包括国家电投蒙东能源坑口电厂、鸿骏自备电厂、锦联铝材自备电厂、源源金源口电厂等 12 家发电企业。局域网方面，蒙东能源“风光火”多能互补循环经济示范工程已建成，吨铝电力成本比网电低 0.25 元/度、节约成本近 4000 元，碳排放降幅达 15.13%，是利用清洁能源发展高载能产业的成功范例。铝产业方面，先后引进了鸿骏铝电、锦联铝材、创源金属、联晟新材料等多家电冶联营和铝后精深加工企业，已形成原铝产能 176.3 万吨。铝后加工拥有铝箔、板带等 120 余个种类，形成产能 128 万吨。循环经济方面，通过生产水泥、加气砖、纳米复合板、漂珠、白炭黑、高

强石膏粉等产品，年转化利用电厂粉煤灰 200 万吨、脱硫石膏 50 万吨、炉渣 59 万吨、残极 19.35 万吨。

三、新旧动能转换典型案例

（一）承担转型发展综合改革使命，加快培育新兴产业集群——装备制造（能源装备）· 太原经济技术开发区

太原经济技术开发区装备制造（能源装备）产业示范基地于 2010 年正式批复成立。示范基地坚持"转型为纲、项目为王、改革为要、创新为上"，围绕战略性新兴产业集群，聚焦高端装备制造业，努力在转型发展上率先蹚出一条新路来。

1. 主要做法

（1）规划引领传统制造业转型升级

坚持贯彻新发展理念，着力落实示范区管委会制定的《太原市国家可持续发展议程创新示范区发展规划（2017—2030 年）》，大力发展装备制造产业集群，重点发展智能装备、能源装备、轨道交通装备，努力打造国家级装备制造业集群。推动国内首套大功率井下智能成套综采装备在太重煤机工业园试车成功；推动太重风电装备、江铃重汽、阳煤化工等一批高端制造业项目落地投产；推动太钢、太重、晋西等企业制造业与信息化融合发展；推动晋煤、阳煤、同煤等煤炭企业加速转型发展，助力山西制造向山西"智造"转变。

（2）打造"政策洼地"，营造良好的产业发展环境

贯彻落实《山西省对外贸易主体培育三年（2018—2020 年）行动计划》《山西省"十三五"工业和信息化发展规划》《山西省智能制造发展实施意见（2016—2020 年）》《山西省深化制造业与互联网融合发展的实施方案》《山西省"十三五"装备制造业发展规划》《山西省智能制造发展 2019 年行动计划》等相关政策和规划，积极建设"智慧山西"，推进"山西智造"振兴，培育新兴业态，探索新动能、新方向，为装备制造业实现科技创新、转型升级提供良好的政策环境。

（3）产学研合作增强科技支撑和转型动能

成立“北京交通大学—太重轨道联合实验室”“太原重型机械装备协同创新中心”“太原重工轨道交通设备有限公司院士工作站”“轨道交通轨轮关系联合实验室”“煤气化技术与装备国家地方联合工程研究中心”等9个国家级和63个省级研发机构和企业技术中心，成功研发一批国际、国内领先的科研成果。基地内的主要创新主体与太原理工大学、太原大学、晋煤集团、潞安煤业集团等山西省煤矿相关企业、科研院建立了科研开发、市场开拓、业务分包等方面的“产学研用”的合作机制，形成了集产品开发、科研攻关、成果转化于一体，产学研相结合的技术创新体系，为基地装备制造业的创新发展提供强劲的新动能。

2. 发展成效

示范基地依托智奇铁路设备、太重轨道交通、天地煤机、太重煤机等企业形成高端装备制造产业集群，加快培育高端装备制造，装备制造产品特色突出。高端装备制造产业已经成为太原市的支柱产业之一，产业集群效应、规模效益在全省保持龙头地位。产业特色明显，发展成效显著，为全省开发区的创新发展树立了标杆。截至2019年底，基地已集聚装备制造特色产品生产企业11 750家，规模以上企业210家，上市企业109家，高新技术企业875家，国家智能制造试点示范企业2家，省级智能制造示范企业1家。基地实现工业总产值1292.14亿元，完成固定资产投资222.4亿元，上缴税金55亿元，为示范区发展提供了有力支撑。

（二）塑造产业发展新优势，助力家电产业智能化、高端化进程——家电产业·合肥经济技术开发区

合肥经济技术开发区家电产业示范基地于2010年正式批复成立。示范基地聚焦技术创新、产业链创新、固强补弱产业链招商，多措并举打造家电产业发展新优势，助力传统家电产业向智能化、高端化转型发展步伐加速。

1. 主要做法

（1）强化高端升级，在技术集成上求突破

家电产业发展以更新替换需求为主，品牌集中度越来越高，智能化升级加速，

变单纯的产能扩张为内涵式发展，着力引进商用、大容量、智能、厨电、节能、健康方向的高端产品结构升级项目。按照补链、强链、延链的总体思路，继续加大对龙头企业的招商引资服务力度，推动现有企业高端产品的比重提升到30%以上。

（2）强化产业融合，在功能集中上求突破

强化家用电器与商用电器、家庭健康、集成电路、新材料等制造业跨界融合，强化“芯片+整机”“制造+服务”“科技+产业”融合，引进一批芯片设计、工业设计、研发中心、销售总部、物流服务等生产性服务业的横向关联项目，整合商流、物流、资金流和信息流，培育“大家电”跨界融合产业链。

（3）强化动能转换，在腾笼换鸟上求突破

强化创新转型升级办公室枢纽作用，深入推进存量低效闲置用地嫁接处理、提质增效，在已盘活 734 亩用地、29.8 万平方米厂房的基础上，继续以推进“创转升”为突破口，土地招商+厂房招商+楼宇招商共同发力，破解土地容量制约，打造新旧动能转换的“加速度”。推动雪祺年产 100 万台厨电项目、海尔冰箱年产 100 万台对开门冰箱项目盘活低效用地，树立结构性改革新典范。

（4）强化产业链招商，在产业集群上求突破

围绕现有企业“固化、强化、再生”，既当“服务员”，又当“招商员”。找出缺项，拉出清单，以“一个目录”聚焦推进产业链招商。锁定白色家电、商用冷机、智能家居与厨卫电器、研发销售服务四大类的 55 家潜在目标企业，其中 2019 年目标项目 29 个，按图索骥、明确靶向、有的放矢，变四面出击为精确制导，着力在产业的上下游、生态圈和产业链的关键环节、薄弱环节和缺失环节上取得突破。2019 年，推动海尔年产 300 万台滚筒洗衣机、年产 150 万套商用空调、年产 200 万套家用空调、年产 120 万台对开门冰箱，美菱洗衣机产业园等智能制造项目产能进一步提升，其中，滚筒洗衣机、电冰箱两座工厂跻身海尔集团全球超级工厂行列。

2. 发展成效

（1）质量效益不断提升

转型升级加快，产线智能化、产品高端化加速。2019 年，实现利润 32.4 亿元，占全区规模以上工业利润的 46.9%，较上年同期增长 58%，对全区规模以上

工业利润增长的贡献率为83.6%。7家企业利润超亿元。在制造业大规模减税的背景下，2019年，智能家电产业纳税超千万元企业27家，占全区的16.8%，其中税收超亿元企业5家，占全区的31.3%，全区智能家电产业亩均税收达到28.01万元。

（2）产业转型不断加快

利用物联网、云计算、大数据、人工智能赋能，传统家电向智能家居转型不断加快。合肥海尔已通过卡奥斯工业互联网赋能合肥五大互联工厂，实现行业引领技术236项；以智家云脑赋能智慧家庭，推出4000多个型号的智能产品，打造U+智慧生活平台，2019年产值、利润、税收分别增长26.4%、47.3%、18.1%；建设海尔衣联网（合肥）智慧生态研究院，积极探索5G、人工智能、区块链等超前技术开花结果。长虹美菱实施“智能化”战略，发展“智汇家”智能家居互联平台，上市多款CHIQ智慧冰箱，持续推进智能化、高端化。

（3）创新要素不断集聚

全区智能家电产业拥有高新技术企业32家（其中11家主机企业均为高新技术企业），46家市级以上认定研发机构，其中国家级4家。龙头企业引领科技创新，长虹美菱推出了国内最薄的“M鲜生全面薄冰箱”，创下行业多项新标杆。美的冰箱突破智能保鲜、食材处理、食品安全、人体营养等领域内的关键技术，研发全球首款果蔬除农残冰箱。

（三）加快推动“永川制造”向“永川智造”转变——装备制造（机器人）·重庆永川工业园区

重庆永川工业园区装备制造（机器人）产业示范基地于2016年正式批复成立。近年来，示范基地紧紧围绕以大数据智能化为引领的创新驱动行动计划，聚焦新型工业化，以智能制造为抓手，着力开拓发展新空间、培育经济新动能，持续推动“制造”向“智造”转变进程。

1. 主要做法

（1）鼓励企业转型升级

鼓励企业加大技术改造力度，采用新装备、新材料、新技术、新工艺对现有产业进行改造升级，提升产品质量和效益。大力推进企业智能化改造，深入推进“机器换人”，提升智能制造水平。积极推广离散型智能制造、流程型智能制造、网络协同制造、大规模个性化定制、远程运维服务等智能制造新模式。2019 年全年实施联豪科技新能源汽车电机轴智能化机械加工生产线、迎洲压铸车桥关键零部件生产线技术改造、升科新能源汽车 CVT 自动变速器轮轴技术改造等项目 108 个。

（2）抓智能化项目落地，助力高质量发展

一是加快引进一批质量高、效益好、后劲足、潜力大的大数据智能化项目。2019 年，共引进文德数慧、百度西部自动驾驶开放测试基地、锐步科技智能装备系统、赛坪尔科技控制系统等大数据智能化项目 109 个，总投资达到 78.6 亿元。二是着力打造试点示范项目，筛选典型代表企业开展智能化自动化改造试点，通过试点项目先行先试、重点突破，形成引领示范作用。

（3）实施两化融合专项行动，促进可持续发展

一是大力推进智慧城市建设，结合智慧园区建设，推动工业园区的企业实现光纤网络覆盖，并不断提升光纤入户能力。二是深入推进两化融合。围绕两化融合示范项目，开展两化融合贯标工作，推动两化融合贯标试点企业数量持续增加、规模以上工业企业关键工序数控化率持续提升。

2. 发展成效

（1）产业实力大幅提升，形成良好的品牌效应

2019 年，示范基地共计拥有规模以上工业企业 228 家，实现销售总产值 959.8 亿元，同比增长 16.61%；实现工业总产值 943.7 亿元，同比增长 16.5%；完成工业固定资产投资 205.2 亿元，同比增长 18%，已基本形成智能产业、智能制造、智能化应用“三位一体”的发展格局，塑造了“高端数控机床到永川”的良好口碑和品牌，形成了“买机床找配套到永川”的品牌效应。

（2）智能化发展成效显著，新动能加速培育

长城汽车、海通机械、西源凸轮等示范企业在智能制造方面取得较好成效。西源凸轮实施生产过程智能化管理，实现了从接收订单、到生产、再到产品出库整个过程的信息实时透明，全程可追溯；单件产品消耗资源降低 40%，良品率提

高 15%，生产周期缩短 40%。长城汽车投产后，焊接生产线、冲压生产线、涂装生产线、总装生产线全流程自动化并实现了生产线之间的信息互通，被认定为市级智能工厂（全市排名第二）。

（3）智能化项目建设情况良好，新动力不断涌现

成功引进了雅迪电动摩托车、柏固数控机床、乔柏智能科技、铭诺数控机床、中马传动、迈雷特数控技术、佰思特工业机器人、宇航 3D 打印、恒锐智能数控机床等 111 个智能产业项目，投资总额达 143.22 亿元，包含了智能汽车、智慧城市、互联网金融、人力资源等众多领域的大数据智能化新技术、新产品、新业态、新模式，为发展注入强劲动力。

（四）工业互联网赋能松江产业和信息化发展——工业互联网 · 上海松江区

上海松江区工业互联网产业示范基地于 2018 年正式批复成立。示范基地紧抓工业互联网工作主线，积极开展以“平台+生态”为核心、“基地+基金”为着力点、“供给+需求”为切入点的创新模式探索，持续赋能松江产业和信息化发展，逐步形成以工业互联网为牵引、大中小企业融通发展的良好态势，产业带动显著、生态体系完善、赋能效应凸显，为全区经济高质量发展打下坚实基础。

1. 主要做法

（1）深化两化融合发展，打造工业互联网赋能的“松江案例”

一是筑牢两化融合基础服务。通过上海自仪院松江分院、赛摩、徐工信息等工业互联网平台、专业服务商、电信运营商推动企业进行两化融合自评估，带动企业上云上平台。二是龙头企业示范引领，积极打造“松江案例”。龙工、华铭智能等现代装备行业主要聚焦“制造+预测性维护+产业链协同”模式；保隆、延锋伟世通、旭福电子、国基电子等电子信息企业聚焦“智能制造+产品追溯”模式；明品医药等医药企业积极实践“大数据+研发”模式；之禾与海尔 COSMOPlat 共同探索打造服装行业的“个性化定制”模式；云汉芯城运用产业互联网模式，打造电子产业“云设计+云制造”的服务平台；来伊份、中饮巴比等食品行业创新探索“新零售+产业链协同”模式；恒敬电力等能源行业构建“智能电表+智慧电网”模式。三是创新中小企业应用推广商业模式。松江电信和“双创”平台——赛

摩开展战略合作，一方面，松江电信通过在企业网络套餐中为中小企业提供免费的工业互联网增值服务，增加客户黏性，为 5G 业务拓展打基础；另一方面，赛摩借助电信运营商的渠道资源拓展市场，并从网络套餐中分成获利，实现多方共赢。

（2）强化顶层设计、组织机制保障和公共服务供给

建立健全沟通协调机制，形成定期沟通机制；制定发布《加强工业互联网国家新型工业化产业示范基地建设　实施工业互联网产业创新工程　推进 G60 科创走廊发展的实施意见》和《松江区工业互联网产业创新工程专项资金管理办法》两大政策文件；编制完成《松江区推动工业互联网促经济数字化转型三年行动计划（2021—2023 年）》，提前规划示范基地建设新方案；定期举办工业互联网培训和供需对接会议；发布长三角 G60 科创走廊工业互联网平台及专业服务机构推荐目录；启动建设长三角 G60 科创走廊数字产业链公共服务平台。

2. 发展成效

（1）产业带动显著

截至 2019 年底，工业互联网示范基地企业数量 4753 家，同比增长 20.3%；销售收入 755.5 亿元，同比增长 13.8%；主导产业销售收入 692.9 亿元，同比增长 26.2%；带动基地企业固定资产投资 207.7 亿元，同比增长 38%；研发经费投入 38.9 亿元，同比增长 36.9%；研发人员 12 812 人，同比增长 50.9%，带动松江区工业企业强势发展。2019 年松江规模以上工业产值达 3716.2 亿元，位居全市第二。临港松江高科、智巡密码、龙工（上海）机械制造、宏力达信息技术、柯马（上海）工程、上海来伊份、保隆汽车、华铭智能、众辰电子、云汉芯城等工业互联网相关企业获 2019 年度松江区经济高质量发展奖。

（2）生态体系完善

近年来，松江接连引进并发展壮大如海尔 COSMOPlat、徐工汉云、用友精智、紫光 UNIPower、赛摩协同制造、优也 Thingswise、电气慧程、迈迪等 10 多家具有全国影响力的工业互联网平台，其中国家级双跨平台 4 个；基地企业的工业互联网投资超过 5 亿元；科大智能、优也、中移在线、音锋等企业与复旦大学、浙江大学、东华大学等高校建立了联合实验室等专业研究机构 20 家；COSMOPlat

卡奥斯工业互联网创新应用体验中心、启迪漕河泾智能制造孵化器、G60“工业互联网”专业孵化器、阿里巴巴创新中心等 14 家创新中心相继成立；工业互联网人才培养公共服务平台、国家级商用密码检测中心落户松江；长三角 G60 工业互联网创新应用体验中心启动建设；临港松江科技城获评全市首个“上海市工业互联网标杆示范园区”。

（3）赋能作用显著

基地内的工业互联网企业广泛赋能一、二、三产业，包括电子信息、生物医药、汽车、钢铁化工、装备制造、纺织服装、工程建筑、农业、教育等。服务区域涵盖上海、浙江、安徽、天津、山东等 12 个省市，赋能企业超过 30 万家，连接设备数量超过 2800 万台，服务企业超过 5 万家，显著带动企业平均降本 8.6%、提质 7.2%、增效 10.5%、减存 5.3%，带动松江本区 4325 家中小企业上云上平台。

（五）发展集成电路产业实现转型提升——电子信息 · 江苏苏州工业园区

江苏苏州工业园区电子信息产业示范基地于 2010 年正式获批成立。近年来，示范基地围绕新动能培育工作，大力发展以集成电路产业为基础的电子信息制造业，成功找寻到了一条实现转型发展的理想的突围路径。

1. 主要做法

（1）旗帜鲜明地支持集成电路产业发展

在发布的园区新一轮国民经济和社会发展规划纲要中，明确将集成电路产业作为园区“2+3+1”产业体系中的重点产业链之一，重点予以支持。成立集成电路产业发展领导小组，由管委会主要领导担任组长，经发委、科创委分管领导任副组长，相关部门系统谋划、形成合力，推动做大集成电路设计业、做精集成电路制造业、做强集成电路封测业、做优集成电路设备及材料支撑业。

（2）加大对集成电路龙头企业的支持力度

一是鼓励集成电路龙头企业在投资促进、金融等部门的指导下，发起设立创投基金，参与股权并购；鼓励建设集成电路方向的双创空间、创新中心，给予一定的建设运营补贴；探索“以商招商”的奖励新思路，支持龙头企业将供应链上下游配套企业引入园区落户，并在用地、环境指标等方面给予一定的倾斜，促进形成产业链齐全的产业集聚，推动龙头企业牵头组建园区集成电路产业联盟。苏州市已成立了半导体产业联盟，园区应以此为契机，持续为园区集成电路产业的发展擂鼓造势。

（3）加强园区集成电路产业公共服务平台建设

升级既有平台，及时更新 EDA/IP 等设计软件，提升机房、服务器、测试设备等硬件配置。同时，支持龙头企业牵头打造公共服务平台，针对共性技术提供检验检测、专业人才培育、产线工人培训等服务，对平台建设给予一定的奖励。

（4）强化要素支撑

支持元禾资本设立新基金，专门用于支持集成电路产业发展，加强 MEMS 传感器产业链布局，加大对园区光电、通信以及第三代半导体材料、半导体设备智能制造等方向的投资力度，配合国家大基金深耕产业，为集成电路“造链补链”。鼓励银行等金融机构加大对园区集成电路企业在扩大规模、项目投资、股权并购等方面的信贷支持力度，大力支持符合条件的集成电路产业人才申报有关人才奖励计划，并适当增加享受人才薪酬补贴名额。

2. 发展成效

（1）产业综合实力显著提升

经多年发展，园区已形成以“芯片设计—晶圆制造—封装测试”为核心，以设备、原材料及服务产业为支撑的集成电路产业链，并在 MEMS、化合物半导体、光通信等特色细分领域拥有较好的产业基础，是国内产业链较完整、企业集聚度较高、人才储备和技术开发水平较领先的区域之一。2019 年，园区集成电路产业总营收超过 360 亿元，占全市的近 70%、全省的 17%、全国的 5%；国内上市企业 4 家，分别为晶方、思瑞浦、敏芯微、南大光电。苏州市公布的“2020 年度苏州市优秀集成电路企业 20 强”，园区 13 家企业入选 20 强、10 家企业荣获 20 强入围奖，展现了园区集成电路产业的优势地位。

（2）封装测试产业居全国优势地位

全球前十大封测企业有 6 家进驻园区，9 家企业位列我国封测行业 30 强，产业地位十分突出，营收占全国的 11.2%。2019 年园区 13 家重点封测企业实现主营业务收入 185.4 亿元，同比 2018 年增长 5.4%。

（3）集成电路设计产业亮点频现

目前园区已有各类集成电路设计企业共计 110 余家，其中营收过亿元企业 9 家，尤其在 MEMS、光通信、化合物半导体等特色细分领域涌现出了一批具备行业领先优势的重点企业。

（4）集成电路制造产业稳步增长

21 世纪初，园区引进了晶圆代工企业和舰芯片，建成了 2 条 8 英寸逻辑制程晶圆代工生产线。在 20 年的发展过程中，和舰芯片依托既有的代工生产线，开发了从 500 纳米至 110 纳米的主流逻辑、混合信号、嵌入式非挥发性记忆体、高压及影像传感器工艺，目前企业产线已满负荷安排至 2021 年底。

（5）在集成电路材料、设备等支撑产业上已经初步布局

目前，园区共有 28 家半导体设备、材料企业，其中设备企业 9 家、材料企业 15 家、设备配件企业 3 家以及设备加工企业 1 家；28 家企业 2019 年主营业务收入合计约 87.2 亿元，同比增长近 7%。

（六）推动数字产业化和产业数字化发展，建设数字经济最强区——电子信息（物联网）· 杭州高新区（滨江）

杭州高新区（滨江）电子信息（物联网）产业示范基地于 2012 年正式批复成立。围绕建设数字经济最强区目标，基地坚持做优做强物联网、数字安防等新兴产业，开展创新工作，不断拓展新技术、新产品的应用场景和应用深度，助力数字产业化和产业数字化发展。

1. 主要做法

（1）持续做强核心物联网产业

坚持以物联网产业为核心，聚焦引进核心芯片、物联网领域的优质项目，加快产业集聚。积极促进准独角兽企业趣链科技、云徙科技、吉利与世界 500 强戴姆勒合资成立的蔚星科技、曹操专车等一批重大项目落地；引进移动 5G 联合创新中心、5G 开放实验室落点，浙江 5G 产业联盟入驻，移动 5G 展厅建成投入使用；电信在“智慧双创物联网示范基地”的基础上挂牌成立 5G 联合创新中心，与基地在建成 5G 全域覆盖网络、打造 5G 智慧园区样板等方面开展

深度合作。

（2）打造数字安防先进制造集群

以海康威视、大华股份、宇视科技等为龙头，加快打造集研发制造、系统集成、融合应用、标准推广、销售服务于一体的产业生态体系。引进公安部第一研究所检测中心，持续完善基地的数字安防产业检测服务配套。以提升对全球产业和技术发展的引领力为着力点，重点围绕数字安防检测、软件开发、以芯片和传感器为核心的关键零部件及算法研发、图像采集和控制领域的设备制造、系统集成等诸多领域进行产业布局，加快支撑数字安防领域技术创新、产品开发、行业应用等水平提升。

（3）借力数字化赋能区域产业融合发展

探索智慧楼宇建设，集成应用海康威视、科澜信息等小镇企业的智慧安防、三维地理信息系统等“智慧+”技术，通过产业数字化、管理数字化，实现楼宇管理服务的智慧化、精准化和效率化。联合小镇企业科澜信息开发建设集管理、服务、统计、分析等功能于一体的小镇数字经济发展大数据管理服务平台，进一步提升管理服务信息化和数据共享水平。新获批国家 3A 级旅游景区，依托“物联网企业集聚”的特点，以智慧 e 谷展厅、知名企业展厅、智慧产品应用体验为主线，以“智慧科技体验+科普教育”为特色，建设三生融合的产业小镇。

2. 发展成效

基地内的主导产业增长势头强劲。出台了建设数字经济最强区行动计划和制造业高质量发展示范区若干意见，聚焦物联网核心产业链制定集成电路、5G 等专项产业政策，聘请丁磊、陈纯等 13 名专家为产业发展顾问。2019 年，数字经济实现收入 3693 亿元，同比增长 15.6%；数字经济核心产业增加值达到 1150 亿元，同比增长 15%，占 GDP 的比重达 73.7%；规模以上工业增加值 642.2 亿元，同比增长 10.7%；工业新产品产值率 58.1%，各项经济指标均位于全省、全市前列，物联网、云计算与大数据、信息软件等 8 个产业均实现了两位数增长。其中，物联网产业实现营业收入 1648.84 亿元，同比增长 10.0%，实现利润总额 248.95 亿元，同比增长 18.2%，出口 34.88 亿元，同比增长 1.1%。

（七）智能化助力传统产业提质升级——装备制造·重庆江津工业园区

重庆江津工业园区装备制造产业示范基地于 2010 年正式获批成立。基地加快改造提升传统产业，坚持以创新驱动产业转型升级，积极出台一揽子发展智能制造、大数据智能化改造的政策文件，推动智能制造创新项目落地，不断提升装备制造业的高端化、智能化水平。

1. 主要做法

（1）政策先行，树立产业发展目标

大力实施以大数据智能化为引领的创新驱动发展行动计划，召开智能制造经验交流大会，在全市率先印发《重庆市发展智能制造实施方案（2019—2022年）》；大力实施以大数据智能化为引领的创新驱动发展战略，明确在强化大数据智能化产业招商引资的同时，加快信息技术与实体经济深度融合，大力发展战略性新兴产业；创新政策支持方式，继续鼓励和引导企业实施机器换人、信息系统集成、上云上平台、数字化车间等改造项目，促进“江津制造”向“江津智造”转变。

（2）项目保障，推动重大项目落地

组织参加 2019 年智博会，17 家智能产业企业参展，签约项目 24 个，协议引资 296.6 亿元。引进了紫光工业互联网、翊视皓瞳智能视觉产业基地、罗普特智能安防产业园等智能产业项目 10 个，计划投资 52.3 亿元。加快推进江津智慧园区建设，规划方案通过重庆市专家评审，完成江津智慧园区管理平台和服务平台的软件部分建设。

（3）紧抓创新，保证产业转型升级原动力

鼓励企业加大研发投入，支持企业开展新产品研发，推动企业建立研发准备金制度，落实重庆市研发投入补助、重大新产品研发成本补助等政策，出台《江津区科技创新激励扶持办法》，加大企业研发活动支持力度。推进企业研发机构建设，聚焦大数据、互联网、智能制造等领域，加快企业技术中心、工业设计中心、工业和信息化重点实验室、制造业创新中心等研发机构的建设步伐，补齐行业研发机构短板。

2. 发展成效

（1）智能化改造成效显著

2019 年，对 24 家企业开展智能制造诊断，助推 74 家企业投资 15 亿元实施智能化改造，数字化制造步伐进一步加快。园区工业固定资产投资达 174.7 亿元，其中技术改造投资 66.6 亿元，占比达 38%。重庆水轮机厂有限责任公司、重庆齿轮箱有限责任公司获评国家智能制造综合标准化与新模式应用支持项目，新增重庆市数字化车间 10 个，累计达 14 个，总量居全市第三位，数字化车间运营成本降低 15%，生产效率提高 10%，产品不良品率降低 10%，能源利用率提高 8%。

（2）产业融合发展成效显著

信息技术与实体经济深度融合，新增重庆市工业互联网试点示范项目 12 个，累计达 27 个；新增国家两化融合管理体系评定企业 2 家，累计达 8 家，企业数量居全市前列。数字产业增加值同比增加 23.2%。ABB、威马农机、水轮机、万虎机电等企业积极开展 5G+工业互联网融合创新应用，积极探索智能制造新模式。

（3）企业创新能力显著提升

新增重庆市中小企业技术研发中心 7 个，累计达 47 个；新增重庆市企业技术中心 18 个，累计达到 54 个，新增数量位列全市第二位；新增重庆市技术创新示范企业 12 家，累计达到 16 家，新增数量位列全市第一位。重庆江增船舶重工有限公司被评为国家级技术创新示范企业。重庆“智博杯”工业设计大赛中，东风小康汽车生产的风光 ix5 获得大赛机械产品设计组最高奖“至臻奖”；江小白获“重庆市工业设计十佳创新型企业”荣誉称号。重庆齿轮箱有限责任公司生产的 130kNm 扭矩级模块化偏航齿轮箱和离岸型高可靠性 5 兆瓦海上风力发电增速齿轮箱获评重庆市重大新产品。

（4）助推产品向价值链高端发展

互联网、人工智能、数字化等智能技术在重点工业产品的应用和渗透融合，提升工业产品的数字化、智能化水平和感知、识别、交互能力，不断提高工业产品的信息技术含量和附加值，促进工业产品向价值链高端发展。东风小康汽车通过建设数字化车间、开发智能网联汽车，车辆售价由过去的 3 万余元提高到现在的 14 万多元，产值由过去的 10 亿级增长到现在的 100 亿级。

（八）引领汽车产业加速迈向“新四化”——汽车产业（零部件）· 江苏常熟高新技术产业开发区

江苏常熟高新技术产业开发区于 2020 年正式获批成立汽车产业（零部件）特色产业示范基地，以着力培育战略性新兴产业为目标，全力加快氢能源汽车产业园、智能网联产业集群建设，积极促进企业技术攻关，持续强化产业创新发展的基础保障，不断拓展产业发展边界，向着实现汽车产业“新四化”（电动化、网联化、智能化、共享化）的目标加速迈进。

1. 主要做法

（1）强化平台建设，引领产业转型升级

基地建有全国县级市中首家国家级大学科技园——常熟国家大学科技园，先后与上海交通大学、西安交通大学、省产业技术研究院等知名高校、科研机构建立了合作关系，成立了江苏省产业技术研究院智能液晶技术研究所、先进金属材料及应用技术研究所、中国智能车综合技术研发与测试中心、上海交通大学常熟汽车轻量化技术研究院等一批汽车及核心零部件产业相关的创新平台，集聚高端创新资源，引领产业发展。积极探索飞地孵化模式，在北京中关村五道口同方科技广场打造“飞地孵化器”——常熟（北京）创新中心，实现本地+飞地创新资源的顺利衔接，引进大城市的优质项目和人才，不断助推产业转型升级。

（2）完善服务体系，优化产业生态环境

积极打造完善公共服务体系，建设公共服务平台，整合多方资源，服务企业创新、产品开发和产业升级。常熟高新区目前拥有国家级公共服务平台 1 家，即常熟国家大学科技园，将大学的综合智力资源优势与其他社会优势资源相结合，为高校科技成果转化、高新技术产业孵化、创新创业人才培养、产学研结合提供支撑和服务；省级公共服务平台 9 家，分别是江苏省智能车综合技术研发与测试服务平台、常熟菱创智能科技服务平台、常熟小样科技服务平台、常熟东南高新科技创业服务中心、常熟同济科技园有限公司、浙江大学（常熟）光电技术联合研究中心、上海交通大学（常熟）科技园、江苏省一站式检测公共服务平台和江苏省技术产权交易市场汽车及零部件行业中心，涉及研发设计、检测、物流和孵化四类平台，主要为企业提供智能车云计算、智能制造整体解决方案、引进高端人才、促进成果转化、孵化高新技术企业等服务。依托常熟市智能制造产业联盟，促进国内外资源整合，推进整体产业的技术交流与合作，促进智能制造技术与装备的创新发展和产业化，推动企业智能技术和装备应用。

（3）紧盯变革趋势，构建产业发展格局

围绕常熟建设具有全球影响力的“中国最年轻的现代化汽车城”的战略部署，紧抓建设省级车联网（智能网联汽车）先导区的契机，打造全国领先的智能网联汽车产业与应用高地。积极融入苏州市车联网“三区一走廊”的战略部署，大力推进 5G-V2X 车联网城市和道路基础设施建设，形成无人配送、智慧公交等商用可推广、方案可复制的车联网典型场景应用示范。不断加大项目引进、产品研发力度，围绕京东无人配送研究院上下游产业链，重点聚焦智能整车、高精地图、激光雷达等细分领域，形成若干具有行业影响力的龙头企业，打造百亿级智能网联产业集群。

2. 发展成效

（1）汽车产业创新发展，产业结构持续优化

初步形成了“传统汽车零部件稳健发展、新能源核心部件快速增长”的产业互补格局。汽车及核心零部件主导产业现有 120 多家企业，其中 16 家世界 500 强企业投资了 30 个汽车核心零部件项目，产业链主要涉及动力与传动系统、底盘系统、制动系统、内饰系统等。2020 年主导产业总产值和销售收入同比分别增长 12.34%和 7.74%，分别占园区工业总产值和销售收入的 87.52%和 89.88%，进一步巩固了主导产业的地位和特色优势。新能源汽车产业方面，共引进宇量电池、正力新能源等重点企业 17 家，包括动力电池企业 8 家、电机电控企业 4 家。依托丰田氢燃料研发、重塑科技氢燃料电池系统集成等头部企业优势打造的氢能源汽车产业园已引进以上海捷氢、治臻、美国 AP、奕森科技、擎动科技等为代表的氢能源相关项目 20 多个，累计总投资已超过 20 亿元，形成了核心零部件研发与生产、储氢、加氢、示范应用于一体的产业体系，产值已超 50 亿元。

（2）智能制造强势赋能，新旧动能顺利转换

以智能制造为导向推进产业转型，企业在生产设计中通过使用 CAD、CAPP

提高设计的自动化水平，重点行业骨干企业 MIS、ERP 系统的使用日趋成熟。同时园区出台了“机器换人”的奖励政策，目前已有 100 余家企业通过“机器换人”实现智能化生产。已有 13 个省级智能制造示范车间、19 个苏州市级示范车间、19 个常熟市智能制造行业示范车间（工厂），两化融合贯标试点企业 2 家、通过两化融合贯标评定企业 5 家。

（3）智能网联大步迈进，转型升级成效凸显

积极响应工业和信息化部与江苏省政府建设车联网（智能网联汽车）发展先导区的战略部署，连续承办了 8 届国家自然科学基金委“中国智能车未来挑战赛”，大力推进 5G-V2X 车联网基础设施建设，打造全国领先的智能网联汽车产业与应用高地。2019 年 10 月，省工信厅发布批复支持常熟市创建省级车联网（智能网联汽车）先导区。2020 年，常熟参与了国家发改委、工业和信息化部的“5G 车联网城市级验证与应用”新基建项目，进入智能网联产业发展的快速路。积极打造智能网联汽车测试基地，全面布局智能网联产业链招商，引进行业头雁企业，集聚了丰田研发、大陆汽车电子、京东鲲鹏、一径科技、云途智能等近 30 家车联网标志性企业，总投资近百亿元，涵盖智能车整车、测试设备、测试解决方案、辅助驾驶相关产品等细分方向，初步形成智能网联产业集群，为车联网产业的集聚打下了坚实的基础。在 2020 年举办的“第五届全球智能物流峰会”上，京东物流 CEO 宣布京东和常熟共同建设全球首个“无人配送城”。

（九）以大数据应用为引领，推动实体经济高速发展——大数据·贵阳高新技术产业开发区

贵阳高新技术产业开发区于 2020 年获批大数据产业示范基地。示范基地围绕先进装备制造业、中高端消费品制造业、新能源产业、数字产业四大产业集群，加快推进大数据与实体经济融合的发展水平和深度，为经济发展质量变革、效率变革、动力变革注入强大的内生动力。

1. 主要做法

（1）加快大数据产业聚集

紧紧围绕大数据产业发展目标，全力抓好招商引资各项工作的落实。抓实软

件和信息服务业的统计调度与服务工作，围绕大数据新领域“百企引领”行动，聚焦人工智能、区块链、5G、物联网、云计算、信息安全六大领域，面向全省征集可复制、可推广的优秀产品和应用解决方案，突出特色产业发展，整合大数据优势资源，狠抓数据中心、云计算、软件和信息服务等大数据基础产业培育，强化对人工智能、区块链、量子信息、5G 通信技术等先进技术的研发应用及市场主体培育，逐步形成基础产业完备、以先进技术为引领、产业链条健全的大数据产业生态体系。

（2）“大数据+”推进与各行业深度融合

一是深入推进大数据与乡村振兴深度融合，高新区以航天智慧农业、电子商务云等重点企业为依托，进一步加快推进农产品生产数字化建设、农产品产销平台建设。其中，航天智慧农业落地智慧农业项目推广达 40 余万亩。电子商务云建设运营“一码贵州”智慧商务大数据平台，通过资源汇聚，打通产供销流通环节，实现信息流、商流、物流、资金流“四流合一”，以及“小农户”与“大市场”的有效对接，助推黔货出山，助力全省农业产业结构调整和脱贫攻坚。二是深入推进大数据与服务业融合。在金融科技领域依托高登世德推出的资产证券化平台，覆盖全国的存量 ABS 资产规模超过 16 000 亿元；在智慧交通领域，依托海信网络率先开展基于城市轨道交通的大数据线网中心平台关键技术研究及应用，实现信号系统、安防、能源管理、网络管理系统的深度集成和数据横向融合，为城市轨道运营提供强大的数据和平台支撑。在医疗健康领域，朗玛信息打造“互联网+专科医院”建设服务，注册用户量超过 100 万，合作医院近 1000 家，累计完成来自 27 个省、37 个专业的 20 多万次医疗服务。三是全力配合相关部门开展大数据与工业深度融合，实施大数据与工业深度融合专项行动；大力开展“企业上云”工程，推动企业能力云端聚集，实现规模以上工业企业上云比例达 80%以上。

（3）“大数据+政务服务”推动政府数据共享开放

一是依托“数聚高新”一体化基础系统平台，重点打造智慧质监、精准权力监督云平台等大数据服务平台，从权利监督、招商引资、结对帮扶、政务服务等方面进行日常监测与协调管理，真正提高办事效率，改善营商环境。二是依照贵州省印发的《推进“一云一网一平台”建设工作方案》中的相关工作指南，实现已建非涉密应用系统100%迁入平台，新建非涉密应用系统“一趟都不跑，一次就办成”，大数据政务应用平台全部接入“云上贵州”贵阳分平台，整合出高新区独有的特色专题，数据集更新至2020年，可机读率达100%，实现政府数据对外开放的目标。

2. 发展成效

（1）数字产业加速壮大

高新区依托国家电子元器件产业化基地、国家片式元器件产业园等平台优势，充分发挥振华集团、中晟泰科、顺络迅达、雅光电子、达沃斯光电等细分行业龙头企业的引领效应，推动我区大数据电子信息产业蓬勃发展，成为增长最快、占比最大、后劲最足的产业。2020年，区内30家大数据电子信息产业企业实现工业总产值68.25亿元。此外，我区正在全力推动电子元器件、集成电路设计、封装、测试为重点的集成电路产业链，积极壮大发展智能终端、智能家居等高端消费品制造；加快推动中国振华集成电路产业中心、比亚迪动力电池产业和立体交通智能制造产业系列项目、森阳集成电路半导体产业园、振华新材料锂离子电池正极材料生产线建设（沙文二期）、达沃斯电容式触摸屏、柔性线路板研发及系列产品生产线建设等重大项目建成投产，争取到“十四五”末电子信息制造业工业总产值突破200亿元。

（2）实体经济高质量发展

近年来高新区以大数据为引领推进实体经济高质量发展，获批了国家级大数据产业技术创新试验区、大数据应用国家工程实验室、国家级大数据产业孵化器等试点示范。

以打造“永不落幕的数博会”为目标，深入推进数博大道高新段建设，已建成戴尔软件服务外包基地、腾讯西南技术支撑中心、无人驾驶个性化定制共享工厂等7个数博大道市级首批重点项目，发布了全国首个5G实验网综合应用示范项目，全面推进比亚迪智能制造产业园、数博大道人才小镇、大数据产业集聚示范基地等4个数博大道重点工程项目建设。

以推进区域大数据与实体经济持续深度融合为目标，全面实施贵州省“万企融合”大行动，共组织实施 13 个省级大数据融合标杆项目、142 个融合示范项目，带动 251 家企业开展大数据与实体经济深度融合应用。

依托企业搭建了工业互联网标识解析系统平台、精密微特电机产业互联网平台等工业互联网平台，打造了中国银联云闪付智慧停车权益平台、基于金融工程的统一零售资管平台等大数据融合应用场景。中航黎阳、振华新材料、航宇科技等 10 个智能制造示范项目顺利通过验收。

（十）优化产业结构，由单一制造业为主向现代服务业繁荣、高智能高技术密集转变——汽车产业 · 湖北襄阳高新技术产业开发区

湖北襄阳高新技术产业开发区汽车产业示范基地于 2010 年正式获批成立。示范基地注重质量效益，聚焦新兴产业，不断优化产业结构，推动基地内产业由单一制造业为主向现代服务业繁荣、高智能高技术密集转变，加速新旧动能转换。

1. 主要做法

（1）聚焦产业链分工，打造高端产业环节

立足资源禀赋和产业基础，聚焦优势产业集群，实施产业链“扩链、强链、补链”工程，优先承接产业链的高端环节、龙头企业和核心项目，着力吸引海内外高层次创新创业人才和团队，主动融入全球价值链、创新链，成为我国中部地区一流的战略性新兴产业高地。

（2）创新培育和招商模式，聚力引培龙头企业

立足高大新标准，创新国内招商与国外招商相结合的方式，实施精准招商新模式。坚持本地培育和外来引进相结合，通过创建孵化体系，培育了一批新星企业，引进了一批重量级企业，带动引领一批配套企业，形成了产业链企业簇群效应，提升高新区的产业层次和国际影响力。同时，出台了一揽子招商引资优惠政策，在已出台支持实体经济发展十条意见的基础上，研究出台相关政策措施，支持有条件的企业融入“一带一路”倡议，实施“引进来、走出去”的战略。

（3）推进制造服务化，促进产业升级

加快发展现代服务业，同时推进制造业服务化。科技服务业加快发展，智能制造成为主流。全区工业企业的智能制造步伐不断加快，新建设数字化生产线 55 条、数字化车间 7 个、智能工厂 6 家、机器换人示范企业 8 家。

（4）统筹资源激发创新活力，加速创新成果转化

以科研体制机制创新为核心，以科技资源转化为重点，创建统筹科技资源改革示范基地先改先试区和核心承载区，营造了一个聚集科技人员创新创业、科技成果交易转化、科技企业孵化成长的体制机制与环境，打造了科技资源聚集和转化的高效平台，成功实现了与湖北丰富科教资源的开发对接。按照市场化运营管理的科技成果转化交易体系，有效解决了科技资源分散、分隔、分离的问题，推动科技与产业、科技与文化、科技与金融的融合发展，实现科技优势向经济优势的加速转化。积极承接国家、湖北省科技成果转化平台，统筹科技资源已经成为高新区实现高速发展的重要方式。

2. 发展成效

（1）信息化和工业化加速融合

风神公司投资 4.2 亿元改造涂装车间，采用全球最新的节能环保工艺，使挥发性有机物排放量从每年的 610 吨降至 243 吨，年节约成本 1100 万元。襄轴、东普雷、德纳车桥、光瑞汽车、骆驼塑胶、长鑫源 6 家企业被评为湖北省智能制造试点示范企业，航宇、新日、新火炬、嘉辐达、葵花药业、欧安电气、英索尔等 12 家企业被评为湖北省信息化和工业化融合试点示范企业。

（2）高技术高智能开花结果

湖北新火炬科技有限公司联合中国科学院沈阳自动化研究所等单位开展的“高端汽车轮毂轴承智能制造新模式”被纳入国家智能制造专项；航宇救生装备公司的专利项目获得第二十一届中国专利优秀奖；湖北航鹏化学动力科技有限责任公司的“大型立式混合机关键安全技术设计创新和制造项目”和襄阳达安汽车检测中心有限公司的“乘用车底盘调校关键技术及验证体系建立项目”均获得湖北省科学技术进步奖三等奖；推荐湖北赛恩斯科技股份有限公司的“车用燃料电池氢气再循环泵研发”项目申报国家级科技项目。

四、产业协同发展典型案例

（一）优化大数据产业布局，探索“长三角联动”发展模式——大数据·上海静安区

上海静安区大数据产业示范基地于 2018 年正式批复成立。示范基地聚焦大数据产业，持续完善政策体系、聚力发展资本，联同长三角大数据重点区域，探索联动发展模式，打造长三角城市群千亿级大数据产业高地。

1. 主要做法

（1）持续完善大数据产业发展政策体系

依据相关政策及工作意见，制定并实施了《静安区关于促进大数据产业发展的实施办法（试行）》。该实施办法包括大数据产业基地、企业、平台和活动、人才四个方面的具体扶持措施。在产业基地方面，支持大数据产业集聚区和产业基地建设。基地支持大数据产业基地开展信息管道敷设、宽带网络等基础设施配套设施项目建设，给予最高金额达 500 万元的专项资金支持。在企业方面，支持大数据企业能级提升和创新发展，包括购租房补贴、装修补贴、租赁云计算基础设施补贴和能级提升补贴等。在平台和活动方面，支持建设大数据行业数据资源聚合平台等各类公共服务平台，其中对于经评选认定的大数据资源聚合平台，给予最高资助额达 500 万元。在人才方面，支持大数据行业领军人才的引进和培育。基地对已授予相应称号的高端人才和首席科学家给予政府人才奖励，鼓励本基地企业与名校、科研院所等机构共同培养服务于本基地的大数据人才，推动形成较为完善的推进大数据产业发展的政策体系。

（2）聚力资本，打造长三角大数据产业高地

示范基地深化“基地+基金”双轮驱动的创新运营模式，带动产业领域关键技术的颠覆性创新与革命性突破。通过资本聚力，积极联同长三角大数据重点区域，共同打造长三角城市群千亿级大数据产业高地。2019 年 1 月，市北高新联同国泰君安证券、海通证券、国浩律师事务所在内的多家机构成立了“市北高新助力科创企业引培联盟”，旨在聚集科技创新企业、战略新兴产业与金融领域中的各种创新要素，聚焦市北高新园区科技创新企业，完善科技创新企业、战略新兴

产业与金融结合的服务体系，促进科技与金融资源的有效对接，实现项目互动、资源共享、统筹协调、资本联动、多赢发展，以推动科技创新企业快速发展。2019年9月，上海市经济和信息化委员会、静安区人民政府共同举行了市北高新大数据产业基金揭牌仪式。基金规模达10亿元，主要聚焦为大数据相关的中小企业做大做强提供资本赋能，为行业持续注入新鲜血液，加速产业聚集和发展。

（3）推动长三角数字一体化联动发展

在长三角区域合作办公室的指导下，示范基地举办了魔方大数据论坛、长三角数据智能系列活动，编制了长三角数据智能产业观察，成立了大数据创新学院、数据合规使用研究院，积极促进三省一市企业之间的技术交流、成果展示与合作共赢。同时，示范基地联合复旦大学智慧城市研究中心，发布长三角智慧园区发展指数和指标体系，研究制定引领长三角、全国大数据产业发展的行业标准，进一步推进长三角数字一体化联动发展，推动形成长三角世界级城市群的“数据港”雏形。

2. 发展成效

（1）形成了“数据采集、数据分析、数据应用”的生态产业链

上海市大数据中心、上海信投、亚马逊AWS联合创新中心、洋码头、金棕榈等园区内的单位及企业的大数据应用领域涵盖了政务、交通、金融、旅游、商业、医疗健康、智能制造，已经形成了“下游数据存储与数据采集、中游数据分析与数据处理、上游数据展示与数据应用”的大数据全产业链发展格局。市北高新目前已聚集了185家行业隐形冠军及具有独角兽基因的大数据企业，形成了“数据采集、数据存储、数据处理、数据分析、数据展示应用”的大数据生态产业链，同时积极与上海超级计算机中心等合作伙伴联合做强产业孵化平台。

（2）长三角一体化发展成效显著，成功打造沪通产业合作样板区

作为长三角区域合作工作推进的显著成果，示范基地重点打造的产业飞地在南通落地，辐射效应显著，上海市北高新（南通）科技城已为当地引入各类企业190余家，项目总投资达280亿元。2019年，新增国家高新技术企业4家，申报各类专利和软件著作权151项，企业与高校产学研合作项目8项。

（二）构建横跨一、二、三产业的完备乳制品产业链——食品（乳制品）· 内蒙古呼和浩特

内蒙古呼和浩特食品（乳制品）产业示范基地于 2012 年正式获批成立。示范基地充分发挥自身的资源禀赋，构建起横跨一、二、三产业的完备乳制品产业链，产业集聚度全国首屈一指，为推动地方经济发展贡献了重要力量。

1. 主要做法

（1）围绕产业链升级工作，积极推进重大项目开工建设

扎实推进总投资超千亿元的伊利现代智慧健康谷、蒙牛中国乳业产业园两大全链升级项目开工建设，项目涵盖生产中心、研发中心、旅游体验中心、科技创新中心的全产业链环节，打造世界一流的绿色智能制造样板基地、世界一流的工业智慧旅游示范区、世界一流的食品产业研发中心、世界一流的乳业大数据中心、全球第一个草原乳文化主题旅游度假区、全球第一个乳业商圈的城市综合体，增强中国乳业的核心竞争力和全球话语权。争取将“伊利现代智慧健康谷”和“蒙牛中国乳业产业园”项目纳入国家“十四五”规划重点项目和国家、自治区重大产业项目，由自治区和市政府领导“一对一”包联推进。整合相关资金优先用于保障“伊利现代智慧健康谷”和“蒙牛中国乳业产业园”建设，加大支持两个产业园基础设施建设和生产要素保障，确保项目按计划推进。统筹全市的建设用地指标，优先保障乳产业重大项目建设用地需求。

（2）围绕乳制品产业链各环节，深入开展产学研合作

伊利、蒙牛等龙头企业联合高校共同筹建中国乳业大学，进行企业人才的定制性培养，为企业输送专业化的科研技术人才。积极与国内各高校及研究机构、协会等进行沟通交流。与北京大学、清华大学、北京航空航天大学、江南大学、东北农业大学、中山大学、中国农业大学等建立长期的战略合作关系，就乳与乳制品中优良微生物菌种资源搜集、生产过程的安全控制、肠道健康食品开发、包装材料、运输包装、检测方法开发等主题进行深度合作。同时，基地企业与北京大学医学部合作进行中国断乳期婴幼儿营养队列研究，建立中国地区断乳期婴幼儿期肠道菌群数据库，建立中国地区母乳成分数据库，为婴幼儿配方奶粉、断乳

食品等开发提供数据支持。与丹麦 Arla Foods（阿拉福兹）、法国 Danone（达能）、美国 White Wave（白波）、新西兰 AsureQuality（安硕）等全球 50 多家学术单位、科研机构、国际知名公司建成了产学研合作关系，成立中澳乳品未来技术联合研究中心、中国—丹麦乳品技术合作中心等国际一流的乳制品产学研合作平台，与国际乳业先进管理水平接轨，形成了集奶源建设、研发生产及销售于一体的大型乳制品全产业链。

（3）致力于服务化转型，做优二产做强三产

基地企业以数字化手段为全产业链赋能，持续推进生产型制造向服务型制造转变。其中，内蒙古伊利实业集团股份有限公司入选首批工业和信息化部服务型制造试点示范项目。在产业链上游，基地企业加速为传统模式插上数字“新翅膀”，独立研发数字化牧业管理系统，有效提升牧场管理水平，降低生产成本；确保原奶品质；在产业链中游，企业挖掘数字化生产“新蓝海”，从生产、加工到流通，提供数字化质量信息系统、能源管理系统解决方案，使食品链条变得可视化、可数据化；在产业链下游，企业积极搭建“大数据雷达”平台，洞悉消费者喜好“新密码”，并据此更好地为消费者提供健康产品和服务，同时打造供应链金融平台，整合银行、保险的资源，为产业链相关方提供金融服务。

2. 发展成效

呼和浩特市乳制品产业生产经营横跨一、二、三产业，业务布局亚洲、欧洲、美洲、大洋洲，经营领域涉及种植、养殖、加工、研发、物流、营销、文旅等产业链各环节，已形成集上游养殖、中游生产、下游服务于一体的完整成熟乳制品产业链，产业集聚度全国首屈一指，在推动地方经济发展、带动农牧民脱贫致富、维护食品质量安全、提升我国食品制造业国际影响力等方面均起到了重要作用。具体来看，伊利集团、蒙牛乳业作为两大龙头企业，统筹整合全产业链资源，实现“种养加销一体化”。在饲料种植环节，拥有以牧泉元兴饲料为首的饲料种植生产企业；在奶牛养殖方面，犇腾牧场、高科牧场、奶联社等企业为乳品加工制造提供优质奶源保障；在动物防疫方面，拥有金宇生物、金河生物等生物医药领域的国家高新技术企业；在乳品设备方面，充分发动申联设备等装备企业发展牧场养殖机械、乳制品加工设备、产品包装设备、智能制造装备、研发检测设备等

制造；在乳品包装方面，引进了全球最大乳品包装企业利乐集团。2019 年，全市乳制品业实现产值 2005.86 亿元，优质牧草种植面积达到 170 万亩，奶牛存栏 29 万头，鲜奶产量 170 万吨，乳制品产量达到 124 万吨，位居全国乳制品产业十大城市之首，稳居全球乳制品产业第一阵营。

（三）加快产业集聚集群发展，打造中国大数据产业之都——软件和信息服务·上海市北高新技术服务业园区

上海市北高新技术服务业园区软件和信息服务产业示范基地于 2016 年正式批复成立。示范基地围绕大数据产业发展推进工作，从数据要素、创新要素、产业链孵化等多方入手，持续推进产业集聚集群发展，为打造中国大数据产业之都不懈努力。

1. 主要做法

（1）聚集数据要素，绘制全市首张产业链图谱

按照上海市大数据“创新基地+交易中心+产业基金+发展联盟+研究中心”五位一体的产业规划布局，先后搭建上海市政府大数据中心、上海大数据股份有限公司、上海数据交易中心、上海市大数据联盟等数据要素资源平台。基地首创“数据智能产业链图谱”，构建起涵盖“数据采集、数据分析、数据应用、数据服务”的协同发展体系，覆盖了政务、金融、交通、健康、教育、区块链、超高清视频等十多个行业领域。

（2）对接科创中心，建设大数据产业高地

围绕“中国大数据产业之都、中国创新型产业社区”的建设目标，联合前滩综研共同完成并正式发布《全力打造中国大数据产业之都，推动园区高质量发展三年行动计划（2018—2020 年）》，重点实施包括全球数据服务商伙伴行动、大数据应用场景示范行动、大数据领军人才引培行动、大数据高端平台支撑行动、大数据产业投资引培行动、大数据之都空间优化行动等在内的八大创新行动，以及大数据龙头企业集聚、独角兽企业培育、产业地标建设、全球品牌传播等 19 项具体计划。如，开设市北高新（上海）数据智能创新管理学院、成立 10 亿元大数据产业基金及市北高新助力科创引培联盟、探索园区“一网通办”服务示范、

设立中国上海大数据产业研究院、打造“大数据创新试验场”与“大数据创业竞赛场”、建立“长三角大数据服务联盟”等多个大数据资源要素平台，还通过建设“上海区块链生态谷”、打造“5G+8K”超高清视频产业示范基地，积极参与“云基建”顶层架构设计改造，着力构建“管基建”信息应用网络平台，精准聚焦“端基建”信息交互场景搭建，有效推动园区“大数据+区块链+5G 超高清”之间互相赋能，不断夯实园区数智经济的发展底座，持续引领新一轮更高质量发展。

（3）围绕大数据孵化体系，构建完善的产业链孵化模式

以国家级孵化器聚能湾为核心，基地携手亚马逊 AWS 联合创新中心、公共数据开放应用创新孵化器（SODA SPACE）、上海智能交通大数据创新中心、中航联创（上海）创新中心、静安大数据加速器等众多创新型功能平台，打造“政策+空间+系统+投资+生态”的全方位服务，构建“苗圃+孵化器+加速器”的全生命周期孵化体系，营造“开放数据+创新项目+VC 资本+入孵培育”的生态闭环。据统计，聚能湾已累计新增创业组织 500 余家，累计孵化苗圃项目 318 项，孵化企业 320 家，在孵企业 118 家，加速器企业达 66 家，企业专利覆盖率超过 50%，并培育了主板上市企业 3 家（数据港、风语筑、格尔软件），新三板及关联企业 10 余家。

为进一步助力企业进军“科创板”，园区通过实施“基地+基金”双轮驱动运营模式，充分发挥产业资本对技术研发、终端产品、创业孵化、人才培养等方面的助推作用。已有 23 家企业被列入“市北高新科创企业引培计划”。其中，合合信息、灿瑞科技、梦创双杨正在推进上市，入围的 23 家企业营业收入平均达到 2.1 亿元，平均估值水平达到 8.4 亿元。

2. 发展成效

截至 2020 年底，园区跨国公司地区总部累计达 21 家，具有总部特征的央企、行业龙头企业 60 余家，大数据、人工智能类企业 380 余家，不仅呈现出了百家争鸣、多点开花的良好发展态势，还成了上海数据资源最丰富、数据类企业最集中、数据应用场景最广泛的区域。值得一提的是，园区内经过上海市经信委认定的核心大数据企业有 173 家，占据了全市近三分之一。

从具体企业来看，既有中国通号、数据港、浪潮、鹏博士、风语筑、鼎捷软

件、卫宁健康等一批成熟上市企业，也有宝尊电商、小鹏汽车、珍岛信息、梦创双杨、聚音信息等新晋独角兽企业，业务范围涉及新零售、新能源汽车、智能交通、智能制造、文创服务、在线教育、智慧医疗等众多细分行业。这些优秀企业充分发挥了数据资源要素的“跨界融合、前端赋能”核心功能，形成了“以龙头企业资源开放共享，整合产业链上下游各环节，推动产业链协同创新”的良好发展态势。

从具体数据来看，基地拥有亿元以上税收企业 15 家、千万元税收企业 76 家、百万元税收企业 297 家，规模经济对外界资本及技术要素的虹吸效应较为明显，园区所在的静安中环两翼区域正逐步显露出地区经济发展引擎的特质。

（四）构筑产业协同创新发展的复合型支撑体系——医药 · 珠海高新区三灶科技工业园区

珠海高新区三灶科技工业园区医药产业示范基地于 2012 年正式批复成立。示范基地立足生物医药产业基础，依托“大学园区—科技工业园区”建设目标，建立了一系列产业协同组织，初步搭建起产业协同创新发展的复合型支撑体系。

1. 主要做法

（1）推进产学研合作，强化人才支撑能力

发挥基地内吉林大学珠海学院、遵义医科大学珠海校区的科研教育优势，建立生物医药全产业链人才培训和教育平台。园区管委会、三灶镇政府与两所大学开展产学研战略合作，鼓励校企合作共建实践实习基地，推动两所大学与基地内的生物医药企业共建了 30 多个产学研教学实习基地，为基地内的生物医药企业提供了良好的智力支持。另外，推进实用型技能人才继续教育和培训，两所大学通过继续教育、岗前培训、职业教育、定向培养、合作培养等方式，连续成功举办了 50 多期生物医药产业讲习班，受训人数超过 1 万人次，提高了基地内生物医药产业从业人员的整体素质。

（2）搭建公共服务平台，提升服务支撑能力

依托落户镇内大学专业资源优势，整合创建公共技术平台。如依托吉林大学珠海学院的先进技术服务资源，创建“广东省中小企业公共（技术）服务示范平

台”，支持珠海市吉林大学无机合成与制备化学重点实验室创建为广东省新型研发机构。同时，充分发挥平台的综合技术服务优势，为珠海、珠三角地区乃至全省、全国的生物医药中小企业和民营企业提供样品检测、技术咨询、人才培训、工艺创新等服务，促进企业自主创新和转型升级。

（3）推动跨区域合作，构建多元化国际经贸合作格局

围绕粤港澳大湾区建设、珠港澳合作和生物医药产业战略发展需求，建立专业的跨区域合作服务平台机构，搭建创新与产业联动的深度合作平台，加强区域合作与国际合作，开展与国际经济区域和新兴市场多层次、多方式、多领域的合作，构建形成多元化的国际经贸合作格局。为促进粤港澳大湾区在医疗健康投资领域的紧密合作，加速中国医疗健康产业整合，积极组织基地内的企业连续四届参与横琴国际医疗健康产业高峰论坛暨投融资大会。

2. 发展成效

（1）医药产业规模不断壮大

示范基地的医药产业取得了长足进步，生物医药总产值、销售收入、利润总额保持了较高的增长，发展速度远超其他行业。目前示范基地的生物医药产业是珠海市规模最大、产值最高、配套最为成熟的生物医药产业集聚区，生物医药产业已成为金湾区的支柱产业之一。2015—2018 年，规模以上生物医药产值分别为 167 亿元、169 亿元、215 亿元、220 亿元，分别占金湾区规模以上工业总产值的 29%、26%、32%、30%。

（2）产业凝聚力显著增强

通过加强示范基地的专业分工与合作，吸引产业链各个环节的企业进驻，生物医药产业链加速完善，形成了弹性生产体系，产业链成为示范基地产业发展的主脉。在联邦制药、汤臣倍健、润都制药等龙头企业的引领下，生物医药产业链配套水平和技术创新能力不断提升，产业集聚的规模效应日益凸显，逐步奠定了以药品、保健食品为主，高技术医疗器械、化妆品为辅，其他生物制品为补充的四大子产业体系。基地内共有生物医药健康企业 120 多家，其中医药企业 36 家、医疗器械企业 29 家、保健品及食品企业 30 家、化妆品企业 11 家；共有上市挂牌生物医药企业 8 家，占全区上市挂牌企业的 44.44%，其中丽珠医药、汤臣倍

健、润都制药在主板上市。

（五）抢抓两大区域协同创新机遇，打造“中国电谷”升级版——装备制造（能源装备）· 河北保定高新技术产业开发区

河北保定高新技术产业开发区装备制造（能源装备）产业示范基地于 2010 年正式批复成立。示范基地围绕“一个核心”——建设区域协同创新生态体系，抢抓“两大机遇”——京津冀协同发展和石保廊区域全面创新改革试验区建设战略机遇，探索新型合作模式，根植北京和深圳创新基因，在区域协同发展中积极引领示范，打造“中国电谷”升级版。

1. 主要做法

（1）形成“中国电谷电力装备产业技术创新联盟”

联合多家从事智能电力装备、智慧电网服务和先进电力技术的研究、开发、生产的单位、高校和科研院所成立“中国电谷电力装备产业技术创新联盟”，通过电力装备制造企业创新联盟形式，整合各种优势资源，搭建起一个紧密合作、共同发展的创新平台。2019 年，该联盟充分发挥桥梁纽带作用，开展了企业互访、参观交流、行业展会、商务考察、需求调研等系列活动，积极推动联盟内部企业的广泛合作、联合技术攻关，加速产业要素聚集，带动电力企业转型升级，进一步提升电力装备产业技术的整体创新能力和市场竞争力，力促保定电力企业和相关产业快速适应智能电网发展。

（2）建设开放型公共服务平台，提升跨区域资源共享能力

围绕产业发展共性需求和产业发展特色，建设并培育 5G 智慧应用融合创新中心、群智能技术应用展示中心、干细胞标准化重点实验室等一批专业水平高、服务能力强、产业支撑力大的公共技术服务平台，形成了较为完备的公共服务平台体系。通过充分发挥已有的各类创新载体的优势，强化整合集成，激活存量资源，进一步提升平台的跨区域资源共享功能，辐射带动基地及区域内产业的高质量发展。

（3）推进保定 • 中关村、深圳湾创业广场建设工作

一方面，保定 • 中关村创新中心作为中关村首家在京外设立的创新中心，是

中关村“走出去”的首个“轻资产”区域合作平台，经过几年时间的探索发展，按照“一中心、一基地、一园区”的协同发展路径有序推进工作，以国家化视野对接优质资源，通过对保定产业转型和升级的示范促进作用，总结和形成中关村“走出去”的保定模式，打造京津冀协同创新共同体的示范项目。

另一方面，与深圳湾科技公司开展合作，在保定电谷科技中心创建保定·深圳湾创业广场，项目建筑面积近 10 万平方米，围绕高新区企业发展需求，不断完善运营服务体系，促进服务资源的多维流动融合，打造科技含量高、创新要素活跃的产业生态链。

2. 发展成效

通过营造创新生态，创新力量持续注入，使基地内的企业在政策引导、创新驱动、市场推动等合力的作用下，逐步走向转型升级的发展道路。基地内的产业格局也随之发生变化，新能源产业逐步企稳，智能电网产业加快发展，新材料、新一代信息技术、现代服务等新兴产业迅速崛起，“中国电谷”升级版逐步形成。

其中，随着新能源与能源装备产业集群的品牌集聚力日渐凸显，升级版“中国电谷”吸引了日本三菱、美国江森、中国国电、中国兵装、中航集团等国内外知名企业落户，形成了国内新能源及电力设备技术集聚区、人才集聚区、信息集聚区、产业集聚区。新能源与能源设备相关企业达到 430 家，其中规模过亿企业 30 余家，占整个产业集群总收入的比重达到七成左右。同时，基地还涌现出了同光晶体、维赛科技、屹马汽配、宇能电气等一大批高速成长的科技型中小企业，总数达到 1000 余家，其中规模千万级企业有百余家，已经成为新能源、智能电网等诸多产业领域自主创新的中坚力量，为基地高质量发展奠定了坚实基础。

（六）多措并举强链补链，全面提升船舶海工产业链竞争力——船舶与海洋工程装备·江苏南通

江苏南通船舶与海洋工程装备产业示范基地于 2010 年正式批复成立。示范基地围绕强链补链工作，积极促进链上企业交流合作，开展供需双方对接，同时力促一批重大项目引进建设，切实提高产业链的稳定性和竞争力。

1. 主要做法

（1）推进产业链交流合作

为促进产业链企业合作，推进强链补链工作，助力企业拓展市场，2019 年上半年、下半年分别举办了一场“南通市船舶海工产业供需对接活动”。中远海运川崎等 10 多家重点船舶海工制造企业技术、采购等部门的相关人员参会，详细介绍了企业主要建造产品、手持订单以及采购程序、售后服务要求等，30 多家配套企业以 PPT 形式介绍了企业配套服务及产品，实现了供需双方点对点的对接，有力促进配套企业与船厂的合作。组织行业企业参加 12 月上海举办的中国国际海事会展，设立南通展团，共有 35 家企业参加，展团布展总面积 990 平方米，形成规模效应，助力企业开拓市场。

（2）积极开展产业链招商

推进船舶海工配套产业链升级，开展产业链招商。举办 2019 江海国际博览会暨船舶海工产业投资洽谈会。工业和信息化部、中国船舶工业行业协会、中国造船工程学会领导和专家，部分国家驻沪领事馆、代表处官员，日本、欧美、新加坡以及国内的船舶海工、豪华邮轮、特种工程船配套企业负责人等 700 余人应邀出席，市政府主要领导作“共享江海联动新机遇，共拓船舶海工新蓝海”主题推介。同期举办 2019 南通船舶海工产业展，包括 10 多家国内外知名的船舶海工总装企业在内的近 80 家行业企业参展，本次展览充分展示了主导产业发展成果与优势，进一步促进交流合作，开展产业链招商。

（3）突出重大项目建设

一是推动企业兼并重组，中交三航局收购破产企业爱德华，成立中交三航（南通）海洋工程有限公司。二是强攻重特大项目落户，积极签约跟进 18 个船舶海工产业项目，其中超亿美元（超 10 亿元）项目 7 个。三是力推重大项目、重特大项目早开工、快建设。推动招商局邮轮制造基地项目开工建设，并通过产能置换解决该项目建设所需产能等难题；推动江苏政田重工股份有限公司年产 5000 台（套）船用甲板机械项目加快建设。

（4）强化产业链协同创新

深入推进产业链协同创新，重点企业与上海交通大学、江苏科技大学、哈尔滨工程大学、中船702所、上海船舶设计研究院等高校、科研院所以及本地高职院校签订战略合作协议，开展技术交流、承担国家科研项目攻关，采用现代学徒制培养人才。南通中远船务工程有限公司牵头示范基地内外的20余家高校、企业实施“深水半潜式支持平台研发专项”；招商局邮轮制造有限公司牵头10多家高校、企业开展“中型邮轮设计建造技术研究”。“十三五”期间，招商局重工（江苏）有限公司、江苏中天科技股份有限公司、上海振华重工集团（南通）传动机械有限公司等6家企业牵头、联合基地内外30多家企业、高校、科研院所等单位，实施深水半潜式起重平台研发及配套产业链协同创新、深远海立体观测/监测/探测系统关键装备产业链协同创新、海洋工程高端装备核心配套件产业链协同创新等6个国家海洋经济创新示范城市产业链协同创新项目。

2. 发展成效

（1）船舶海工产业发展成效显著

示范基地汇聚起了南通中远海运川崎、南通中远船务、启东中远海工、招商局重工、振华重工、中集太平洋海工、象屿海洋装备、惠生重工、吉宝重工等一批旗舰型、龙头型企业，形成了国有、民营、外资协同发展的格局。基地的主导产业——船舶海工产业已经成为南通市的支柱产业，为社会经济发展做出了巨大贡献，技术水平、产业规模居国内前列，为我国船舶海工产业发展起到积极的示范作用。

（2）高技术船舶海工产品亮点纷呈

近年来，示范基地已交付“天鲲号”、国内首个总包工程浮式生产储卸油平台“希望6号”等一批在行业内外具有影响力的首制产品。2019年，示范基地全力提升以豪华邮轮、大型挖泥船、浮式液化天然气生产储卸装置（LNG-FPSO）、海上风电装备等高技术船舶和海工装备为引领的高端装备制造体系，交付国内首制极地探险邮轮，实现了国内豪华邮轮的突破，并手持一批极地探险邮轮等邮轮订单，批量交付了20 000TEU超大型集装箱船，成为国内主要的海上风电场升压站建造基地，新承接了FPSO、8万吨级半潜船、6000吨起重铺管船、3200吨风电安装船等高端产品。海新船务重工、振华重工等企业参与的“海上大型绞吸疏浚装备的自主研发与产业化”项目获2019年度国家科技进步特等奖。

（七）塑造“1+N+N”的大数据产业格局——大数据·济南高新技术产业开发区

济南高新技术产业开发区大数据产业示范基地于 2020 年正式获批成立。示范基地全面构建起“1 个龙头企业引领、N 个骨干企业共进、N 个中小企业发力”的大数据产业格局，同时持续推进建链、补链、延链、强链等相关工作，推动大数据产业结构持续优化，实现产业高质量发展。

1. 主要做法

（1）聚焦龙头企业，搭建大数据产业链

示范基地以浪潮集团为龙头企业，引领信息化培育新动能；以金现代、鲁能软件、山大地纬、亿云信息、华天软件、神思电子、众阳健康、顺能科技、韩都衣舍等一大批大数据产业的领军企业为骨干力量，形成了数据采集和整合、数据存储和运算、数据挖掘及应用、数据交易的全链条产业生态。

（2）聚焦大数据产业链，实施建链补链延链强链工程

示范基地积极顺应数字化、网络化、智能化融合发展的时代趋势，在建链、补链、延链、强链上下功夫。2020 年，基地聚焦大数据产业链条，以数据生产、采集、存储、清洗、分析、应用、融合等全生命周期为主线，全面增强大数据赋值、赋能、赋智效应，建成了大数据“生态核心圈”；以大数据底层硬件支撑和配套服务提供为重点，加快国产数据库产品、云操作系统、高性能计算等研发设计，推动大型数据中心、交易中心建设，打造“生态配套圈”；以大数据面向 N 个行业的深度融合应用为主攻方向，实现大数据在电子政务、智慧电力、智能安防、工业软件、智慧医疗、智慧教育、智慧环保、智能制造等近 20 个领域的示范应用，形成“智慧辐射圈”。

（3）注重项目招引带动，强化产业链稳定性

2020 年，示范基地积极引进山东新松工业软件研究院、山东航天人工智能安全芯片研究院、山东省密码技术和网络安全技术转化中心、山东区块链研究院等重大项目，以及安恒信息、深兰科技、浙江宇视、跟谁学山东总部等一大批骨干企业。

2. 发展成效

2020年，示范基地以争创“世界一流高科技园区”为奋斗目标，深入实践“生态赋能”发展，全面塑造“龙头集聚、主体多元、业态完备、技术先进、应用广泛、支撑有力、氛围浓厚、特色鲜明”的大数据发展格局，市场活力不断释放，截至2020年底市场主体已达99 994家，其中企业62 519家，拥有高新技术企业1217家、独角兽企业3家、国家级瞪羚企业38家、省级瞪羚企业84家，在年内连续入选了全国第一批66个战略性新兴产业集群，获批国家数字服务出口基地、山东省首批示范数字经济园区、山东省“十强”产业“雁阵形”集群、山东省软件产业（区块链）特色园区等，为促进经济社会高质量发展提供了有力支撑。

（八）推动新型显示产业集群发展，实现“从沙子到整机”整体布局——电子信息（新型平板显示）· 合肥新站区

合肥新站区电子信息（新型平板显示）产业示范基地于2012年正式获批成立。示范基地围绕打造“千亿级”新型显示产业集群目标，聚焦“芯屏器合”发展方向，形成涵盖上游装备、材料、器件，中游面板、模组以及下游智能终端的完整产业链，实现了“从沙子到整机”的整体布局。

1. 主要做法

（1）聚焦主导产业，抓产业集聚发展

大力发展新型显示产业，依托京东方、彩虹等龙头企业，进一步强化面板、玻璃基板、偏光片、驱动IC等核心产业环节，引进关键零部件（如玻璃基板、液晶材料、背光源组件、偏光片、IC、化学材料等），签约落地彩虹集团、乐凯、法国液空、住友化学、康宁等50余家国内外企业在基地内投资配套，积极布局未来显示领域的前瞻性技术研发和储备，着力提升产业链的协同创新能力。

（2）坚持精准谋划，抓项目规划建设

编制《合肥新站高新区新型显示产业集聚发展基地新三年（2019—2021年）建设规划》，根据产业链现状及发展方向绘制新型显示产业链“一图三表”，瞄准产业链的关键环节和薄弱环节，谋划和储备了一批总投资超1400亿元的产业重点项目，力争依托京东方等龙头企业打造世界级新型显示产业基地。自项目落地

之日起，市、区两级领导亲自挂帅，实行分级联席会议制度，各职能部门全程参与，牵头调度各单位建立问题台账，定向派单销单，全力保障签约项目尽早开工、按计划建设。

（3）坚持招商引智，抓重点资本要素聚集

促进产业集聚发展，优质项目是关键，招商引资是核心，高层次人才是基础。基地致力于招商引智模式创新，围绕龙头企业、核心项目和领军人才，引入金融机构一体化招商，在正式洽谈期间即邀请金融机构参与，发挥资本对企业投资的牵引作用，增强招商企业对投资合作的信心；实施“新站睿才”计划，重点吸引产业领域的核心人才团队落地创业，将前沿技术转化成产业项目；科技创新平台建设加快推进，新站高新区（中澳）离岸孵化基地、光谷创业咖啡合肥米谷、浙大（合肥）科创中心二期、启创产业园二期、浙江大学安徽技术转移中心、创业黑马城市产业创新中心等项目签约落户。

2. 发展成效

目前基地内共有从业企业 85 家，累计投资项目超过 110 个，已完成投资超 1800 亿元。建成 3 条 TFT-LCD 量产线和一条有机 EL 试验线，在建一条柔性 AMOLED 6 代线及一条 AMOLED 小尺寸线，产业链各环节也正向合肥市加速集聚。其中，TFT-LCD 方面，面板领域拥有国内首条 6 代线、首条金属氧化物 8.5 代线以及全球首条 10.5 代线，设计总玻璃基板投片量超过 340K/月；OLED 方面，维信诺全柔 AMOLED 6 代线基建已基本完成，国内首条有机 EL 试验线 2016 年即建成投入使用，京东方卓印打印 OLED 技术平台目前已基本建成，全球首个 55 英寸全喷墨打印技术 4K OLED 电视已经发布，应用于 VR/AR 等领域的视涯科技硅基 OLED 微显示器项目 2019 年第一季度投产；其他显示技术方面，彩虹蓝光 MiniLED 产品已经量产，MicroLED 产品已经开发出 6 英寸外延批量生产技术。

示范基地以京东方、维信诺等面板龙头企业为核心，积极引进了玻璃基板、光刻胶、光学薄膜、电子化学品、偏光片、掩膜版、靶材、驱动芯片、背光模组等上游材料和器件，以及智能电视、智能手机、车载显示模组、NB/画框产品、VR/AR 可穿戴设备、激光电视等各类智能终端产品，本地市场规模不断壮大，基地内部企业间的协作关系日益紧密。基地内已全面形成涵盖了上游装备、材料，中间面板、模组及下游智能终端的完整产业链，产业本地化配套率大幅提升，合肥的新型显示产业实现了“从无到有，从小到大”的跨越式发展。

（九）“三链”同构加速融入京津冀协同发展大格局——高技术转化应用·河北固安新兴产业示范区

河北固安新兴产业示范区高技术转化应用产业示范基地于2016年正式获批成立。示范基地充分发挥产业“链式发展”聚集优势，坚持创新链、人才链、资金链“三链”同构，积极融入京津冀协同发展“一盘棋”，推动产业实力大幅提升。

1. 主要做法

（1）激活“创新链”，搭建产学研协同创新平台

抢抓京津冀协同发展重大机遇，搭建京南技术大市场，主动引进北京高端人才、科研资源，进行科研成果的研发孵化，打造“创新研发、项目孵化、技术转移、支撑服务”四位一体的产学研合作平台，构建“苗圃—孵化器—产业园”完整的载体链条，使园区成为高技术转化应用领域高层次人才、科技成果、高新技术产业和资本的聚集高地。积极推动3个众创空间（国家级众创空间——太库生物医药、省级众创空间——科创中心、市级众创空间——太库孵化），3个科技企业孵化器（国家级孵化器——华夏幸福产业港、省级孵化器—清华大学（固安）重大项目中试孵化基地、市级孵化器——军民融合产业港），以及若干个主导产业集聚的产业园（新材料产业园、电商产业园等）平台建设，打造出配套各产业集群创新链各环节的载体链条。

（2）布局“人才链”，推动京津冀人才协同发展

出台《固安县高层次人才奖励资金管理办法（试行）》，每年提供2000万元专项资金，对引进的两院院士等6类海内外高层次人才实行奖励，对在固安创业的高层次人才给予10万元至50万元的购房补贴；建设首家全国博士后成果转化基地，设立博士后创业基金，大力吸引京津冀及全球各地高端人才资源，打造科技创新人才高地，推动京津冀人才协同发展。

（3）畅通“资金链”，打造金融服务平台

基地整合银行、担保、基金、创投等资源，以政府资金为引导打造综合性金

融服务平台，形成从“引导基金、天使投资、风险投资到银行贷款”的完整资金链，为企业提供从创新、孵化、加速到产业化的金融支撑，实现资本要素和全创新链的深度结合。针对创新孵化阶段，成立股权投资中心及担保公司；针对加速培育阶段，举办投融资路演会；针对产业化阶段，推动园区企业科创板上市；针对企业技术创新，成立产业发展基金。针对成熟化产业项目，扩大债权融资规模；针对高科技项目，对接河北博士后创业基金、国投京津冀科技成果转化基金、固安县众润基金等加大投资规模。

2. 发展成效

示范基地积极发挥区域和生产要素的比较优势，抢抓高技术转化应用和京津冀协同发展的机会，大力促进无人机、北斗应用、航天特种材料和 OLED 技术等高科技对接，航空航天、新型显示、生命健康三大产业集群发展迈上新台阶，高技术转化应用结合产业外延持续扩大，产业层次大幅提升。截至 2019 年底，示范基地累计签约引进项目 200 余个，项目总投资超千亿元；顺利引进航天科技一院、维信诺、京东方、航天振邦、鼎材 OLED 等 50 余家高科技企业。大批项目的落地和高科技企业的入驻，为示范基地的经济增长提供了源源不断的充足动力。2019 年度，示范基地的工业总产值、销售收入分别达到 868 亿元和 903 亿元，增长率分别达到了 31.3%、16.1%，发展成效显著，对区域经济的支撑力进一步凸显。

（十）实施“四大战略”，实现产业链各环节的协调联动和融合发展——数据中心·河北怀来

河北怀来数据中心产业示范基地于 2019 年正式获批成立。为加速产业集聚，基地实施“龙头引领+企业集聚+智力支撑+数字怀来”四大战略，构建和谐产业生态，实现数据中心、数据应用、软件研发、上游设备、器件配套等产业链各环节的协调联动和融合发展。

1. 主要做法

（1）实施龙头引领战略

通过招大引强，瞄准世界 500 强、国内百强及行业领军企业，加大对接洽谈

和重点扶持力度，吸引一批龙头企业总部或功能总部、产业基地落户，切实增强产业的核心带动力、辐射力。同时，依托腾讯、秦淮等龙头项目建立第三方开放平台，带动一大批中小互联网企业及软件公司发展，利用腾讯提供的强大云计算数据平台，把基地中小企业的产品影响在腾讯的海量用户群中快速放大。大规模数据中心的运营也可以推动数据中心服务外包产业，包括数据中心基础设施外包、工程外包、项目管理外包、服务器运维外包及网络运维外包等链条延伸。

（2）实施企业集聚战略

强化政府引导、政策扶持和配套服务等相关工作，主要是围绕龙头企业上下游配套，吸引相关中小企业入驻，并持续优化生产力布局。同时，积极完善功能设施配套，健全产业发展体制机制，促进要素合理配置、资源集约利用，打造特色鲜明、优势互补、集约高效的产业集群，构建完整的产业生态圈。

（3）实施智力支撑战略

借智借力，先后聘请国家发改委、工业和信息化部、省社科院等所属智库对怀来县的新一代信息技术产业发展把脉开方，做好顶层设计，确保产业高质量发展。同时，聘请中国工程院院士梅宏、美国 PNP 创始人陈肖纯博士等专家作为长期经济顾问。

（4）实施“数字怀来”战略

引进思特奇、拓尔思等 6 家国内知名上市软件企业，组建本地企业，计划 5 年内投资 3 亿～5 亿元建设“数字怀来”平台，按照“四个全面”“五位一体”的要求，强力整合、挖掘、共享本地资源，为智慧城市、数字城市建设中破除孤岛效应提供可复制、可推广的怀来方案，培育一个年产值 2 亿元以上、在国内有重大影响力的本地企业，全力打造数字中国在基层的示范标杆。

2. 发展成效

2019 年，基地内主产业链业务收入达 14.7 亿元，创税 5075 万元，从业人员达到 3193 人；全年已运营数据中心 6 个，运营服务器 42 万台；在建数据中心项目 6 个，拟开工数据中心项目 12 个，总投资超千亿元。截至 2019 年底，已签约秦淮数据、腾讯、亿安天下、互联港湾、广州博浩、杭州云之鼎等一批大数据企业；腾讯数码、中国联通、中国电信、世纪互联、英维克、慧智等 20 多个数据中心、50 多个产业链项目集聚怀来，共同打造张家口为世界级数据中心生态圈。其中，秦淮数据成为北京及周边地区唯一一家同时满足超大规模数字经济基础设施部署所需电力、土地、安全、网络的公司，实现了能源流、业务流、数据流的汇集，更成为国内最大的单体数据中心园区，被誉为京津冀数字经济，特别是大数据产业协同发展的新样本。

05

发展数据篇

国家新型工业化产业示范基地主要发展数据

<table>
<tr><th>项目</th><th>指标</th><th>单位</th><th>2019 年</th><th>2018 年</th><th>2017 年</th><th>同比增长（2019 年）</th><th>同比增长（2018 年）</th></tr>
<tr><td rowspan="10">产业实力</td><td>销售收入</td><td>亿元</td><td>652 478.72</td><td>602 489.49</td><td>556 997.42</td><td>8.30%</td><td>8.17%</td></tr>
<tr><td>其中：主导产业销售收入</td><td>亿元</td><td>307 150.97</td><td>288 467.65</td><td>265 784.52</td><td>6.48%</td><td>8.53%</td></tr>
<tr><td>工业总产值</td><td>亿元</td><td>405 038.48</td><td>380 468.73</td><td>363 895.33</td><td>6.46%</td><td>4.55%</td></tr>
<tr><td>其中：主导产业工业总产值</td><td>亿元</td><td>268 836.67</td><td>254 134.93</td><td>233 123.79</td><td>5.79%</td><td>9.01%</td></tr>
<tr><td>工业增加值</td><td>亿元</td><td>100 982.44</td><td>96 159.02</td><td>89 074.79</td><td>5.02%</td><td>7.95%</td></tr>
<tr><td>全部企业数量</td><td>家</td><td>2 820 566.00</td><td>2 473 819.00</td><td>2 142 330.00</td><td>14.02%</td><td>15.47%</td></tr>
<tr><td>进出口额</td><td>亿元</td><td>111 748.23</td><td>110 864.41</td><td>99 920.85</td><td>0.80%</td><td>10.95%</td></tr>
<tr><td>其中：出口额</td><td>亿元</td><td>61 667.21</td><td>60 516.53</td><td>55 805.98</td><td>1.90%</td><td>8.44%</td></tr>
<tr><td>工业固定资产投资额</td><td>亿元</td><td>38 887.44</td><td>37 124.71</td><td>40 124.18</td><td>4.75%</td><td>−7.48%</td></tr>
<tr><td>其中：技术改造投资</td><td>亿元</td><td>17 148.10</td><td>16 351.57</td><td>17 407.54</td><td>4.87%</td><td>−6.07%</td></tr>
<tr><td rowspan="2">经济效益</td><td>税金总额</td><td>亿元</td><td>31 708.73</td><td>30 100.11</td><td>27 933.04</td><td>5.34%</td><td>7.76%</td></tr>
<tr><td>利润总额</td><td>亿元</td><td>45 342.29</td><td>43 084.00</td><td>41 002.78</td><td>5.24%</td><td>5.08%</td></tr>
<tr><td>创新能力</td><td>研发经费投入</td><td>亿元</td><td>20 127.70</td><td>17 937.78</td><td>15 578.75</td><td>12.21%</td><td>15.14%</td></tr>
<tr><td rowspan="2">集约程度</td><td>单位土地平均投资额</td><td>万元/公顷</td><td>6611.44</td><td>6057.45</td><td>5555.87</td><td>9.15%</td><td>9.03%</td></tr>
<tr><td>单位土地平均产值</td><td>万元/公顷</td><td>5018.09</td><td>4914.01</td><td>4817.91</td><td>2.12%</td><td>1.99%</td></tr>
<tr><td rowspan="3">节能环保</td><td>单位工业增加值能耗</td><td>吨标准煤/万元</td><td>0.97</td><td>1.01</td><td>1.04</td><td>−4.01%</td><td>−3.28%</td></tr>
<tr><td>单位工业增加值用水量</td><td>立方米/万元</td><td>18.66</td><td>19.00</td><td>19.39</td><td>−1.80%</td><td>−2.01%</td></tr>
<tr><td>用电量</td><td>亿千瓦时</td><td>72 923.85</td><td>80 500.41</td><td>108 523.51</td><td>−9.41%</td><td>−25.82%</td></tr>
<tr><td>人力资源利用</td><td>全员劳动生产率</td><td>万元/（人·年）</td><td>29.54</td><td>29.19</td><td>28.11</td><td>1.20%</td><td>3.83%</td></tr>
<tr><td rowspan="2">公共服务体系</td><td>公共服务平台</td><td>个</td><td>8492.00</td><td>7342.00</td><td>6187.00</td><td>15.66%</td><td>18.67%</td></tr>
<tr><td>其中：国家级公共服务平台</td><td>个</td><td>1446.00</td><td>1232.00</td><td>1126.00</td><td>17.37%</td><td>9.41%</td></tr>
</table>

06

附件篇

附件

国家新型工业化产业示范基地名单

（九批，416 家）

一、分省市示范基地名单

所属省、市、自治区	示范基地名称	批次
北京市（9 家）	石油化工（石化新材料）• 北京房山区	第一批
	汽车产业 • 北京顺义区	第一批
	装备制造（轨道交通装备）• 北京中关村科技园区丰台园	第二批
	软件和信息服务 • 北京中关村科技园区海淀园	第三批
	高技术转化应用 • 北京大兴区	第三批
	电子信息（平板显示）• 北京经济技术开发区数字电视产业园	第四批
	食品 • 北京雁栖经济开发区	第五批
	生物医药 • 北京大兴区	第六批
	工业互联网 • 北京顺义区、海淀区、朝阳区、石景山区	第九批
天津市（11 家）	汽车产业 • 天津经济技术开发区	第一批
	石油化工 • 天津滨海新区	第二批
	航空产业 • 天津空港工业园区	第二批
	电子信息 • 天津经济技术开发区	第二批
	资源综合利用 • 天津子牙循环经济产业区	第三批
	装备制造 • 天津临港经济区	第四批
	软件和信息服务 • 天津滨海高新区软件园	第五批
	装备制造 • 天津北辰经济技术开发区	第五批
	电子信息 • 天津西青经济技术开发区	第七批
	新能源（储能电池）• 天津滨海高新区华苑产业区	第八批
	产业转移合作 • 中新天津生态城	第八批
河北省（21 家）	医药产业 • 石家庄高新技术产业开发区	第一批
	装备制造（能源装备）• 河北保定高新技术产业开发区	第一批

续表

所属省、市、自治区	示范基地名称	批次
河北省（21家）	电子信息（太阳能光伏）·河北邢台经济开发区	第二批
	钢材深加工·河北盐山经济开发区	第二批
	玻璃制造及深加工·河北沙河	第三批
	高技术转化应用·河北邯郸经济技术开发区	第三批
	电子信息·河北廊坊经济技术开发区	第四批
	化工·河北沧州临港经济技术开发区	第四批
	装备制造（轨道交通装备）·河北唐山丰润区	第五批
	装备制造（特种管材）·河北邯郸冀南新区	第五批
	装备制造（矿山装备）·河北张家口西山经济开发区	第六批
	纺织（羊绒制品）·河北清河经济开发区	第六批
	食品·河北衡水经济开发区	第七批
	高技术转化应用·河北固安新兴产业示范区	第七批
	钢铁及深加工·河北迁安	第八批
	装备制造（整车及零部件）·河北保定经济开发区	第八批
	大数据·河北承德县高新技术产业开发区	第八批
	大型数据中心（大数据类）·河北张北云计算产业基地	第八批
	生物医药·石家庄经济技术开发区	第九批
	装备制造·河北秦皇岛经济技术开发区	第九批
	数据中心·河北怀来	第九批
山西省（7家）	装备制造（能源装备）·太原经济技术开发区	第一批
	钢铁（不锈钢）·山西太原市	第一批
	煤焦化深加工·山西洪洞	第二批
	装备制造（矿山装备）·山西长治高新技术开发区	第四批
	有色金属（铝）·山西运城	第七批
	装备制造（矿山机械）·山西大同装备制造产业园区	第八批
	高技术转化应用·山西长治经济技术开发区	第九批
内蒙古自治区（8家）	有色金属（稀土新材料）·内蒙古包头稀土高新技术产业开发区	第一批
	农产品深加工·内蒙古通辽科尔沁区	第二批
	高技术转化应用·内蒙古包头青山区	第二批

续表

所属省、市、自治区	示范基地名称	批次
内蒙古自治区（8 家）	食品（乳制品）• 内蒙古呼和浩特	第三批
	钢铁及深加工 • 内蒙古包头昆都仑区	第四批
	有色金属（铝及深加工）• 内蒙古霍林郭勒工业园区	第六批
	循环经济（化工）• 内蒙古乌海经济开发区乌达工业园区	第七批
	大数据 • 内蒙古和林格尔新区	第八批
辽宁省（19 家）	装备制造 • 沈阳经济技术开发区	第一批
	石油化工（芳烃及精细化工）• 辽宁辽阳高新技术产业开发区	第一批
	装备制造 • 大连市大连湾临海装备制造业聚集区	第一批
	电子信息 • 大连经济技术开发区	第二批
	软件和信息服务 • 大连高新技术产业园区	第三批
	石油化工 • 辽宁盘锦辽滨沿海经济区	第三批
	电子信息 • 沈阳高新技术产业开发区	第三批
	钢铁（钢材精深加工）• 辽宁鞍山经济开发区	第三批
	装备制造（轴承）• 大连瓦房店	第四批
	装备制造（石油装备）• 辽宁盘锦经济开发区	第四批
	高技术转化应用 • 辽宁铁岭经济开发区	第四批
	汽车产业 • 沈阳欧盟经济开发区	第五批
	装备制造 • 辽宁抚顺经济开发区	第五批
	装备制造（智能装备制造）• 大连金州新区	第五批
	有色金属（镁）• 辽宁营口大石桥	第六批
	菱镁新材料 • 辽宁海城	第七批
	装备制造（测控仪器）• 辽宁丹东	第八批
	装备制造（互感器）• 大连互感器产业园	第八批
	石油化工 • 大连长兴岛石化产业基地	第九批
吉林省（10 家）	汽车产业 • 长春汽车经济技术开发区	第一批
	医药产业 • 吉林通化市	第一批
	石油化工 • 吉林市龙潭区	第二批
	生物产业 • 长春经济技术开发区	第二批
	装备制造（轨道交通装备）• 吉林长春绿园经济开发区	第三批

续表

所属省、市、自治区	示范基地名称	批次
吉林省（10家）	食品·吉林梨树	第四批
	清真食品·长春绿园区	第四批
	装备制造（换热设备）·吉林四平	第五批
	纺织（袜业）·吉林辽源经济开发区	第八批
	新材料（碳纤维及差别化纤维）·吉林经济技术开发区	第九批
黑龙江省（11家）	装备制造·黑龙江齐齐哈尔市	第一批
	食品产业·黑龙江哈尔滨市	第一批
	装备制造·哈尔滨经济技术开发区	第二批
	高技术转化应用（装备制造）·哈尔滨经济技术开发区	第三批
	轻工（林木产品制造）·黑龙江穆棱经济开发区	第三批
	食品·黑龙江肇东经济开发区	第四批
	生物医药·哈尔滨利民经济技术开发区	第四批
	轻工（林木制品）·黑龙江海林	第七批
	化工新材料·黑龙江安达	第七批
	新材料（石墨）·黑龙江鸡西经济开发区	第九批
	石油化工·黑龙江大庆高新技术产业开发区	第九批
上海市（20家）	装备制造·上海临港装备产业区	第一批
	航空产业·上海市	第一批
	石油化工·上海化学工业区	第一批
	汽车产业·上海嘉定汽车产业园区	第二批
	生物医药·上海张江高科技园区	第二批
	电子信息·上海漕河泾新兴技术开发区	第二批
	电子信息·上海金桥经济技术开发区	第三批
	高技术转化应用（民用航天）·上海闵行区	第三批
	软件和信息服务·上海浦东软件园	第四批
	装备制造·上海莘庄工业区	第四批
	软件和信息服务·上海紫竹高新技术产业开发区	第五批
	电子信息（移动智能终端）·上海浦东康桥工业区	第五批
	装备制造·上海嘉定工业区	第六批

续表

所属省、市、自治区	示范基地名称	批次
上海市（20 家）	新材料·上海青浦工业区	第六批
	软件和信息服务·上海市北高新技术服务业园区	第七批
	新材料·上海宝山	第七批
	新材料·上海金山工业园区	第八批
	工业互联网·上海松江区	第八批
	大数据·上海静安区	第八批
	数据中心·上海外高桥自贸区	第九批
江苏省（26 家）	电子信息（传感网）·江苏无锡高新技术产业开发区	第一批
	电子信息·江苏苏州工业园区	第一批
	电子信息（光电显示）·江苏昆山经济技术开发区	第一批
	装备制造（工程机械）·江苏徐州经济技术开发区	第一批
	船舶与海洋工程装备·江苏南通	第二批
	环保装备·江苏宜兴	第二批
	电子信息·南京江宁经济开发区	第二批
	医药·江苏泰州医药高新技术产业开发区	第三批
	电子信息（光电子）·江苏吴江经济技术开发区	第三批
	软件和信息服务·南京雨花软件园	第三批
	装备制造·江苏江阴临港经济开发区	第三批
	装备制造（轨道交通装备）·江苏常州	第四批
	装备制造（智能电网装备）·南京江宁区	第四批
	电子信息·苏州高新技术产业开发区	第五批
	高技术转化应用·江苏丹阳	第五批
	纺织（家用纺织品）·江苏南通	第五批
	装备制造·江苏张家港经济技术开发区	第六批
	环保装备·江苏盐城环保产业园	第六批
	电子信息（新型电子元器件）·江苏武进高新技术产业开发区	第七批
	航空产业（零部件）·江苏镇江	第七批
	医药·江苏连云港经济技术开发区	第八批
	汽车产业（关键核心零部件）·江苏太仓	第八批

续表

所属省、市、自治区	示范基地名称	批次
江苏省（26 家）	大型数据中心（实时应用类）·江苏南通国际数据中心产业园	第八批
	汽车产业（零部件）·江苏常熟高新技术产业开发区	第九批
	装备制造·江苏海安经济技术开发区	第九批
	数据中心·江苏昆山花桥经济开发区	第九批
浙江省（24 家）	石油化工·宁波石化经济技术开发区	第一批
	纺织印染·浙江绍兴县	第一批
	纺织（产业用纺织品）·浙江海宁市	第一批
	装备制造（电工电气）·浙江乐清	第二批
	家电产业·浙江余姚	第二批
	船舶与海洋工程装备·浙江舟山	第三批
	电子信息（物联网）·杭州高新区（滨江）	第三批
	高技术转化应用·宁波鄞州区	第三批
	装备制造·浙江新昌	第三批
	化工新材料·浙江乍浦经济开发区	第四批
	纺织（真丝产品）·浙江嵊州	第四批
	纺织（针织品）·浙江义乌工业园区	第五批
	新材料（氟硅）·浙江衢州高新技术产业开发区	第五批
	医药·浙江台州	第六批
	纺织（袜业）·浙江诸暨	第七批
	电子信息·浙江嘉兴	第七批
	装备制造·宁波经济技术开发区	第七批
	汽车产业·浙江台州	第八批
	汽车产业·宁波杭州湾新区	第八批
	轻工（铅蓄电池）·浙江长兴经济技术开发区	第八批
	电子信息（光通信及智能终端）·浙江嘉善	第八批
	装备制造（泵与电机）·浙江温岭	第九批
	家具及竹木制品·浙江安吉	第九批
	石油化工·宁波大榭开发区	第九批
安徽省（14 家）	汽车产业·安徽芜湖经济技术开发区	第一批

续表

所属省、市、自治区	示范基地名称	批次
安徽省（14 家）	家电产业 • 合肥经济技术开发区	第一批
	铜及铜材加工 • 安徽铜陵经济开发区	第二批
	软件和信息服务（智能语音）• 合肥高新技术产业开发区	第三批
	电子信息（新型平板显示）• 合肥新站区	第三批
	高技术转化应用 • 安徽芜湖高新技术产业开发区	第三批
	家电 • 安徽滁州经济技术开发区	第四批
	硅基新材料 • 安徽蚌埠高新技术产业开发区	第四批
	钢铁及深加工 • 安徽马鞍山经济技术开发区	第五批
	装备制造（特种电缆）• 安徽无为	第六批
	汽车（新能源汽车）• 合肥包河工业园区	第六批
	高技术转化应用 • 安徽蚌埠禹会区	第八批
	资源循环利用 • 安徽阜阳界首高新技术产业开发区	第八批
	新材料（生物基材料）• 安徽固镇经济开发区	第九批
福建省（15 家）	电子信息（光电显示）• 厦门火炬高技术产业开发区	第一批
	电子信息（显示器）• 福建福清融侨经济技术开发区	第一批
	装备制造 • 厦门集美台商投资区	第二批
	纺织服装 • 福建泉州经济开发区	第二批
	软件和信息服务 • 福州软件园	第三批
	电子信息（专用通信设备）• 福建泉州丰泽区	第三批
	五金制品（水暖厨卫）• 福建南安经济开发区	第四批
	软件和信息服务 • 厦门软件园	第四批
	电子信息（物联网）• 福州经济技术开发区	第六批
	陶瓷制品 • 福建德化	第六批
	电子信息（光电子）• 福建云霄县云陵工业开发区	第七批
	高技术转化应用 • 福建宁德	第七批
	电子信息 • 福建莆田高新技术产业开发区	第八批
	高技术转化应用 • 福建龙岩	第八批
	轻纺（鞋服纸制品）• 福建晋江经济开发区	第九批
江西省（16 家）	铜及铜材加工 • 江西鹰潭市	第一批

续表

所属省、市、自治区	示范基地名称	批次
江西省（16家）	有色金属（稀土新材料）•江西赣州经济开发区	第二批
	电子信息（太阳能光伏）•江西新余高新技术产业园区	第二批
	高技术转化应用（直升机）•江西景德镇	第三批
	陶瓷制品•江西景德镇	第三批
	纺织服装•江西共青城经济开发区	第四批
	中医药产业•江西樟树工业园区	第五批
	电子信息•江西吉安	第五批
	有机硅•江西永修云山经济开发区	第六批
	装备制造（输变电设备）•江西崇仁工业园区	第六批
	家具•江西赣州南康区	第七批
	非金属材料（建筑陶瓷）•江西高安	第七批
	电子信息（物联网）•江西鹰潭	第八批
	电子信息（光伏）•江西上饶经济技术开发区	第八批
	电子信息（移动智能终端）•江西南昌高新技术产业开发区	第九批
	数据中心•江西抚州高新技术产业开发区	第九批
山东省（28家）	家电及电子信息•山东青岛市	第一批
	电子信息•山东烟台经济技术开发区	第一批
	生物产业•山东德州市	第一批
	新材料•山东淄博高新技术产业开发区	第二批
	汽车产业•山东明水经济技术开发区	第二批
	船舶与海洋工程装备•青岛经济技术开发区	第二批
	太阳能光热应用装备•山东德州经济开发区	第二批
	装备制造（工程机械）•山东济宁高新技术产业开发区	第三批
	有色金属（铝精深加工）•山东龙口	第三批
	软件和信息服务•齐鲁软件园	第三批
	软件和信息服务•青岛软件园	第三批
	装备制造（内燃机）•山东潍坊高新技术产业开发区	第四批
	装备制造（轨道交通装备）•青岛城阳区	第四批
	铜深加工•山东阳谷	第四批

续表

所属省、市、自治区	示范基地名称	批次
山东省（28 家）	装备制造（工程机械）• 山东临沂经济技术开发区	第五批
	装备制造（石油装备）• 山东东营胜利经济开发区	第五批
	纺织服装 • 青岛即墨	第五批
	食品 • 山东荣成	第六批
	化工新材料 • 山东聊城高新技术产业开发区	第六批
	食品 • 青岛平度经济开发区	第六批
	食品 • 山东诸城经济开发区	第七批
	汽车产业（零部件）• 山东日照经济技术开发区	第七批
	医疗器械 • 山东威海火炬高技术产业开发区	第八批
	装备制造（智能农机）• 山东潍坊坊子	第八批
	装备制造（机床）• 山东滕州经济开发区	第八批
	电子信息（智能办公自动化设备）• 山东威海火炬高技术产业开发区	第九批
	大数据 • 济南高新技术产业开发区	第九批
	数据中心 • 山东枣庄高新技术产业开发区	第九批
河南省（13 家）	装备制造（节能环保装备）• 河南洛阳高新技术产业开发区	第一批
	食品产业 • 河南汤阴县	第一批
	食品 • 河南漯河经济技术开发区	第二批
	装备制造 • 郑州经济技术开发区	第二批
	装备制造（起重机械）• 河南长垣	第二批
	化工 • 河南平顶山高新技术产业开发区	第三批
	有色金属（铝精深加工）• 河南巩义市产业集聚区	第三批
	有色金属（铝及深加工）• 河南三门峡高新技术产业开发区	第四批
	高技术转化应用 • 河南洛阳涧西区	第四批
	装备制造（矿山装备）• 河南焦作高新技术产业开发区	第五批
	化工 • 河南濮阳经济技术开发区	第六批
	汽车产业 • 河南中牟	第八批
	大数据 • 河南洛阳大数据产业园	第九批
湖北省（17 家）	汽车产业 • 武汉经济技术开发区	第一批
	电子信息（光电子）• 武汉东湖新技术开发区	第一批

续表

所属省、市、自治区	示范基地名称	批次
湖北省（17家）	汽车产业 • 湖北襄阳高新技术产业开发区	第二批
	铜及铜材加工 • 湖北黄石经济开发区	第二批
	高技术转化应用 • 湖北襄阳樊城区	第二批
	高技术转化应用 • 湖北孝感高新技术产业开发区	第二批
	化工（磷化工）• 湖北宜昌经济技术开发区猇亭园区	第三批
	汽车 • 湖北十堰经济开发区	第四批
	软件和信息服务 • 武汉洪山区	第四批
	船舶与海洋工程装备 • 湖北武汉	第五批
	食品 • 武汉东西湖区	第五批
	汽车（专用车）• 湖北随州高新技术产业园区	第六批
	资源综合利用 • 湖北襄阳	第六批
	循环经济（化工）• 湖北武汉化学工业区	第七批
	装备制造（轻工机械）• 湖北京山经济开发区	第八批
	高技术转化应用 • 湖北宜昌高新技术产业开发区	第八批
	工业互联网 • 湖北武汉	第九批
湖南省（18家）	装备制造（工程机械）• 长沙经济技术开发区	第一批
	装备制造（轨道交通装备）• 湖南株洲高新技术产业开发区	第一批
	钢铁（精品薄板）• 湖南娄底经济开发区	第二批
	化工新材料 • 湖南岳阳云溪工业园区	第二批
	钢铁（无缝钢管）• 湖南衡阳高新技术产业园区	第二批
	高技术转化应用 • 湖南株洲	第二批
	汽车产业 • 长沙雨花工业园区	第三批
	装备制造（能源装备）• 湖南湘潭高新技术产业开发区	第三批
	高技术转化应用 • 湖南平江工业园区	第三批
	高技术转化应用 • 湖南湘潭雨湖区	第四批
	装备制造 • 湖南益阳高新技术产业开发区	第四批
	工业物流 • 长沙金霞经济开发区	第五批
	新材料（电池材料）• 湖南金洲新区	第六批
	陶瓷制品 • 湖南醴陵经济开发区	第六批

续表

所属省、市、自治区	示范基地名称	批次
湖南省（18 家）	电子信息 • 湖南浏阳经济技术开发区	第七批
	有色金属（精深加工）• 湖南望城经济技术开发区	第八批
	农副产品深加工（绿色食品）• 湖南祁阳	第八批
	资源循环利用（再制造）• 湖南浏阳高新技术产业开发区	第九批
广东省（23 家）	工业设计 • 广州经济技术开发区	第一批
	电子信息 • 深圳高新区深圳湾园区	第一批
	电子信息（光电显示）• 广东佛山市	第一批
	工业设计 • 广东佛山顺德区	第二批
	汽车产业 • 广州花都区	第二批
	装备制造（模具制造）• 广东揭东经济开发区	第二批
	航空产业 • 广东珠海航空产业园	第二批
	软件和信息服务 • 广州天河软件园	第三批
	软件和信息服务 • 深圳软件园	第三批
	轻工（灯饰）• 广东中山市古镇	第三批
	医药 • 珠海高新区三灶科技工业园区	第三批
	电子信息（移动智能终端）• 广东惠州仲恺高新技术产业开发区	第四批
	生物医药 • 广东中山高技术产业开发区	第四批
	陶瓷制品 • 广东潮州枫溪区	第五批
	电子信息（通信设备）• 广东东莞松山湖高新技术产业开发区	第五批
	食品 • 广东江门	第六批
	高技术转化应用 • 广东湛江高新技术产业开发区	第七批
	海洋工程装备 • 广东珠海经济技术开发区	第七批
	石油化工 • 广东惠州大亚湾经济技术开发区	第八批
	电子信息 • 深圳坪山区	第八批
	装备制造（智能装备）• 广州黄埔区	第八批
	大数据 • 广东琶洲人工智能与数字经济试验区	第九批
	工业互联网 • 深圳宝安区	第九批
广西壮族自治区（5 家）	汽车产业 • 广西柳州市	第一批
	装备制造（内燃机）• 广西玉林玉州区	第二批

续表

所属省、市、自治区	示范基地名称	批次
广西壮族自治区（5 家）	有色金属（铝）·广西百色工业园区	第二批
	装备制造（工程机械）·广西柳州柳南区	第四批
	电子信息·广西桂林	第五批
海南省（2 家）	石油化工·海南洋浦经济开发区	第一批
	软件和信息服务·海南生态软件园	第五批
重庆市（13 家）	摩托车产业·重庆九龙工业园区	第一批
	有色金属（铝）·重庆西彭工业园区	第二批
	装备制造·重庆江津工业园区	第二批
	电子信息（物联网）·重庆南岸区	第二批
	食品·重庆涪陵工业园区	第三批
	汽车·重庆北部新区	第四批
	高技术转化应用·重庆璧山工业园	第四批
	化工·重庆长寿经济技术开发区	第五批
	高技术转化应用·重庆两江新区工业开发区	第七批
	装备制造（机器人）·重庆永川工业园区	第七批
	汽车产业·重庆合川区	第八批
	食品（粮油加工）·重庆江津工业园区	第九批
	大数据·重庆两江新区	第九批
四川省（23 家）	装备制造·四川德阳市	第一批
	电子信息（数字视听）·四川绵阳高新技术产业开发区	第一批
	钢铁（钒钛）·四川攀枝花市	第一批
	电子信息·成都高新技术产业开发区	第一批
	食品（国优名酒）·四川宜宾	第二批
	汽车产业·成都经济技术开发区	第二批
	高技术转化应用·四川绵阳科技城	第二批
	高技术转化应用·四川广元	第二批
	装备制造（节能环保装备）·四川自贡高新技术产业开发区	第三批
	食品（名优白酒）·四川泸州酒业集中发展区	第三批
	新型能源化工·四川达州	第四批

续表

所属省、市、自治区	示范基地名称	批次
四川省（23家）	钢铁（不锈钢及深加工）•四川乐山沙湾区	第五批
	装备制造（油气开采装备）•四川德阳广汉高新技术产业园区	第六批
	绿色建材•成都青白江区	第六批
	节能环保•四川金堂	第七批
	电子信息（光电子）•四川遂宁经济技术开发区	第七批
	装备制造（航空动力与轨道交通）•成都新都工业园	第八批
	高技术转化应用•四川泸州（长江）经济开发区	第八批
	大数据•成都崇州经济开发区	第八批
	产业转移合作•四川邻水经济开发区	第八批
	装备制造•四川内江经济技术开发区	第九批
	电子信息（智能终端）•四川宜宾临港经济技术开发区	第九批
	产业转移合作•四川南部经济开发区	第九批
贵州省（14家）	化工（磷化工）•贵州福泉市	第一批
	食品（国优名酒）•贵州仁怀	第二批
	高技术转化应用•贵阳经济技术开发区	第二批
	磷煤化工•贵州开阳	第四批
	高技术转化应用•贵州遵义经济技术开发区	第五批
	钢铁•贵州六盘水钟山区	第六批
	汽车产业•贵州毕节经济开发区	第七批
	医药•贵阳乌当区	第七批
	电子信息（移动智能终端）•贵州遵义新蒲工业园区	第八批
	产业转移合作•贵州独山经济开发区	第八批
	有色金属（锰钡汞系）•贵州大龙经济开发区	第八批
	南方数据中心（大数据类）•贵州贵安综合保税区（贵安电子信息产业园）	第八批
	铝及建材•贵州荀江经济开发区	第九批
	大数据•贵阳高新技术产业开发区	第九批
云南省（9家）	化工（磷化工）•云南安宁工业园区	第一批
	有色金属（锡）•云南个旧	第二批
	新材料（稀贵金属）•昆明高新技术产业开发区	第三批

续表

所属省、市、自治区	示范基地名称	批次
云南省（9 家）	高技术转化应用 • 昆明经济技术开发区	第三批
	有色金属 • 云南祥云	第四批
	循环经济（煤化工）• 云南曲靖煤化工工业园区	第五批
	生物医药 • 云南玉溪红塔工业园区	第五批
	生物医药 • 昆明高新技术产业开发区	第九批
	有色金属（铝加工）• 云南富源工业园区	第九批
西藏自治区（1 家）	高原绿色食品 • 拉萨经济技术开发区	第二批
陕西省（14 家）	汽车产业 • 西安经济技术开发区	第一批
	高技术转化应用（航天）• 陕西西安市	第一批
	航空产业 • 陕西西安市	第一批
	农产品深加工 • 陕西杨凌农业高新技术产业示范区	第二批
	电子信息 • 西安高新技术产业开发区	第二批
	汽车产业（专用车及零部件）• 陕西蔡家坡经济技术开发区	第三批
	有色金属（钛材及深加工）• 陕西宝鸡高新技术产业开发区	第三批
	高技术转化应用（航空）• 陕西汉中航空产业园	第四批
	新型能源化工 • 陕西榆林榆神工业区	第四批
	软件和信息服务 • 西安高新区软件园	第五批
	大数据 • 陕西西咸新区沣西	第六批
	高技术转化应用 • 西安兵器工业科技产业基地	第六批
	富硒食品 • 陕西安康高新技术产业开发区	第七批
	装备制造（增材）• 陕西渭南高新技术产业开发区	第八批
甘肃省（7 家）	金属新材料 • 甘肃金昌经济技术开发区	第一批
	钢铁（特种钢材）• 甘肃嘉峪关工业园区	第二批
	新材料 • 甘肃白银高新技术产业园区	第二批
	高技术转化应用 • 兰州经济技术开发区	第三批
	装备制造（能源装备）• 甘肃酒泉经济技术开发区	第六批
	生物医药 • 兰州高新技术产业开发区	第八批
	大数据 • 甘肃兰州新区	第九批
青海省（2 家）	盐湖化工及金属新材料 • 青海柴达木循环经济试验区	第一批

续表

所属省、市、自治区	示范基地名称	批次
青海省（2 家）	有色金属精深加工·西宁东川工业园区	第四批
宁夏回族自治区（7 家）	纺织（羊绒制品）·银川高新技术产业开发区	第一批
	新材料·宁夏石嘴山经济开发区	第一批
	食品（清真）·宁夏吴忠金积工业园区	第二批
	装备制造·银川经济技术开发区	第三批
	农副产品加工·宁夏贺兰山工业园区	第四批
	合金材料·宁夏中宁工业园区	第六批
	现代煤化工·宁夏宁东能源化工基地	第九批
新疆维吾尔自治区（含新疆生产建设兵团）（9 家）	装备制造（能源装备）·乌鲁木齐经济技术开发区	第一批
	化工·新疆石河子经济技术开发区	第二批
	电子信息（太阳能光伏）·乌鲁木齐高新技术产业开发区	第二批
	装备制造（能源装备）·新疆昌吉高新技术产业园区	第三批
	石油化工·新疆奎屯—独山子经济技术开发区	第三批
	石油化工·新疆克拉玛依石油化工工业园区	第三批
	纺织·新疆库尔勒经济技术开发区	第四批
	有色金属及化工·新疆阜康产业园	第六批
	石油化工·新疆库车	第六批

二、分行业示范基地名单

行业	细分行业	示范基地名称	批次
装备制造业（115家）	汽车（含摩托车）（29家）	汽车产业·北京顺义区	第一批
		汽车产业·天津经济技术开发区	第一批
		装备制造（整车及零部件）·河北保定经济开发区	第八批
		汽车产业·沈阳欧盟经济开发区	第五批
		汽车产业·长春汽车经济技术开发区	第一批
		汽车产业·上海嘉定汽车产业园区	第二批
		汽车产业（关键核心零部件）·江苏太仓	第八批
		汽车产业·宁波杭州湾新区	第八批
		汽车产业·安徽芜湖经济技术开发区	第一批
		汽车（新能源汽车）·合肥包河工业园区	第六批
		汽车产业·山东明水经济技术开发区	第二批
		汽车产业（零部件）·山东日照经济技术开发区	第七批
		汽车产业·河南中牟	第八批
		汽车产业·武汉经济技术开发区	第一批
		汽车产业·湖北襄阳高新技术产业开发区	第二批
		汽车·湖北十堰经济开发区	第四批
		汽车（专用车）·湖北随州高新技术产业园区	第六批
		汽车产业·长沙雨花工业园区	第三批
		汽车产业·广州花都区	第二批
		汽车产业·广西柳州市	第一批
		汽车·重庆北部新区	第四批
		汽车产业·重庆合川区	第八批
		汽车产业·成都经济技术开发区	第二批
		汽车产业·贵州毕节经济开发区	第七批
		汽车产业·西安经济技术开发区	第一批
		汽车产业（专用车及零部件）·陕西蔡家坡经济技术开发区	第三批
		汽车产业·浙江台州	第八批

续表

行业	细分行业	示范基地名称	批次
装备制造业（115 家）	汽车（含摩托车）（29 家）	摩托车产业 • 重庆九龙工业园区	第一批
		汽车产业（零部件）• 江苏常熟高新技术产业开发区	第九批
	船舶（5 家）	船舶与海洋工程装备 • 江苏南通	第二批
		船舶与海洋工程装备 • 浙江舟山	第三批
		船舶与海洋工程装备 • 青岛经济技术开发区	第二批
		船舶与海洋工程装备 • 湖北武汉	第五批
		海洋工程装备 • 广东珠海经济技术开发区	第七批
	航空（5 家）	航空产业 • 天津空港工业园区	第二批
		航空产业 • 上海市	第一批
		航空产业（零部件）• 江苏镇江	第七批
		航空产业 • 广东珠海航空产业园	第二批
		航空产业 • 陕西西安市	第一批
	工程机械（6 家）	装备制造（工程机械）• 广西柳州柳南区	第四批
		装备制造（起重机械）• 河南长垣	第二批
		装备制造（工程机械）• 长沙经济技术开发区	第一批
		装备制造（工程机械）• 江苏徐州经济技术开发区	第一批
		装备制造（工程机械）• 山东济宁高新技术产业开发区	第三批
		装备制造（工程机械）• 山东临沂经济技术开发区	第五批
	轨道交通装备（7 家）	装备制造（轨道交通装备）• 北京中关村科技园区丰台园	第二批
		装备制造（轨道交通装备）• 河北唐山丰润区	第五批
		装备制造（轨道交通装备）• 湖南株洲高新技术产业开发区	第一批
		装备制造（轨道交通装备）• 吉林长春绿园经济开发区	第三批
		装备制造（轨道交通装备）• 江苏常州	第四批
		装备制造（航空动力与轨道交通）• 成都新都工业园	第八批
		装备制造（轨道交通装备）• 青岛城阳区	第四批
	能源装备（12 家）	装备制造（能源装备）• 甘肃酒泉经济技术开发区	第六批
		装备制造（能源装备）• 河北保定高新技术产业开发区	第一批
		装备制造（能源装备）• 湖南湘潭高新技术产业开发区	第三批
		装备制造（石油装备）• 辽宁盘锦经济开发区	第四批

续表

行业	细分行业	示范基地名称	批次
装备制造业（115家）	能源装备（12家）	太阳能光热应用装备·山东德州经济开发区	第二批
		装备制造（石油装备）·山东东营胜利经济开发区	第五批
		装备制造（能源装备）·太原经济技术开发区	第一批
		装备制造（油气开采装备）·四川德阳广汉高新技术产业园区	第六批
		装备制造（智能电网装备）·南京江宁区	第四批
		装备制造（输变电设备）·江西崇仁工业园区	第六批
		装备制造（能源装备）·乌鲁木齐经济技术开发区	第一批
		装备制造（能源装备）·新疆昌吉高新技术产业园区	第三批
	矿山装备（4家）	装备制造（矿山装备）·河北张家口西山经济开发区	第六批
		装备制造（矿山装备）·河南焦作高新技术产业开发区	第五批
		装备制造（矿山装备）·山西长治高新技术开发区	第四批
		装备制造（矿山机械）·山西大同装备制造产业园区	第八批
	环保装备（5家）	装备制造（节能环保装备）·河南洛阳高新技术产业开发区	第一批
		环保装备·江苏宜兴	第二批
		环保装备·江苏盐城环保产业园	第六批
		装备制造（节能环保装备）·四川自贡高新技术产业开发区	第三批
		节能环保·四川金堂	第七批
	其他装备（18家）	装备制造（特种管材）·河北邯郸冀南新区	第五批
		装备制造（轴承）·大连瓦房店	第四批
		装备制造（智能装备制造）·大连金州新区	第五批
		装备制造（测控仪器）·辽宁丹东	第八批
		装备制造（互感器）·大连互感器产业园	第八批
		装备制造（换热设备）·吉林四平	第五批
		装备制造（电工电气）·浙江乐清	第二批
		装备制造（特种电缆）·安徽无为	第六批
		装备制造（内燃机）·山东潍坊高新技术产业开发区	第四批
		装备制造（智能农机）·山东潍坊坊子	第八批
		装备制造（机床）·山东滕州经济开发区	第八批

续表

行业	细分行业	示范基地名称	批次
装备制造业（115 家）	其他装备（18 家）	装备制造（轻工机械）•湖北京山经济开发区	第八批
		装备制造（模具制造）•广东揭东经济开发区	第二批
		装备制造（内燃机）•广西玉林玉州区	第二批
		装备制造（智能装备）•广州黄埔区	第八批
		装备制造（机器人）•重庆永川工业园区	第七批
		装备制造（增材）•陕西渭南高新技术产业开发区	第八批
		新能源（储能电池）•天津滨海高新区华苑产业区	第八批
	装备制造（24 家）	装备制造•郑州经济技术开发区	第二批
		装备制造•黑龙江齐齐哈尔市	第一批
		装备制造•哈尔滨经济技术开发区	第二批
		装备制造•湖南益阳高新技术产业开发区	第四批
		装备制造•江苏江阴临港经济开发区	第三批
		装备制造•江苏张家港经济技术开发区	第六批
		装备制造•沈阳经济技术开发区	第一批
		装备制造•大连市大连湾临海装备制造业聚集区	第一批
		装备制造•辽宁抚顺经济开发区	第五批
		装备制造•银川经济技术开发区	第三批
		装备制造•上海临港装备产业区	第一批
		装备制造•上海莘庄工业区	第四批
		装备制造•上海嘉定工业区	第六批
		装备制造•宁波经济技术开发区	第七批
		装备制造•四川德阳市	第一批
		装备制造•天津临港经济区	第四批
		装备制造•天津北辰经济技术开发区	第五批
		装备制造•浙江新昌	第三批
		装备制造•重庆江津工业园区	第二批
		装备制造•厦门集美台商投资区	第二批
		装备制造•河北秦皇岛经济技术开发区	第九批
		装备制造•江苏海安经济技术开发区	第九批
		装备制造（泵与电机）•浙江温岭	第九批

续表

行业	细分行业	示范基地名称	批次
装备制造业（115家）	装备制造（24家）	装备制造·四川内江经济技术开发区	第九批
原材料工业（88家）	钢铁（12家）	钢材深加工·河北盐山经济开发区	第二批
		钢铁及深加工·河北迁安	第八批
		钢铁（不锈钢）·山西太原市	第一批
		钢铁及深加工·内蒙古包头昆都仑区	第四批
		钢铁（钢材精深加工）·辽宁鞍山经济开发区	第三批
		钢铁及深加工·安徽马鞍山经济技术开发区	第五批
		钢铁（精品薄板）·湖南娄底经济开发区	第二批
		钢铁（无缝钢管）·湖南衡阳高新技术产业园区	第二批
		钢铁（钒钛）·四川攀枝花市	第一批
		钢铁（不锈钢及深加工）·四川乐山沙湾区	第五批
		钢铁·贵州六盘水钟山区	第六批
		钢铁（特种钢材）·甘肃嘉峪关工业园区	第二批
	有色金属（24家）	有色金属（铝）·山西运城	第七批
		有色金属（稀土新材料）·内蒙古包头稀土高新技术产业开发区	第一批
		有色金属（铝及深加工）·内蒙古霍林郭勒工业园区	第六批
		有色金属（镁）·辽宁营口大石桥	第六批
		铜及铜材加工·安徽铜陵经济开发区	第二批
		铜及铜材加工·江西鹰潭市	第一批
		有色金属（稀土新材料）·江西赣州经济开发区	第二批
		有色金属（铝精深加工）·山东龙口	第三批
		铜深加工·山东阳谷	第四批
		有色金属（铝精深加工）·河南巩义市产业集聚区	第三批
		有色金属（铝及深加工）·河南三门峡高新技术产业开发区	第四批
		铜及铜材加工·湖北黄石经济开发区	第二批
		有色金属（精深加工）·湖南望城经济技术开发区	第八批
		有色金属（铝）·广西百色工业园区	第二批
		有色金属（铝）·重庆西彭工业园区	第二批

续表

行业	细分行业	示范基地名称	批次
原材料工业（88 家）	有色金属（24 家）	有色金属（锰钡汞系）•贵州大龙经济开发区	第八批
		有色金属（锡）•云南个旧	第二批
		有色金属•云南祥云	第四批
		有色金属（钛材及深加工）•陕西宝鸡高新技术产业开发区	第三批
		金属新材料•甘肃金昌经济技术开发区	第一批
		有色金属精深加工•西宁东川工业园区	第四批
		合金材料•宁夏中宁工业园区	第六批
		有色金属及化工•新疆阜康产业园	第六批
		有色金属（铝加工）•云南富源工业园区	第九批
	石化及化工（33 家）	石油化工（石化新材料）•北京房山区	第一批
		石油化工•天津滨海新区	第二批
		化工•河北沧州临港经济技术开发区	第四批
		煤焦化深加工•山西洪洞	第二批
		石油化工•辽宁盘锦辽滨沿海经济区	第三批
		石油化工（芳烃及精细化工）•辽宁辽阳高新技术产业开发区	第一批
		石油化工•吉林市龙潭区	第二批
		化工新材料•黑龙江安达	第七批
		石油化工•上海化学工业区	第一批
		石油化工•宁波石化经济技术开发区	第一批
		化工新材料•浙江乍浦经济开发区	第四批
		化工新材料•山东聊城高新技术产业开发区	第六批
		化工•河南平顶山高新技术产业开发区	第三批
		化工•河南濮阳经济技术开发区	第六批
		化工（磷化工）•湖北宜昌经济技术开发区猇亭园区	第三批
		化工新材料•湖南岳阳云溪工业园区	第二批
		石油化工•广东惠州大亚湾经济技术开发区	第八批
		石油化工•海南洋浦经济开发区	第一批
		化工•重庆长寿经济技术开发区	第五批
		新型能源化工•四川达州	第四批

续表

行业	细分行业	示范基地名称	批次
原材料工业（88家）	石化及化工（33家）	化工（磷化工）·贵州福泉市	第一批
		磷煤化工·贵州开阳	第四批
		化工（磷化工）·云南安宁工业园区	第一批
		新型能源化工·陕西榆林榆神工业区	第四批
		盐湖化工及金属新材料·青海柴达木循环经济试验区	第一批
		化工·新疆石河子经济技术开发区	第二批
		石油化工·新疆奎屯—独山子经济技术开发区	第三批
		石油化工·新疆克拉玛依石油化工工业园区	第三批
		石油化工·新疆库车	第六批
		石油化工·大连长兴岛石化产业基地	第九批
		石油化工·黑龙江大庆高新技术产业开发区	第九批
		石油化工·宁波大榭开发区	第九批
		现代煤化工·宁夏宁东能源化工基地	第九批
	新材料（15家）	新材料·上海青浦工业区	第六批
		新材料·上海宝山	第七批
		新材料·上海金山工业园区	第八批
		新材料（电池材料）·湖南金洲新区	第六批
		新材料·甘肃白银高新技术产业园区	第二批
		新材料·山东淄博高新技术产业开发区	第二批
		新材料（氟硅）·浙江衢州高新技术产业开发区	第五批
		硅基新材料·安徽蚌埠高新技术产业开发区	第四批
		有机硅·江西永修云山经济开发区	第六批
		新材料（稀贵金属）·昆明高新技术产业开发区	第三批
		新材料·宁夏石嘴山经济开发区	第一批
		菱镁新材料·辽宁海城	第七批
		新材料（碳纤维及差别化纤维）·吉林经济技术开发区	第九批
		新材料（石墨）·黑龙江鸡西经济开发区	第九批
		新材料（生物基材料）·安徽固镇经济开发区	第九批
	建材（4家）	玻璃制造及深加工·河北沙河	第三批
		非金属材料（建筑陶瓷）·江西高安	第七批

续表

行业	细分行业	示范基地名称	批次
原材料工业（88 家）	建材（4 家）	绿色建材·成都青白江区	第六批
		铝及建材·贵州苟江经济开发区	第九批
消费品工业（73 家）	纺织（14 家）	纺织（羊绒制品）·河北清河经济开发区	第六批
		纺织（袜业）·吉林辽源经济开发区	第八批
		纺织（家用纺织品）·江苏南通	第五批
		纺织（产业用纺织品）·浙江海宁市	第一批
		纺织印染·浙江绍兴县	第一批
		纺织（真丝产品）·浙江嵊州	第四批
		纺织（针织品）·浙江义乌工业园区	第五批
		纺织（袜业）·浙江诸暨	第七批
		纺织服装·福建泉州经济开发区	第二批
		纺织服装·江西共青城经济开发区	第四批
		纺织服装·青岛即墨	第五批
		纺织（羊绒制品）·银川高新技术产业开发区	第一批
		纺织·新疆库尔勒经济技术开发区	第四批
		轻纺（鞋服纸制品）·福建晋江经济开发区	第九批
	轻工（14 家）	轻工（林木产品制造）·黑龙江穆棱经济开发区	第三批
		轻工（林木制品）·黑龙江海林	第七批
		家电产业·浙江余姚	第二批
		轻工（铅蓄电池）·浙江长兴经济技术开发区	第八批
		家电产业·合肥经济技术开发区	第一批
		家电·安徽滁州经济技术开发区	第四批
		五金制品（水暖厨卫）·福建南安经济开发区	第四批
		陶瓷制品·福建德化	第六批
		陶瓷制品·江西景德镇	第三批
		家具·江西赣州南康区	第七批
		陶瓷制品·湖南醴陵经济开发区	第六批
		轻工（灯饰）·广东中山市古镇	第三批
		陶瓷制品·广东潮州枫溪区	第五批
		家具及竹木制品·浙江安吉	第九批

续表

行业	细分行业	示范基地名称	批次
消费品工业（73家）	食品（26家）	食品·北京雁栖经济开发区	第五批
		食品·河北衡水经济开发区	第七批
		食品（乳制品）·内蒙古呼和浩特	第三批
		农产品深加工·内蒙古通辽科尔沁区	第二批
		食品·吉林梨树	第四批
		清真食品·长春绿园区	第四批
		食品产业·黑龙江哈尔滨市	第一批
		食品·黑龙江肇东经济开发区	第四批
		食品·山东荣成	第六批
		食品·青岛平度经济开发区	第六批
		食品·山东诸城经济开发区	第七批
		食品·河南漯河经济技术开发区	第二批
		食品产业·河南汤阴县	第一批
		食品·武汉东西湖区	第五批
		农副产品深加工（绿色食品）·湖南祁阳	第八批
		食品·广东江门	第六批
		食品·重庆涪陵工业园区	第三批
		食品（国优名酒）·四川宜宾	第二批
		食品（名优白酒）·四川泸州酒业集中发展区	第三批
		食品（国优名酒）·贵州仁怀	第二批
		高原绿色食品·拉萨经济技术开发区	第二批
		农产品深加工·陕西杨凌农业高新技术产业示范区	第二批
		富硒食品·陕西安康高新技术产业开发区	第七批
		食品（清真）·宁夏吴忠金积工业园区	第二批
		农副产品加工·宁夏贺兰山工业园区	第四批
		食品（粮油加工）·重庆江津工业园区	第九批
	医药（19家）	生物医药·北京大兴区	第六批
		医药产业·石家庄高新技术产业开发区	第一批
		生物产业·长春经济技术开发区	第二批
		医药产业·吉林通化市	第一批

续表

行业	细分行业	示范基地名称	批次
消费品工业（73 家）	医药（19 家）	生物医药·哈尔滨利民经济技术开发区	第四批
		生物医药·上海张江高科技园区	第二批
		医药·江苏泰州医药高新技术产业开发区	第三批
		医药·江苏连云港经济技术开发区	第八批
		医药·浙江台州	第六批
		中医药产业·江西樟树工业园区	第五批
		生物产业·山东德州市	第一批
		医药·珠海高新区三灶科技工业园区	第三批
		生物医药·广东中山高技术产业开发区	第四批
		生物医药·兰州高新技术产业开发区	第八批
		医药·贵阳乌当区	第七批
		生物医药·云南玉溪红塔工业园区	第五批
		医疗器械·山东威海火炬高技术产业开发区	第八批
		生物医药·石家庄经济技术开发区	第九批
		生物医药·昆明高新技术产业开发区	第九批
电子信息产业（51 家）	电子信息（22 家）	电子信息·天津经济技术开发区	第二批
		电子信息·天津西青经济技术开发区	第七批
		电子信息·河北廊坊经济技术开发区	第四批
		电子信息·沈阳高新技术产业开发区	第三批
		电子信息·大连经济技术开发区	第二批
		电子信息·上海金桥经济技术开发区	第三批
		电子信息·上海漕河泾新兴技术开发区	第二批
		电子信息·南京江宁经济开发区	第二批
		电子信息·江苏苏州工业园区	第一批
		电子信息·苏州高新技术产业开发区	第五批
		电子信息（新型电子元器件）·江苏武进高新技术产业开发区	第七批
		电子信息·浙江嘉兴	第七批
		电子信息·福建莆田高新技术产业开发区	第八批
		电子信息·江西吉安	第五批

续表

行业	细分行业	示范基地名称	批次
电子信息产业（51家）	电子信息（22家）	家电及电子信息·山东青岛市	第一批
		电子信息·山东烟台经济技术开发区	第一批
		电子信息·湖南浏阳经济技术开发区	第七批
		电子信息·深圳高新区深圳湾园区	第一批
		电子信息·深圳坪山区	第八批
		电子信息·广西桂林	第五批
		电子信息·成都高新技术产业开发区	第一批
		电子信息·西安高新技术产业开发区	第二批
	终端设备（10家）	电子信息（移动智能终端）·上海浦东康桥工业区	第五批
		电子信息（专用通信设备）·福建泉州丰泽区	第三批
		电子信息（移动智能终端）·广东惠州仲恺高新技术产业开发区	第四批
		电子信息（通信设备）·广东东莞松山湖高新技术产业开发区	第五批
		电子信息（数字视听）·四川绵阳高新技术产业开发区	第一批
		电子信息（光通信及智能终端）·浙江嘉善	第八批
		电子信息（移动智能终端）·贵州遵义新蒲工业园区	第八批
		电子信息（移动智能终端）·江西南昌高新技术产业开发区	第九批
		电子信息（智能办公自动化设备）·山东威海火炬高技术产业开发区	第九批
		电子信息（智能终端）·四川宜宾临港经济技术开发区	第九批
	显示产业（10家）	电子信息（平板显示）·北京经济技术开发区数字电视产业园	第四批
		电子信息（光电显示）·江苏昆山经济技术开发区	第一批
		电子信息（光电子）·江苏吴江经济技术开发区	第三批
		电子信息（新型平板显示）·合肥新站区	第三批
		电子信息（光电显示）·厦门火炬高技术产业开发区	第一批
		电子信息（显示器）·福建福清融侨经济技术开发区	第一批
		电子信息（光电子）·福建云霄县云陵工业开发区	第七批
		电子信息（光电子）·武汉东湖新技术开发区	第一批
		电子信息（光电显示）·广东佛山市	第一批

续表

行业	细分行业	示范基地名称	批次
电子信息产业（51 家）	显示产业（10 家）	电子信息（光电子）• 四川遂宁经济技术开发区	第七批
	光伏（4 家）	电子信息（太阳能光伏）• 河北邢台经济开发区	第二批
		电子信息（太阳能光伏）• 江西新余高新技术产业园区	第二批
		电子信息（光伏）• 江西上饶经济技术开发区	第八批
		电子信息（太阳能光伏）• 乌鲁木齐高新技术产业开发区	第二批
	物联网（5 家）	电子信息（传感网）• 江苏无锡高新技术产业开发区	第一批
		电子信息（物联网）• 杭州高新区（滨江）	第三批
		电子信息（物联网）• 福州经济技术开发区	第六批
		电子信息（物联网）• 江西鹰潭	第八批
		电子信息（物联网）• 重庆南岸区	第二批
高技术转化应用（35 家）	高技术转化应用（35 家）	高技术转化应用 • 北京大兴区	第三批
		高技术转化应用 • 河北邯郸经济技术开发区	第三批
		高技术转化应用 • 河北固安新兴产业示范区	第七批
		高技术转化应用 • 山西长治经济技术开发区	第九批
		高技术转化应用 • 内蒙古包头青山区	第二批
		高技术转化应用 • 辽宁铁岭经济开发区	第四批
		高技术转化应用（装备制造）• 哈尔滨经济技术开发区	第三批
		高技术转化应用（民用航天）• 上海闵行区	第三批
		高技术转化应用 • 江苏丹阳	第五批
		高技术转化应用 • 宁波鄞州区	第三批
		高技术转化应用 • 安徽芜湖高新技术产业开发区	第三批
		高技术转化应用 • 安徽蚌埠禹会区	第八批
		高技术转化应用 • 福建宁德	第七批
		高技术转化应用 • 福建龙岩	第八批
		高技术转化应用（直升机）• 江西景德镇	第三批
		高技术转化应用 • 河南洛阳涧西区	第四批
		高技术转化应用 • 湖北襄阳樊城区	第二批
		高技术转化应用 • 湖北孝感高新技术产业开发区	第二批
		高技术转化应用 • 湖北宜昌高新技术产业开发区	第八批

续表

行业	细分行业	示范基地名称	批次
高技术转化应用（35 家）	高技术转化应用（35 家）	高技术转化应用•湖南株洲	第二批
		高技术转化应用•湖南平江工业园区	第三批
		高技术转化应用•湖南湘潭雨湖区	第四批
		高技术转化应用•广东湛江高新技术产业开发区	第七批
		高技术转化应用•重庆璧山工业园	第四批
		高技术转化应用•重庆两江新区工业开发区	第七批
		高技术转化应用•四川绵阳科技城	第二批
		高技术转化应用•四川广元	第二批
		高技术转化应用•四川泸州（长江）经济开发区	第八批
		高技术转化应用•贵阳经济技术开发区	第二批
		高技术转化应用•贵州遵义经济技术开发区	第五批
		高技术转化应用•昆明经济技术开发区	第三批
		高技术转化应用（航天）•陕西西安市	第一批
		高技术转化应用（航空）•陕西汉中航空产业园	第四批
		高技术转化应用•西安兵器工业科技产业基地	第六批
		高技术转化应用•兰州经济技术开发区	第三批
软件和信息服务业（17 家）	软件和信息服务（17 家）	软件和信息服务•北京中关村科技园区海淀园	第三批
		软件和信息服务•天津滨海高新区软件园	第五批
		软件和信息服务•大连高新技术产业园区	第三批
		软件和信息服务•上海浦东软件园	第四批
		软件和信息服务•上海紫竹高新技术产业开发区	第五批
		软件和信息服务•上海市北高新技术服务业园区	第七批
		软件和信息服务•南京雨花软件园	第三批
		软件和信息服务（智能语音）•合肥高新技术产业开发区	第三批
		软件和信息服务•福州软件园	第三批
		软件和信息服务•厦门软件园	第四批
		软件和信息服务•齐鲁软件园	第三批
		软件和信息服务•青岛软件园	第三批
		软件和信息服务•武汉洪山区	第四批
		软件和信息服务•广州天河软件园	第三批

续表

行业	细分行业	示范基地名称	批次
软件和信息服务业（17 家）	软件和信息服务（17 家）	软件和信息服务 • 深圳软件园	第三批
		软件和信息服务 • 海南生态软件园	第五批
		软件和信息服务 • 西安高新区软件园	第五批
其他（10 家）	工业设计（2 家）	工业设计 • 广州经济技术开发区	第一批
		工业设计 • 广东佛山顺德区	第二批
	资源综合利用（7 家）	资源综合利用 • 天津子牙循环经济产业区	第三批
		资源循环利用 • 安徽阜阳界首高新技术产业开发区	第八批
		资源综合利用 • 湖北襄阳	第六批
		循环经济（化工）• 内蒙古乌海经济开发区乌达工业园区	第七批
		循环经济（化工）• 湖北武汉化学工业区	第七批
		循环经济（煤化工）• 云南曲靖煤化工工业园区	第五批
		资源循环利用（再制造）• 湖南浏阳高新技术产业开发区	第九批
	工业物流（1 家）	工业物流 • 长沙金霞经济开发区	第五批
产业转移合作（4 家）	产业转移合作（4 家）	产业转移合作 • 四川邻水经济开发区	第八批
		产业转移合作 • 贵州独山经济开发区	第八批
		产业转移合作 • 中新天津生态城	第八批
		产业转移合作 • 四川南部经济开发区	第九批
大数据（11 家）	大数据（11 家）	大数据 • 陕西西咸新区沣西	第六批
		大数据 • 河北承德县高新技术产业开发区	第八批
		大数据 • 内蒙古和林格尔新区	第八批
		大数据 • 上海静安区	第八批
		大数据 • 成都崇州经济开发区	第八批
		大数据 • 济南高新技术产业开发区	第九批
		大数据 • 河南洛阳大数据产业园	第九批
		大数据 • 广东琶洲人工智能与数字经济试验区	第九批
		大数据 • 重庆两江新区	第九批
		大数据 • 贵阳高新技术产业开发区	第九批
		大数据 • 甘肃兰州新区	第九批

续表

行业	细分行业	示范基地名称	批次
数据中心（8家）	数据中心（8家）	大型数据中心（实时应用类）•江苏南通国际数据中心产业园	第八批
		大型数据中心（大数据类）•河北张北云计算产业基地	第八批
		南方数据中心（大数据类）•贵州贵安综合保税区（贵安电子信息产业园）	第八批
		数据中心•河北怀来	第九批
		数据中心•上海外高桥自贸区	第九批
		数据中心•江苏昆山花桥经济开发区	第九批
		数据中心•江西抚州高新技术产业开发区	第九批
		数据中心•山东枣庄高新技术产业开发区	第九批
工业互联网（4家）	工业互联网（4家）	工业互联网•上海松江区	第八批
		工业互联网•北京顺义区、海淀区、朝阳区、石景山区	第九批
		工业互联网•湖北武汉	第九批
		工业互联网•深圳宝安区	第九批